TOP
단계별
핵심영단어

Top English Words Dictionary

영어 학습에 꼭 필요한 우선순위 영단어

빈출 영단어를 콕콕 찍어주는 최강!

하다북스

이 책의 구성

필수 기본어휘를 단계별로 정리한 단어장!
한 단계 한 단계 STEP을 넘기면 단어왕이 된다!

영어를 배우는 데 있어서 어휘의 중요성은 아무리 강조해도 지나치지 않습니다. 영어 실력을 향상시키기 위해서는 문법과 작문, 회화 등이 모두 필요하지만 그 중에서도 가장 중요한 것은 모든 학습의 기초가 되는 풍부한 어휘 실력이라고 말할 수 있습니다. 그런데 영단어장을 보긴 하는데 단어가 잘 외워지지 않아서 고민하신 적은 없으신가요? 수많은 영어 어휘 관련 학습서가 출간되었지만 많은 사람들이 자신의 영어 수준이나 필요한 용도와는 무관하게 크고 무거운 사전을 사용하고 있습니다. 그 많은 어휘를 모두 무턱대고 외울 수는 없기 때문에 필수어휘부터 우선적으로 외워 나가는 것이 중요합니다.

이 책은 초보자들의 영어 학습과 기초회화를 구사할 수 있도록 활용 빈도가 높고 반드시 익혀 두어야 할 중요 핵심 영단어를 엄선하여 수록하였습니다. 이 책은 필수 기본어휘를 단계별로 정리한 단어장으로, 1단계에서 4단계까지 4개의 STEP으로 나눠서 먼저 외워야 단어를 학습자가 선별하여 암기할 수 있도록 구성하였습니다.

또한, 각 파트마다 알파벳순으로 배열한 사전식 구성으로 원하는 영단어를 쉽고 빠르게 찾아볼 수 있도록 하였고, 휴대와 사용이 간편한 핸디북 사이즈로 언제 어디서든 항상 들고 다니면서 쉽게 찾아 활용할 수 있도록 하였습니다. 아울러 발음기호를 잘 모르는 초보자들도 쉽게 읽고 학습할 수 있도록 발음은 국제음성기호로 표시하고 동시에 한글로 표기하였습니다.

외국어 학습에서 왕도란 없으며 꾸준한 반복 학습으로 실력을 키우는 길밖에 없습니다. 영단어 실력은 그 기초가 튼튼하지 않으면 쉽게 향상되지 않기 때문에 초등 필수단어부터 한 단계 한 단계 STEP을 넘기며 꾸준히 학습하는 것이 중요합니다.

우선순위 필수 영단어를 차근차근 익힌다면 초보자의 어휘력 향상과 의사소통 능력을 키우는 데 많은 도움이 될 것이라고 확신합니다.

Part 1 무조건 외워야 할 최우선 필수단어
영어과 교육과정에 실린 기본어휘 목록에서 뽑은 초등 필수 영단어 736개와 중고등 필수 영단어 1,579개를 알파벳순으로 수록하여 쉽고 빠르게 찾아볼 수 있는 안성맞춤 단어장입니다.

STEP 1 **초등 필수 영단어 736**
STEP 2 **중고등 필수 영단어 1,579**

Part 2 진짜 어휘력을 키우는 핵심 중요단어
어휘력 향상의 열쇠인 중요 핵심 영단어 1,500개와 일상의 영어표현에서 바로바로 써먹을 수 있는 생활 영단어 500개를 수록하여 초보자의 어휘력이 한 단계 업그레이드되는 단어장입니다.

STEP 3 **중요 핵심 영단어 1,500**
STEP 4 **알짜 생활 영단어 500**

Part 3 핵심만 쏙쏙 뽑은 best 영숙어 200
영어 문장을 해석하는 데 핵심적인 역할을 하는 반드시 외워야 할 필수 영숙어 200개와 생생한 예문을 수록하여 영어표현을 더욱 풍성하게 만드는 영숙어장입니다.

| 이 책의 활용법 |

1. 영단어는 이렇게 찾자!

영단어를 쉽고 빠르게 찾아볼 수 있도록 각 파트의 영단어는 알파벳순으로 배열하였습니다. 그리고 각 페이지의 가장자리에는 ABC…가 인쇄되어 있으므로 원하는 영단어를 손쉽게 찾을 수 있습니다. 영단어는 미국식 철자를 주로 하였고, 영국식 철자나 의미가 다를 경우에는 단어 앞에 <영>, <미>를 표기하였습니다. 또, BE(British English의 줄임말)라고 표시한 단어는 영국영어를 의미합니다.

2. 발음은 이렇게 공부하자!

영어의 음에는 '모음'과 '자음'이 있습니다. 모음은 우리말의 '아·어·오·우·으·이'가 해당되고 자음은 우리말의 'ㄱ·ㄴ·ㄷ·ㄹ·ㅁ…'이 해당됩니다. 또한, 영어의 음은 성대를 울리면서 나는 '유성음'과 성대를 울리지 않고 나는 '무성음'으로 나뉘는데, 모음은 모두 유성음이고 자음은 유성자음과 무성자음이 있습니다.

(1) 국제음성기호와 한글 발음 표기
발음은 국제음성기호를 사용하여 미국식 발음을 위주로 달았고, 동시에 한글 발음을 표기하였으므로 발음기호를 모르는 초보자들도 쉽게 발음할 수 있도록 하였습니다. 하지만 이 한글 발음 표기는 영단어 학습을 위한 참고 수단에 지나지 않으므로, 정확한 영어 발음을 위해서는 각각의 발음 기호를 확인하면서 익혀야 합니다.

(2) 발음의 악센트

발음의 악센트는 모음 뒤에 (´)로 제1악센트를, (`)로 제2악센트를 표시하였고, 한글 발음은 강하게 발음되는 곳을 **고딕체**로 표시하였습니다.

3. 영단어의 품사와 뜻은 이렇게 찾자!

단어의 뜻풀이는 영어 학습과 회화를 구사할 때 빈도수가 많고 중요한 풀이를 중심으로 나열하였습니다. 또, 단어의 품사는 각 단어의 뜻 앞부분에 아래처럼 약호로 표시하였습니다.

명 …… 명 사	자 …… 자동사	타 …… 타동사
형 …… 형용사	부 …… 부 사	전 …… 전치사
대 …… 대명사	조 …… 조동사	접 …… 접속사
관 …… 관 사	감 …… 감탄사	약 …… 약 어
〈미〉 미국 용법	〈영〉 영국 용법	〈구어〉 구어 용법

| 차 례 |

Part 1 무조건 외워야 할 최우선 필수단어

STEP 1 초등 필수 영단어 736 ········ 9
STEP 2 중고등 필수 영단어 1,579 ········ 83

Part 2 진짜 어휘력을 키우는 핵심 중요단어

STEP 3 중요 핵심 영단어 1,500 ········ 235
STEP 4 알짜 생활 영단어 500 ········ 379

Plus 부록

핵심만 쏙쏙 뽑은 best 영숙어 200 ········ 431
불규칙 동사 · 조동사 변화표 ········ 461

Part 1

무조건 외워야 할
최우선 필수단어

초등 필수 영단어 736

STEP 1

upgrade

ENGLISH WORDS DICTIONARY

- **a/an** [ə]/[ən] 어 / 언
  관 어떤 하나의, 한 개의, …마다

- **able** [éibl] 에이블
  형 …할 수 있는, 유능한, 능력 있는

- **about** [əbáut] 어바우트
  부 대략, 약   전 …에 관하여

- **absent** [ǽbsnt] 앱슨트
  형 결석한, …이 없는

- **act** [ǽkt] 액트
  명 행위   자 타 행동하다, 연기하다

- **address** [ədrés] 어드레스
  명 주소, 연설   타 주소를 쓰다

- **after** [ǽftər] 애프터
  부 뒤에   전 …의 후[뒤]에

- **afternoon** [ǽftərnúːn] 애프터눈―
  명 오후   형 오후의

- **again** [əgén] 어겐
  부 다시, 한 번 더, 본래대로

- **age** [éidʒ] 에이지
  명 나이, 성년, 시대

- **ago** [əgóu] 어고우
  부 지금부터 전에, 이전에 형 (이)전

- **agree** [əgríː] 어그리-
  자 일치하다, 동의하다, 찬성하다

- **ahead** [əhéd] 어헤드
  부 앞쪽에, 앞서

- **air** [éər] 에어
  명 공기, 공중, 하늘, 외관, 모습

- **airplane** [éərplèin] 에어플레인
  명 비행기 (=plane/BE aeroplane)

- **airport** [éərpɔ̀ːrt] 에어포-트
  명 공항, 비행장

- **all** [ɔ́ːl] 올-
  형 전부의 대 전원 부 완전히

- **almost** [ɔ́ːlmoust] 올-모우스트
  부 거의, 대부분

- **alone** [əlóun] 얼로운
  형 홀로의, 다만 …만 부 혼자서

- **always** [ɔ́ːlweiz] 올-웨이즈
  부 늘, 언제나

- **and** [ǽnd] 앤드
  접 그리고, …을 더한, 그러면

- **angry** [ǽŋgri] 앵그리
  형 성난, 화가 난

- **animal** [ǽnəməl] 애너멀
  명 동물, 짐승 형 짐승의

- **another** [ənʌ́ðər] 어너더
  형 대 또 하나(의), 다른 하나(의)

- **answer** [ǽnsər] 앤서
  타 대답하다, 답장하다 명 대답, 답장

- **ant** [ǽnt] 앤트
  명 〈곤충〉 개미

- **any** [éni] 에니
  형 얼마간의, 조금도 대 어느 것이라도

- **anything** [éniθìŋ] 에니싱
  대 무엇이고, 아무것도, 무엇이든지

- **anyway** [éniwèi] 에니웨이
  부 아무튼, 하여튼

- **apple** [ǽpl] 애플
  명 〈식물〉 사과

- **arm** [áːrm] 암-
  명 팔, 상지(上肢), (동물의) 앞다리

- **around** [əráund] 어라운드
  전 …둘레에, …을 돌아서 부 주위에[를]

- **arrive** [əráiv] 어라이브
  자 도착하다, 이르다, 도달하다

- **art** [άːrt] 아―트
  명 예술, 미술, 기술

- **artist** [άːrtist] 아―티스트
  명 예술가, 화가

- **as** [ǽz] 애즈
  접 …처럼, …이므로 부 …와 같이

- **ask** [ǽsk] 애스크
  타 물어보다, 부르다 자 묻다

- **at** [ǽt] 앳
  전 …에서, …의 때에, …을 향하여

- **aunt** [ǽnt] 앤트
  명 아주머니, 이모, 고모, 숙모

- **autumn** [ɔ́ːtəm] 오―텀
  명 가을, 가을철 형 가을(용)의

- **away** [əwéi] 어웨이
  부 저리로, 떨어져, 멀리, 사라져

ENGLISH WORDS DICTIONARY

- **baby**   [béibi] 베이비
  명 아기, 갓난아기

- **back**   [bǽk] 백
  부 뒤로 형 뒤쪽의 명 등, 뒤

- **bad**   [bǽd] 배드
  형 나쁜, 심한, 해로운

- **bag**   [bǽg] 백
  명 가방, 여행가방, 자루

- **ball**   [bɔ́:l] 볼-
  명 공, (구기용) 볼, 구기, 야구

- **balloon**   [bəlú:n] 벌룬-
  명 기구, 풍선

- **bank**   [bǽŋk] 뱅크
  명 은행, 저금통, 둑, 제방

- **baseball**   [béisbɔ̀:l] 베이스볼-
  명 야구, 야구공

- **basket**   [bǽskit] 배스킷
  명 바구니, 한 바구니(의 분량)

- **basketball** [bǽskitbɔ̀ːl] 배스킷볼-
  명 〈스포츠〉 바스켓볼, 농구, 농구공

- **bat** [bǽt] 뱃
  명 (야구) 방망이, 배트   타 배트로 치다

- **bath** [bǽθ] 배스
  명 목욕, 입욕, 욕실

- **bathroom** [bǽθrùːm] 배스룸-
  명 욕실, 화장실

- **be** [bíː] 비-
  자 …이다, …이 되다   조 …하고 있다

- **beach** [bíːtʃ] 비-치
  명 바닷가, 물가, 해변

- **bear** [béər] 베어
  명 〈동물〉 곰   타 낳다, (열매를) 맺다

- **beautiful** [bjúːtiful] 뷰-티풀
  형 아름다운, 예쁜, 훌륭한

- **because** [bikɔ́ːz] 비코-즈
  접 왜냐하면 …이므로, …때문에

- **become** [bikʌ́m] 비컴
  자 …가 되다, …로 변하다   타 어울리다

- **bed** [béd] 베드
  명 침대, 잠자리, 화단

● **bedroom**	[bédrùːm] 베드룸-
	명 침실

● **bee**	[bíː] 비-
	명 꿀벌 (a queen bee 여왕벌)

● **beef**	[bíːf] 비-프
	명 쇠고기

● **before**	[bifɔ́ːr] 비포-
	전 이전에 부 앞에 접 …하기 전에

● **begin**	[bigín] 비긴
	타 시작하다 자 시작되다

● **belt**	[bélt] 벨트
	명 벨트, 띠

● **between**	[bitwíːn] 비트윈-
	전 (두 개의) 사이에[를], …중간에

● **bicycle/bike**	[báisikl] / [báik] 바이시클 / 바이크
	명 자전거

● **big**	[bíg] 비그
	형 큰, 훌륭한, 중요한

● **bird**	[báːrd] 버-드
	명 새, 조류

● **birthday**	[báːrθdèi] 버-스데이
	명 생일, 탄생일, 창립기념일

- **black** [blǽk] 블랙
  형 검은, 암흑의 명 검정(색)

- **blue** [blúː] 블루-
  명 파랑, 파란색 형 푸른, 창백한

- **board** [bɔ́ːrd] 보-드
  명 판(자), 게시판 타 (기차에) 타다

- **boat** [bóut] 보우트
  명 보트, 배, 어선

- **body** [bádi] 바디
  명 몸, 육체, 몸통

- **book** [búk] 북
  명 책, 서적, 장부 타 예약하다

- **boots** [búːts] 부-츠
  명 부츠, 장화, 목이 긴 신발[구두]

- **boring** [bɔ́ːriŋ] 보-링
  형 지루한, 싫증나는, 따분한

- **both** [bóuθ] 보우스
  대 형 양쪽(의), 쌍방(의) 부 둘 다

- **bottle** [bátl] 바틀
  명 병, 한 병에 담긴 양

- **box** [báks] 박스
  명 상자, 한 상자에 담긴 양

- **boy** [bɔ́i] 보이
  명 소년, 남자아이, 아들, 사환

- **bread** [bréd] 브레드
  명 빵, (일상의) 양식, 생계

- **break** [bréik] 브레이크
  타 깨(뜨리)다, 꺾다 자 깨지다

- **breakfast** [brékfəst] 브렉퍼스트
  명 아침밥, 아침식사

- **bridge** [brídʒ] 브리지
  명 다리, 교량

- **bright** [bráit] 브라이트
  형 밝은, 선명한, 영리한 부 밝게

- **bring** [bríŋ] 브링
  타 가져오다, 데려오다, 초래하다

- **brother** [brʌ́ðər] 브러더
  명 형, 남동생, 형제

- **brown** [bráun] 브라운
  명 갈색, 다갈색 형 갈색의

- **brush** [brʌ́ʃ] 브러시
  타 솔질하다, 닦다 명 솔, 붓, 브러시

- **build** [bíld] 빌드
  타 세우다, 짓다, 쌓아올리다

- **busy** [bízi] 비지
  형 바쁜, 번화한, 통화중인

- **but** [bʌt] 벗
  접 그러나 전 …을 제외하고 부 단지

- **button** [bʌ́tn] 버튼
  명 (누르는) 버튼, 단추 타 단추를 채우다

- **buy** [bái] 바이
  타 사다, 구입하다, 얻다, 획득하다

- **by** [bai] 바이
  전 …곁에, …을 지나서, …에 의하여

- **bye** [bai] 바이
  감 잘가, 안녕

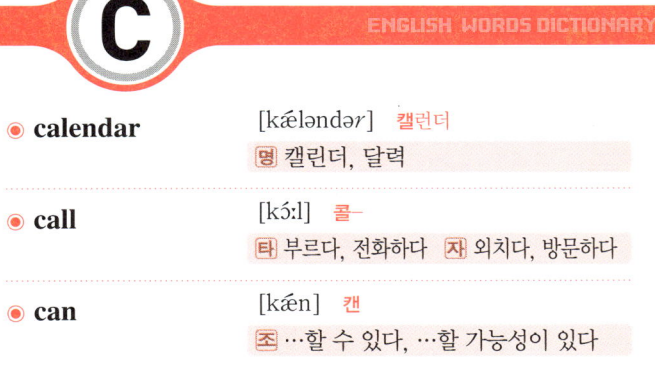

- **calendar** [kǽləndər] 캘린더
  명 캘린더, 달력

- **call** [kɔ́ːl] 콜—
  타 부르다, 전화하다 자 외치다, 방문하다

- **can** [kǽn] 캔
  조 …할 수 있다, …할 가능성이 있다

- **candy** [kǽndi] 캔디
  명 캔디, 사탕과자

- **cap** [kǽp] 캡
  명 모자, 뚜껑

- **car** [káːr] 카-
  명 차, 자동차

- **careful** [kéərful] 케어풀
  형 주의 깊은, 신중한

- **carrot** [kǽrət] 캐럿
  명 〈식물〉 당근

- **carry** [kǽri] 캐리
  타 나르다, 가지고 가다   자 미치다

- **case** [kéis] 케이스
  명 상자, 용기, 경우, 사건, 사례

- **cat** [kǽt] 캣
  명 〈동물〉 고양이

- **catch** [kǽtʃ] 캐치
  타 붙잡다, 맞게 대다, 걸리다

- **chair** [tʃéər] 체어
  명 의자, 긴 의자

- **chalk** [tʃɔ́ːk] 초-크
  명 분필, 초크

- **change** [tʃéindʒ] 체인지
  타 …을 바꾸다 자 바뀌다 명 거스름돈

- **cheap** [tʃíːp] 치-프
  형 값이 싼, 저렴한, 시시한 부 싸게

- **check** [tʃék] 첵
  타 대조[점검]하다 명 대조, 수표, 계산서

- **cheek** [tʃíːk] 치-크
  명 뺨, 볼

- **chest** [tʃést] 체스트
  명 가슴, 흉곽, 큰 상자, (공공시설의) 금고

- **chicken** [tʃíkin] 치킨
  명 닭, 병아리, 닭고기

- **child** [tʃáild] 차일드
  명 아이, 어린이, 아동, 자식

- **chin** [tʃín] 친
  명 (아래)턱 자 턱걸이하다

- **choose** [tʃúːz] 추-즈
  타 자 고르다, 선택[선출]하다

- **church** [tʃə́ːrtʃ] 처-치
  명 교회, 예배

- **circle** [sə́ːrkl] 서-클
  명 원, 집단 자 타 주위를 돌다, 선회하다

- **city** [síti] 시티
  명 도시, 도회지, 시(市)

- **class** [klǽs] 클래스
  명 학급, 수업, 계급, 등급

- **classroom** [klǽsrùːm] 클래스룸-
  명 교실

- **clean** [klíːn] 클린-
  형 깨끗한 부 깨끗이 타 깨끗이 하다

- **clear** [klíər] 클리어
  형 맑게 갠 자 (날씨가) 개다

- **clock** [klák] 클락
  명 탁상시계, 괘종시계

- **close** [klóuz] 클로우즈
  타 닫다, 폐쇄하다, 끝내다 형 가까운

- **clothes** [klóu(ð)z] 클로우(드)즈
  명 옷, 의복

- **cloud** [kláud] 클라우드
  명 구름, 구름 모양의 것 자 흐리다

- **cold** [kóuld] 코울드
  형 추운, 찬, 냉정[담]한 명 감기, 추위

- **color** [kʌ́lər] 컬러
  명 색(깔), 빛깔 타 채색하다 (BE colour)

- **come** [kʌm] 컴
  - 자 오다, (상대방 쪽으로) 가다, 일어나다

- **company** [kʌ́mp(ə)ni] 컴퍼니
  - 명 회사, 동석, 동행, 동료, 단체

- **congratulate** [kəngrǽtʃulèit] 컨그래츄레이트
  - 타 축하하다, 축사를 하다

- **continue** [kəntínjuː] 컨티뉴-
  - 타 계속하다, 계속 말하다 자 계속되다

- **cook** [kúk] 쿡
  - 타 자 요리하다 명 요리사, 쿡

- **cookie/cooky** [kúki] 쿠키
  - 명 〈미〉 쿠키, 비스킷, 작고 납작한 과자

- **cool** [kúːl] 쿨-
  - 형 시원한, 냉정한, 냉담한 타 차게 하다

- **corn** [kɔ́ːrn] 콘-
  - 명 옥수수, (집합적) 곡물

- **corner** [kɔ́ːrnər] 코-너
  - 명 모퉁이, 구석, 끝

- **correct** [kərékt] 커렉트
  - 형 옳은, 정확한 타 정정하다, 고치다

- **cost** [kɔ́ːst] 코-스트
  - 명 비용, 가격, 대가 타 비용이 들다

- **count**   [káunt] 카운트
  타 세다, 계산하다 명 계산

- **country**   [kʌ́ntri] 컨트리
  명 지역, 나라, 시골 형 시골[지방]의

- **cousin**   [kʌ́zn] 커즌
  명 사촌, 친척, 일가

- **cover**   [kʌ́vər] 커버
  타 덮다, 감추다, 걸치다 명 덮개, 표지

- **cow**   [káu] 카우
  명 〈동물〉 암소

- **cry**   [krái] 크라이
  자 울다, 소리치다 명 우는[외치는] 소리

- **cut**   [kʌ́t] 컷
  타 자 베다, 잘라지다 명 베기, 절단

- **cute**   [kjúːt] 큐-트
  형 귀여운, 영리한, 멋진

ENGLISH WORDS DICTIONARY

- **dad/daddy**   [dǽd] / [dǽdi] 대드 / 대디
  명 아빠

- **dance** [dǽns] 댄스
  명 댄스, 춤 타 (춤을) 추다

- **dangerous** [déindʒ(ə)rəs] 데인저러스
  형 위험한, 위해를 가할 것 같은

- **dark** [dá:rk] 다-크
  형 어두운, 검은, 짙은 명 어둠, 땅거미

- **date** [déit] 데이트
  명 날짜, 데이트 타 날짜를 기입하다

- **daughter** [dɔ́:tər] 도-터
  명 딸 형 딸로서의, 딸다운

- **day** [déi] 데이
  명 하루, 낮, 시대, 시기

- **dear** [díər] 디어
  형 친애하는, 귀여운 부 귀여워하여

- **deep** [dí:p] 디-프
  형 깊은, 짙은 부 깊게, 깊이

- **deer** [díər] 디어
  명 〈동물〉 사슴

- **delicious** [dilíʃəs] 딜리셔스
  형 맛있는, 향기로운, 유쾌한

- **dentist** [déntist] 덴티스트
  명 치과 의사

- **desk** [désk] 데스크
  명 책상, 사무, (신문의) 편집부

- **die** [dái] 다이
  자 죽다, 시들다

- **different** [dífrənt] 디퍼런트
  형 다른, 여러 가지의

- **difficult** [dífikʌlt] 디피컬트
  형 곤란한, 까다로운, 어려운

- **dinner** [dínər] 디너
  명 정찬, 저녁식사, 만찬회

- **dirty** [də́ːrti] 더-티
  형 더러운, 불결한, 비열한

- **dish** [díʃ] 디시
  명 큰 접시, 그릇, 요리

- **do** [dúː] 두-
  타 하다, 행하다, 주다 자 행(동)하다

- **doctor/Dr.** [dáktər] 닥터
  명 의사, 박사

- **dog** [dɔ́ːg] 도-그
  명 〈동물〉 개

- **doll** [dál] 달
  명 인형

- **dolphin** [dálfin] 달핀
  명 〈동물〉 돌고래

- **door** [dɔ́ːr] 도-
  명 문, 출입구, 현관, 한 집, 한 채

- **down** [dáun] 다운
  부 아래로, 쓰러져 전 …의 아래쪽으로

- **draw** [drɔ́ː] 드로-
  타 끌다, 꺼내다, 긋다 자 그림을 그리다

- **dream** [dríːm] 드림-
  명 꿈, 이상 자 타 꿈꾸다, 공상하다

- **dress** [drés] 드레스
  명 의복, 여성복 자 타 옷을 입(히)다

- **drink** [dríŋk] 드링크
  명 마실 것, 음료 타 자 마시다

- **drive** [dráiv] 드라이브
  타 운전하다 자 명 드라이브(하다)

- **drop** [dráp] 드랍
  자 타 떨어지다[뜨리다] 명 (물)방울, 낙하

- **dry** [drái] 드라이
  형 마른, 건조한 자 타 말리다, 마르다

- **duck** [dʌ́k] 덕
  명 〈동물〉 오리

ENGLISH WORDS DICTIONARY

- **each** [íːtʃ] 이-치
  형 각각의, 각자의 대 각자, 각각

- **ear** [íər] 이어
  명 귀, 분간하는 힘

- **early** [ə́ːrli] 어-리
  형 이른, 초기의, 빠른 부 일찍(이)

- **earth** [ə́ːrθ] 어-스
  명 지구, 흙, 지면, 이승, 이 세상

- **east** [íːst] 이-스트
  명 동쪽, 동양 형 동쪽의 부 동쪽으로

- **easy** [íːzi] 이-지
  형 쉬운, 안락한 부 쉽게, 마음 편히

- **eat** [íːt] 이-트
  동 먹다, 식사하다

- **egg** [ég] 에그
  명 달걀, 계란, 알

- **elephant** [éləfənt] 엘러펀트
  명 〈동물〉 코끼리

● **empty**	[ém(p)ti] 엠(프)티 형 빈, 없는, 결여된, 공허한
● **end**	[énd] 엔드 명 끝, 목적 자 끝나다 타 끝내다
● **enjoy**	[indʒɔ́i] 인조이 타 즐기다, 가지다, 향유하다, 누리다
● **enough**	[inʌ́f] 이너프 형 충분한 명 충분한 양[수] 부 충분히
● **eraser**	[iréisər] 이레이서 명 지우개
● **evening**	[íːvniŋ] 이-브닝 명 저녁, 해질 녘, 밤
● **every**	[évri] 에브리 형 모든, 온갖, …마다
● **everyone**	[évriwʌ̀n] 에브리원 대 모든 사람, 누구나
● **example**	[igzǽmpl] 이그잼플 명 보기, 예, 샘플, 본보기, 모범
● **excellent**	[éksələnt] 엑설런트 형 우수한, 뛰어난, 훌륭한
● **exciting**	[iksáitiŋ] 익사이팅 형 흥미진진한, 재미있는

- **excuse** [ikskjúːz] 익스큐-즈
  타 용서하다, 변명을 대다 명 변명, 해명

- **expensive** [ikspénsiv] 익스펜시브
  형 값이 비싼, 비용이 드는

- **eye** [ái] 아이
  명 눈, 시력, 분별력, 안목

- **face** [féis] 페이스
  명 얼굴, 표정, 안색 동 …를 향해 있다

- **fall** [fɔ́ːl] 폴-
  자 떨어지다, 내리다 명 낙하, 추락

- **family** [fǽm(ə)li] 패멀리
  명 가족, 아이들 형 가족[가정]의

- **famous** [féiməs] 페이머스
  형 유명한, 이름 난

- **fan** [fǽn] 팬
  명 부채, 선풍기, 열렬한 애호가

- **far** [fáːr] 파-
  부 멀리(에), 훨씬 형 먼, 저쪽의

- **farm** [fáːrm] 팜-
  명 농장, 농원, 사육장

- **fast** [fǽst] 패스트
  형 빠른, 민첩한 부 빨리, 단단히

- **fat** [fǽt] 팻
  형 살찐, 비만한 명 지방, 비만

- **father** [fáːðər] 파-더
  명 아버지, 창시자, 선조, 신부

- **favorite** [féiv(ə)rit] 페이버릿
  형 마음에 드는, 좋아하는 (BE favourite)

- **feed** [fíːd] 피-드
  타 먹을 것을 주다 자 식사를 하다

- **feel** [fíːl] 필-
  타 자 느끼다, 만지다, 감각이 있다

- **few** [fjúː] 퓨-
  형 거의 없는 대 소수(의 사람)

- **fight** [fáit] 파이트
  자 타 싸우다 명 싸움, 투쟁

- **fill** [fíl] 필
  자 타 가득 차다, 넘치다, 채우다

- **find** [fáind] 파인드
  타 찾아내다, 발견하다, 알다

- **fine** [fáin] 파인
  형 훌륭한, 더할 나위 없는, 맑은

- **finger** [fíŋgər] 핑거
  명 손가락

- **finish** [fíniʃ] 피니시
  타 끝내다, 마무리하다, 완성하다

- **fire** [fáiər] 파이어
  명 불, 화재, 사격 타 쏘다

- **fish** [fíʃ] 피시
  명 물고기, 생선 자 낚시질하다

- **fix** [fíks] 픽스
  타 고치다, 고정시키다, 정하다

- **flag** [flǽg] 플래그
  명 (국가·조직·단체의) 기

- **floor** [flɔ́ːr] 플로-
  명 마루, 층

- **flower** [fláuər] 플라우어
  명 꽃 자 꽃이 피다, 번창하다

- **fly** [flái] 플라이
  자 날다 명 (야구) 플라이

- **food** [fúːd] 푸-드
  명 식품, 먹을 것, 식량

- **fool** [fúːl] 풀-
  몡 바보, 어리석은 사람

- **foolish** [fúːliʃ] 풀-리시
  혱 어리석은, 미련한, 바보 같은

- **foot** [fút] 풋
  몡 발, 〈길이의 단위〉 피트, 밑 부분, (산)기슭

- **for** [fər/fɔ́ːr] (약) 퍼 / (강) 포-
  젠 …을 위하여, …용의 젭 왜냐하면

- **forget** [fərgét] 퍼겟
  탄 잊다, 놓아두고 잊다

- **fox** [fáks] 팍스
  몡 〈동물〉 여우, 교활한 사람

- **free** [fríː] 프리-
  혱 자유로운, 무료의, 한가한

- **fresh** [fréʃ] 프레시
  혱 새로운, 싱싱한, 맑은

- **friend** [frénd] 프렌드
  몡 친구, 자기편, 우리 편

- **frog** [frɔ́ːg] 프로-그
  몡 〈동물〉 개구리

- **from** [frəm/frám] (약) 프럼 / (강) 프람
  젠 …에서[부터], …출신의, …원인으로

F

- **front** [fránt] 프런트
  명 앞, 정면 형 앞의, 곁의, 정면의

- **fruit** [frúːt] 프루-트
  명 과일, 산물, 성과, 결과

- **full** [fúl] 풀
  형 가득한, 최고의 명 완전, 한창

- **fun** [fán] 펀
  명 재미있는 일, 위안

- **funny** [fáni] 퍼니
  형 익살맞은, 우스운, 재미있는

- **future** [fjúːtʃər] 퓨-처
  명 미래, 장래 형 미래[장래]의

ENGLISH WORDS DICTIONARY

- **garden** [gáːrdn] 가-든
  명 정원, 뜰

- **gate** [géit] 게이트
  명 대문, 출입문, (공항) 탑승구

- **gentleman** [dʒéntlmən] 젠틀먼
  명 신사, 〈경칭〉 남자분

- **get** [gét] 겟
  - 타 얻다, 받다 자 이르다, …이 되다

- **giraffe** [dʒəræf] 저래프
  - 명 〈동물〉 기린

- **girl** [gə́ːrl] 걸-
  - 명 여자아이, 소녀

- **give** [gív] 기브
  - 타 주다, 치르다, 바치다, 말하다, 열다

- **glad** [glǽd] 글래드
  - 형 기쁜, 반가운, 기꺼이 …하는

- **glass** [glǽs] 글래스
  - 명 유리, 컵, 한 컵

- **gloves** [glʌ́vz] 글러브즈
  - 명 장갑, (야구·권투의) 글러브

- **glue** [glúː] 글루-
  - 명 접착제, 풀 자 접착하다

- **go** [góu] 고우
  - 자 가다, 나아가다, 작동하다, 진행되다

- **goat** [góut] 고우트
  - 명 〈동물〉 염소

- **gold** [góuld] 고울드
  - 명 금, 금화, 금제품 형 금의, 금빛의

- **good** [gúd] 구드
  - 형 좋은, 훌륭한, 즐거운, 적절한

- **grandfather** [grǽndfɑ̀:ðər] 그랜(드)파-더
  - 명 할아버지, 조부 (약칭 grandpa)

- **grandmother** [grǽndmʌ̀ðər] 그랜(드)머더
  - 명 할머니, 조모 (약칭 grandma)

- **grape** [gréip] 그레이프
  - 명 포도 (열매), 포도나무

- **grass** [grǽs] 그래스
  - 명 풀, 초원, 잔디

- **gray** [gréi] 그레이
  - 형 회색의, 창백한 명 회색 (BE grey)

- **great** [gréit] 그레이트
  - 형 위대한, 훌륭한, 큰, 중요한

- **green** [grí:n] 그린-
  - 형 녹색의, 창백한 명 녹색, 잔디밭

- **group** [grú:p] 그루-프
  - 명 그룹, 집단 타 모으다

- **grow** [gróu] 그로우
  - 자 성장하다, 커지다 타 재배하다

- **guess** [gés] 게스
  - 타 추측하다, 알아맞히다 명 추측, 추정

ENGLISH WORDS DICTIONARY

- **hair** [héər] 헤어
  명 털, 머리카락

- **half** [hǽf] 해프
  명 절반, 2분의 1, 30분 형 절반의

- **hand** [hǽnd] 핸드
  명 손, 일손, (시계의) 바늘 타 건네주다

- **handsome** [hǽnsəm] 핸섬
  형 잘 생긴, 핸섬한

- **happy** [hǽpi] 해피
  형 행복한, 행운의, 기쁜

- **hard** [há:rd] 하―드
  형 굳은, 어려운 부 열심히, 몹시

- **hat** [hǽt] 햇
  명 모자

- **hate** [héit] 헤이트
  명 타 미움, 미워하다, 증오(하다)

- **have** [hǽv] 해브
  타 가지고 있다 조 막 …한 참이다

- **he** [(h)i/híː] (약) 이, 히 / (강) 히-
  대 그는[가], 그 사람은[이]

- **head** [héd] 헤드
  명 머리, 우두머리, 선두, 두뇌

- **health** [hélθ] 헬스
  명 건강, 건강상태, 보건, 위생

- **hear** [híər] 히어
  타 자 듣다, …이 들리다

- **heart** [háːrt] 하-트
  명 심장, 마음, 중심(부), 하트

- **heavy** [hévi] 헤비
  형 무거운, 대량의, 격렬한

- **hello/hey** [həlóu] / [héi] 헐로우 / 헤이
  감 안녕하세요, 여보세요

- **help** [hélp] 헬프
  타 자 돕다, 거들다 명 도움, 원조

- **hen** [hén] 헨
  명 〈동물〉 암탉

- **here** [híər] 히어
  부 여기에, 여기서, 여기로

- **hi** [hái] 하이
  감 〈구어〉 야아, 안녕(하세요)

- **hide** [háid] 하이드
  타 감추다, 숨기다 자 숨다

- **high** [hái] 하이
  형 높은, 높이가 …인 부 높이

- **hill** [híl] 힐
  명 언덕, 낮은 산, 고개

- **hit** [hít] 힛
  타 자 때리다, 치다 명 타격, 명중

- **hobby** [hábi] 하비
  명 취미, 장기

- **hold** [hóuld] 호울드
  타 들다, 유지하다, 수용하다

- **holiday** [hálədèi] 할러데이
  명 휴일, 휴가

- **home** [hóum] 호움
  명 집, 가정, 고향 형 가정

- **homework** [hóumwə̀ːrk] 호움워-크
  명 숙제, 예습, 가정학습, 부업

- **honest** [ánist] 아니스트
  형 정직한, 성실한

- **hope** [hóup] 호우프
  타 자 바라다, 희망하다 명 희망

- **horse** [hɔ́:rs] 호-스
  명 〈동물〉 말, (성장한) 수말

- **hospital** [háspitl] 하스피틀
  명 병원, (물건의) 수리소

- **hot** [hát] 핫
  형 더운, 뜨거운, 매운

- **hour** [áuər] 아우어
  명 시간, 시각

- **house** [háus] 하우스
  명 집, 의원, 의사당

- **how** [háu] 하우
  부 어떻게, 얼마만큼, 어떤 상태로

- **hungry** [hʌ́ŋgri] 헝그리
  형 배고픈, 굶주린

- **hurry** [hə́:ri] 허-리
  자 서두르다, 재촉하다 타 서두르게 하다

- **hurt** [hə́:rt] 허-트
  타 상처 내다 자 아프다 명 상처

- **husband** [hʌ́zbənd] 허즈번드
  명 남편

ENGLISH WORDS DICTIONARY

- **I**
  [ai] 아이
  몡 나는, 내가 때 자아, 나

- **idea**
  [aidíːə] 아이디-어
  몡 생각, 의견, 견해, 예상, 짐작

- **if**
  [íf] 이프
  접 만약 …이면[하면], 비록 …일지라도

- **ill**
  [íl] 일
  형 병든, 나쁜 부 나쁘게

- **in**
  [ín] 인
  전 …안에, …쪽에 부 안에[으로]

- **inside**
  [ìnsáid] 인사이드
  몡 안쪽, 내부 형 내부의

- **interesting**
  [íntəristiŋ] 인터리스팅
  형 재미있는, 흥미 있는

- **into**
  [íntu] 인투
  전 안[속]으로, …으로[에], …상태로

- **invite**
  [inváit] 인바이트
  타 초청하다, 초대하다

- **it**　　　　　[ít]　잇
　　　　　　　　대 그것, 그것은[이], 그것을

ENGLISH WORDS DICTIONARY

- **job**　　　　[dʒáb]　자브
　　　　　　　　명 일, 직업

- **join**　　　　[dʒɔ́in]　조인
　　　　　　　　타 자 결합하다, 참가하다, 합쳐지다

- **jump**　　　[dʒʌ́mp]　점프
　　　　　　　　자 뛰다, 뛰어오르다　명 도약

- **just**　　　　[dʒʌ́s(t)]　저스(트)
　　　　　　　　부 바로, 틀림없이, 오직　형 올바른

ENGLISH WORDS DICTIONARY

- **keep**　　　[kíːp]　키-프
　　　　　　　　타 보유하다, 지키다, 두다　자 계속하다

- **key**　　　　[kíː]　키-
　　　　　　　　명 열쇠, 실마리, (음악의) 키, 조

- **kick** [kík] 킥
  타 차다, 걷어차다 명 차기, 킥

- **kid** [kíd] 키드
  명 〈구어〉 아이, 어린이, 〈동물〉 새끼 염소

- **kind** [káind] 카인드
  형 친절한, 상냥한, 인정 있는

- **king** [kíŋ] 킹
  명 왕, 국왕, …의 왕

- **kitchen** [kítʃin] 키친
  명 부엌, 주방 형 부엌(용)의

- **knee** [níː] 니-
  명 무릎

- **knife** [náif] 나이프
  명 나이프, 칼, 창칼

- **knock** [nák] 낙
  타 자 두드리다, 부딪치다

- **know** [nóu] 노우
  타 알다, 잘 아는 사이다, 구별하다

ENGLISH WORDS DICTIONARY

- **lady** [léidi] 레이디
  명 부인, 숙녀, 여러분, 여류…

- **lake** [léik] 레이크
  명 호수, 연못

- **lamb** [lǽm] 램
  명 〈동물〉 어린 양, 유순한 사람

- **land** [lǽnd] 랜드
  명 육지, 나라 자 상륙하다

- **large** [láːrdʒ] 라-지
  형 큰, 넓은, (수·양이) 많은

- **last** [lǽst] 래스트
  형 최후의 부 최후로 명 결말

- **late** [léit] 레이트
  형 늦은, 지각한, 최근의 부 뒤늦게

- **laugh** [lǽf] 래프
  자 웃다 명 웃음, 웃음소리

- **leaf** [líːf] 리-프
  명 잎, 나뭇잎

- **learn** [lə́ːrn] 런-
  - 타 자 배우다, 익히다, 알다, 듣다

- **left** [léft] 레프트
  - 형 왼쪽의 부 왼쪽에 명 왼쪽

- **leg** [lég] 레그
  - 명 다리, (책상 등의) 다리

- **lesson** [lésn] 레슨
  - 명 학과, 수업, (교과서의) 과, 교훈

- **let** [lét] 렛
  - 타 시키다, 가게[오게] 하다, 세놓다

- **letter** [létər] 레터
  - 명 편지, 문자, 글자, 문학, 학문

- **library** [láibrèri] 라이브레리
  - 명 도서관[실], 장서, 서재

- **life** [láif] 라이프
  - 명 생명, 일생, 인생, 생활

- **light** [láit] 라이트
  - 명 빛, 불빛 형 밝은, 가벼운, 적은

- **like** [láik] 라이크
  - 타 좋아하다 자 마음에 들다

- **line** [láin] 라인
  - 명 선, 줄, 행, 끈 타 선을 긋다

- **lion** [láiən] 라이언
  명 〈동물〉 사자

- **lip** [líp] 립
  명 입술

- **listen** [lísn] 리슨
  자 귀를 기울이다, 듣다

- **little** [lítl] 리틀
  형 작은[적은], 어린 부 조금, 거의

- **live** [lív] / [láiv] 리브 / 라이브
  자 살다, 생활하다 형 생방송의

- **living room** [lívŋ rùːm] 리빙 룸-
  명 거실

- **long** [lɔ́ːŋ] 롱-
  형 긴, 오래 걸리는 명 오랫동안

- **look** [lúk] 룩
  자 보다, 응시하다 명 눈짓, 표정

- **lose** [lúːz] 루-즈
  타 잃다, 늦다, 지다

- **loud** [láud] 라우드
  형 소리가 큰, 큰 목소리의, 시끄러운

- **love** [lʌ́v] 러브
  명 사랑, 연애, 연인 타 사랑하다

- **low**
  [lóu] 로우
  형 낮은, (값)싼 부 낮게, 값싸게

- **lucky**
  [lʌ́ki] 러키
  형 행운의, 운 좋은, 재수 좋은

- **lunch**
  [lʌ́ntʃ] 런치
  명 점심, 가벼운 식사, 도시락

- **mail**
  [méil] 메일
  명 우편, 우편물 타 우송하다

- **make**
  [méik] 메이크
  타 만들다, …이 되다 명 제작, 모형

- **man**
  [mǽn] 맨
  명 사람, 인간, 남자

- **many**
  [méni] 메니
  형 많은, 다수의 대 많은 것[사람]

- **map**
  [mǽp] 맵
  명 지도, 지도식의 도표, 도해

- **market**
  [má:rkit] 마−킷
  명 시장, 거래처

- **mathematics** [mæθəmǽtiks] 매서매틱스
  명 수학, 계산 (약자 math/BE maths)

- **matter** [mǽtər] 매터
  명 일, 사항, 사정 자 중요하다

- **may** [méi] 메이
  명 5월

- **maybe** [méibi] 메이비
  부 아마, 어쩌면

- **mean** [míːn] 민-
  타 의미하다, …할 작정이다 형 비열한

- **meat** [míːt] 미-트
  명 고기, 육류

- **meet** [míːt] 미-트
  타 자 만나다, 교차하다, 회합하다

- **middle** [mídl] 미들
  형 한가운데의, 중간의 명 중앙

- **milk** [mílk] 밀크
  명 우유, 〈식물〉 유액

- **minus** [máinəs] 마이너스
  형 마이너스의, …을 뺀 명 부족

- **minute** [mínit] 미닛
  명 (시간의) 분, 잠깐, 잠시

- **mirror** [mírər] 미러
  명 거울, 반사경

- **Miss** [mís] 미스
  명 〈호칭〉 …양, 미혼여성, 아가씨

- **mom/mommy** [mám]/[mámi] 맘 / 마미
  명 엄마

- **money** [máni] 머니
  명 돈, 금전, 통화, 화폐

- **monkey** [máŋki] 멍키
  명 〈동물〉 원숭이

- **month** [mánθ] 먼스
  명 달, 월, 1개월

- **moon** [múːn] 문-
  명 〈천체〉 달

- **morning** [mɔ́ːrniŋ] 모-닝
  명 아침, 오전

- **mother** [máðər] 머더
  명 어머니

- **mountain** [máunt(ə)n] 마운턴
  명 산, 산맥, (산더미 같은) 다수

- **mouse** [máus] 마우스
  명 〈동물〉 생쥐

- **mouth** [máuθ] 마우스
  명 입, 구강(口腔), 입구, 강어귀

- **move** [múːv] 무-브
  자 움직이다, 이사하다 타 감동시키다

- **movie** [múːvi] 무-비
  명 영화, 영화관

- **Mr.** [mìstər] 미스터
  명 …씨[님], …선생[귀하] (Mister의 약어)

- **Mrs.** [mìsiz] 미시즈
  명 …부인, …여사 (Mistress의 약어)

- **Ms.** [mìz] 미즈
  명 미즈…, …씨, …님

- **much** [mʌ́tʃ] 머치
  형 많은 대 다량 부 매우, 훨씬

- **museum** [mjuːzíːəm] 뮤-지-엄
  명 박물관

- **music** [mjúːzik] 뮤-직
  명 음악

- **musician** [mjuːzíʃən] 뮤-지션
  명 음악가, 작곡가, 연주가

ENGLISH WORDS DICTIONARY

- **name** [néim] 네임
  명 이름, 명칭 타 이름을 붙이다

- **near** [níər] 니어
  부 가까이, 밀접하게 형 가까운

- **neck** [nék] 넥
  명 목, 옷깃

- **need** [níːd] 니-드
  명 필요, 소용 타 …을 필요로 하다

- **never** [névər] 네버
  부 결코 …하지 않다, 일찍이 …한 적 없다

- **new** [n(j)úː] 뉴-
  형 새로운, 신형의

- **next** [nékst] 넥스트
  형 다음의, 오는… 부 다음에

- **nice** [náis] 나이스
  형 좋은, 친절한

- **night** [náit] 나이트
  명 밤, 야간

- **no/nope** [nóu]/[nóup] 노우/노우프
  🔸 아니오, 조금도 …않다

- **noise** [nɔ́iz] 노이즈
  🔸 소음, (불쾌한) 소리, 잡음

- **north** [nɔ́ːrθ] 노-스
  🔸 북(쪽), 북부   🔸 북쪽의

- **nose** [nóuz] 노우즈
  🔸 코

- **not** [nát] 낫
  🔸 …아니다, 반드시 …은 아니다

- **nothing** [nʌ́θiŋ] 너싱
  🔸 아무것도 …없다   🔸 하찮은 것

- **now** [náu] 나우
  🔸 지금, 방금   🔸 지금, 현재

- **number** [nʌ́mbər] 넘버
  🔸 수, 숫자, 번호

- **nurse** [nə́ːrs] 너-스
  🔸 간호사, 유모, 보모   🔸 간호하다

ENGLISH WORDS DICTIONARY

- **o'clock**   [əklák] 어클락
  - 부 〈시간〉 …시, …시의 위치

- **of**   [áv] 아브
  - 전 …의, …에 대하여, …가운데의

- **off**   [ɔ́ːf] 오-프
  - 전 부 떨어져, 떠나서   형 쉬는, 끊긴

- **office**   [ɔ́ːfis] 오-피스
  - 명 사무소, 회사, 관공서

- **often**   [ɔ́ːfən] 오-펀
  - 부 자주, 종종, 흔히

- **okay/OK**   [òukéi] 오우케이
  - 형 부 좋다, 됐다, 알았다

- **old**   [óuld] 오올드
  - 형 늙은, …살의, 연상의, 낡은

- **on**   [an] 안
  - 부 위에, 앞쪽으로   전 …의 위에

- **once**   [wʌ́ns] 원스
  - 부 한 번, 이전에, 일찍이, 한때

- **only** [óunli] 오운리
  형 단 하나의, 유일한 부 오직, 겨우

- **open** [óupən] 오우펀
  형 열린, 공개된 타 열다, 공개하다

- **or** [ɔ́ːr] 오-
  접 또는, 그렇지 않으면, 다시 말하면

- **other** [ʌ́ðər] 어더
  형 다른, 그 밖의, 다른 하나의

- **out** [áut] 아웃
  부 밖에, 밖으로, 나타나, 없어져

- **outside** [àutsáid] 아웃사이드
  명 바깥쪽, 외부 형 외부의

- **over** [óuvər] 오우버
  부 위쪽에, 끝나서 전 …의 위에

ENGLISH WORDS DICTIONARY

- **page** [péidʒ] 페이지
  명 페이지, 면, 쪽 (약어 p.)

- **paint** [péint] 페인트
  명 페인트, 그림물감 타 자 그리다

- **pair** [pér] 페어
  - 명 한 쌍, 한 벌, 부부, 연인, 2인조

- **pants** [pǽnts] 팬츠
  - 명 바지, 슬랙스, (남자용) 팬츠

- **paper** [péipər] 페이퍼
  - 명 종이, 신문, 연구논문, 학술논문

- **parent** [pé(ə)rənt] 페(어)런트
  - 명 어버이, 양친, 부모님

- **park** [pá:rk] 파-크
  - 명 공원, 운동장, 주차장 자 주차하다

- **pass** [pǽs] 패스
  - 통 지나가다, 합격하다 명 통행, 패스

- **past** [pǽst] 패스트
  - 형 지나간, 과거의 전 지나서

- **pay** [péi] 페이
  - 통 지불하다 명 지불, 급료

- **peach** [pí:tʃ] 피-치
  - 명 〈식물〉 복숭아, 복숭아나무

- **pear** [péər] 페어
  - 명 〈식물〉 배, 배나무

- **pencil** [pénsl] 펜슬
  - 명 연필

- **people** [píːpl] 피-플
  명 사람들, 국민, 민족

- **pepper** [pépər] 페퍼
  명 후추

- **person** [pə́ːrsn] 퍼-슨
  명 사람, 개인, 인간, 신체, 인격

- **pet** [pét] 펫
  명 애완동물 형 마음에 드는

- **photograph/photo** [fóutəgræf]/[fóutou] 포우터그래프 / 포우토우
  명 사진 타 자 사진을 찍다, 촬영하다

- **pick** [pík] 픽
  타 자 따다, 뜯다, 쪼다, 골라잡다

- **picnic** [píknik] 피크닉
  명 피크닉, 소풍 자 소풍가다

- **picture** [píktʃər] 픽처
  명 그림, 사진, 영화 영상, 화상

- **piece** [píːs] 피-스
  명 조각, 하나, 부분, (예술) 작품

- **pig** [píg] 피그
  명 〈동물〉 돼지

- **pink** [pínk] 핑크
  명 분홍색, 핑크색, 패랭이꽃

- **place** [pléis] 플레이스
  명 장소, 지역, 자리, 입장, 지위

- **plan** [plǽn] 플랜
  명 계획, 설계도, 도면 타 계획하다

- **plant** [plǽnt] 플랜트
  명 식물, 농작물, 공장 타 심다

- **plate** [pléit] 플레이트
  명 접시, 요리한 접시, 판금, 금속판

- **play** [pléi] 플레이
  자 타 놀다, 경기를 하다, 연주하다

- **please** [plíːz] 플리-즈
  타 기쁘게 하다 부 부디, 제발

- **plus** [plʌ́s] 플러스
  전 …을 더하여 형 더하기의

- **pocket** [pákit] 파킷
  명 호주머니 형 포켓용의, 소형의

- **point** [pɔ́int] 포인트
  명 끝, 점, 점수 자 타 가리키다

- **police** [pəlíːs] 펄리-스
  명 경찰, 경찰관

- **polite** [pəláit] 펄라이트
  형 공손한, 예의 바른

- **poor**   [púər] 푸어
  - 형 가난한, 서투른, 불쌍한, 하찮은

- **post**   [póust] 포우스트
  - 명 우편(물), 우체국, 우체통

- **potato**   [pətéitou] 퍼테이토우
  - 명 〈식물〉 감자

- **practice**   [prǽktis] 프랙티스
  - 명 연습, 실행, 습관   타 실행하다

- **present**   [préznt] 프레즌트
  - 형 출석한, 현재의   명 현재, 지금

- **president**   [préz(ə)dənt] 프레저던트
  - 명 대통령, 사장, 총장

- **pretty**   [príti] 프리티
  - 형 예쁜, 귀여운   부 꽤, 상당히

- **prince**   [príns] 프린스
  - 명 왕자, 황태자

- **princess**   [prínsəs] 프린서스
  - 명 공주, 왕녀

- **problem**   [prábləm] 프라블럼
  - 명 문제, 의문

- **pull**   [púl] 풀
  - 타 자 끌다, 끌어당기다

- **puppy**　　　[pʌ́pi]　퍼피
　　　　　　　　명 〈동물〉 강아지

- **push**　　　[púʃ]　푸시
　　　　　　　　타 자 밀(고 나아가)다　명 밀기

- **put**　　　　[pút]　풋
　　　　　　　　타 자 놓다, 두다, 만들다, 움직이다

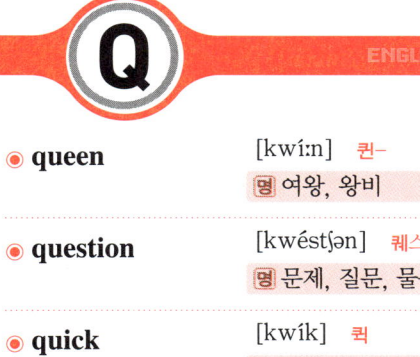

- **queen**　　　[kwíːn]　퀸-
　　　　　　　　명 여왕, 왕비

- **question**　[kwéstʃən]　퀘스천
　　　　　　　　명 문제, 질문, 물음

- **quick**　　　[kwík]　퀵
　　　　　　　　형 빠른, 잽싼　부 빨리, 급히

- **quiet**　　　[kwáiət]　콰이엇
　　　　　　　　형 조용한, 평온한

ENGLISH WORDS DICTIONARY

- **rabbit** [rǽbit] 래빗
  명 〈동물〉 집토끼, 겁쟁이 자 토끼사냥하다

- **rain** [réin] 레인
  명 비, 강우 자 비가 오다

- **rainbow** [réinbòu] 레인보우
  명 무지개, 가지각색

- **read** [ríːd] 리-드
  타 자 읽다, 소리내어 읽다, 독서하다

- **ready** [rédi] 레디
  형 준비가 된, 기꺼이 …하는

- **really** [ríːəli] 리-얼리
  부 참으로, 정말로, 실제로, 설마

- **receive** [risíːv] 리시-브
  타 받다, 수령하다, 맞이하다

- **red** [réd] 레드
  형 빨간, 적색의 명 빨강, 적색

- **relax** [rilǽks] 릴랙스
  타 늦추다, 편하게 하다

- **remember** [rimémbər] 리멤버
  타 자 생각해내다, 상기하다

- **repeat** [ripíːt] 리피-트
  타 자 되풀이[반복]하다 명 반복

- **rest** [rést] 레스트
  명 자 휴식(하다), 쉬다, 안정

- **restaurant** [réstərənt] 레스터런트
  명 레스토랑, 요리점, 음식점

- **rest room** [rést rùːm] 레스트 룸-
  명 (호텔·극장의) 화장실, 세면실

- **rice** [ráis] 라이스
  명 쌀, (쌀로 지은) 밥

- **rich** [rítʃ] 리치
  형 부자의, 부유한, 풍부한, 값진

- **ride** [ráid] 라이드
  자 타다, 타고가다 명 탐, 태움

- **right** [ráit] 라이트
  형 옳은, 오른쪽의 부 오른쪽에

- **ring** [ríŋ] 링
  동 울리다 명 울림, 반지, 링

- **river** [rívər] 리버
  명 강, 하천

- **road** [róud] 로우드
  명 길, 도로, 행로, 방법

- **rock** [rák] 락
  명 바위, 암석

- **roof** [rú:f] 루-프
  명 지붕, (건물) 옥상

- **room** [rú:m] 룸-
  명 방, 공간, 장소, 자리

- **round** [ráund] 라운드
  형 둥근, 도는 명 원, 회전

- **ruler** [rú:lər] 룰-러
  명 통치자, 지배자, 주권자

- **run** [rán] 런
  자 뛰다, 달리다 명 달리기, 경주

ENGLISH WORDS DICTIONARY

- **sad** [sǽd] 새드
  형 슬픈, 슬프게 하는, 지독한

- **salt** [sɔ́:lt] 솔-트
  명 소금 형 소금기가 있는, 짠

- **same** [séim] 세임
  형 같은, 동일한 대 동일한 것

- **say** [séi] 세이
  타 자 말하다, 진술하다, 쓰여 있다

- **school** [skúːl] 스쿨-
  명 학교, 수업, (대학의) 학부

- **science** [sáiəns] 사이언스
  명 과학, 자연과학, 이과

- **scientist** [sáiəntist] 사이언티스트
  명 과학자

- **scissors** [sízərz] 시저즈
  명 가위, 〈레슬링〉 다리 가위지르기

- **sea** [síː] 시-
  명 바다, 해양, 대해, …해

- **season** [síːzn] 시-즌
  명 계절, 시기, 시즌

- **seat** [síːt] 시-트
  명 자리, 좌석

- **see** [síː] 시-
  타 자 보(이)다, 구경하다, 알다

- **sell** [sél] 셀
  타 팔다, 장사하다 자 팔리다

- **send** [sénd] 센드
  - 타 자 보내다, 파견하다

- **she** [ʃiː] 쉬-
  - 대 그녀는[가]

- **sheep** [ʃiːp] 시-프
  - 명 양, 면양, 양가죽

- **ship** [ʃíp] 십
  - 명 배, 선박 타 수송하다

- **shoes** [ʃúːz] 슈-즈
  - 명 신, 구두

- **shop** [ʃáp] 샵
  - 명 가게, 상점 자 물건을 사다

- **short** [ʃɔ́ːrt] 쇼-트
  - 형 짧은, 작은, 부족한 명 간결

- **shoulder** [ʃóuldər] 쇼울더
  - 명 어깨

- **show** [ʃóu] 쇼우
  - 타 자 보이다, 전시하다 명 전람회

- **sick** [sík] 식
  - 형 병난, 병에 걸린, 메스꺼운

- **side** [sáid] 사이드
  - 명 측면, 가장자리 형 곁의, 측면의

- **sing** [síŋ] 싱
  - 자 노래하다, (새가) 지저귀다

- **sister** [sístər] 시스터
  - 명 자매, 여자 형제

- **sit** [sít] 싯
  - 자 앉다, 착석하다, 앉아 있다

- **size** [sáiz] 사이즈
  - 명 크기, 치수, 사이즈

- **skirt** [skə́ːrt] 스커-트
  - 명 스커트, 치마, 교외, 변두리

- **sky** [skái] 스카이
  - 명 하늘, 창공 타 높이 날리다

- **sleep** [slíːp] 슬리-프
  - 자 잠자다, 활동하지 않다 명 잠, 수면

- **slow** [slóu] 슬로우
  - 형 느린, 더딘 부 늦게, 더디게

- **small** [smɔ́ːl] 스몰-
  - 형 작은, 적은, 얼마 안 되는

- **smell** [smél] 스멜
  - 타 자 냄새 맡다[나다] 명 냄새

- **smile** [smáil] 스마일
  - 자 미소짓다, 생글거리다 명 미소

- **snake** [snéik] 스네이크
  명 〈동물〉뱀

- **snow** [snóu] 스노우
  명 눈 자 눈이 내리다

- **so** [sóu] 소우
  부 그와 같이, 그대로, 매우, 그렇게

- **soccer** [sákər] 사커
  명 축구, 사커

- **socks** [sáks] 삭스
  명 (짧은) 양말 타 …에 양말을 신기다

- **soft** [sɔ́:ft] 소-프트
  형 부드러운, 폭신한, 온화한

- **some** [sʌ́m] 섬
  형 얼마간의, 어떤 부 약

- **something** [sʌ́mθiŋ] 섬싱
  대 무엇인가, 어떤 것

- **sometimes** [sʌ́mtàimz] 섬타임즈
  부 때때로, 이따금

- **son** [sʌ́n] 선
  명 아들, 자식, 자손

- **soon** [sú:n] 순-
  부 이윽고, 곧, 빨리, 급히

- **sorry** [sári] 사리
  형 유감스러운, 가엾은, 미안한

- **sound** [sáund] 사운드
  명 소리, 음 자 소리가 나다

- **south** [sáuθ] 사우스
  명 남쪽, 남부 지방

- **speak** [spíːk] 스피-크
  타 자 이야기하다, 말하다, 연설하다

- **speech** [spíːtʃ] 스피-치
  명 연설, 말, (일반적으로) 언어

- **spend** [spénd] 스펜드
  타 쓰다, 소비하다, (시간을) 보내다

- **spider** [spáidər] 스파이더
  명 〈동물〉 거미

- **spoon** [spúːn] 스푼-
  명 숟가락, 스푼

- **spring** [spríŋ] 스프링
  명 봄, 샘, 용수철 자 튀다

- **square** [skwéər] 스퀘어
  명 정사각형, 광장 형 정사각형의

- **stair** [stéər] 스테어
  명 계단, 층계, 한 단, 단계

- **stand** [stǽnd] 스탠드
  자 타 일어서다, 세우다 명 노점

- **star** [stáːr] 스타-
  명 〈천체〉 별, 인기배우, 스타

- **start** [stáːrt] 스타-트
  자 출발[시작]하다 명 개시, 출발

- **station** [stéiʃən] 스테이션
  명 정거장, 역, (관청의) 서, 국

- **stay** [stéi] 스테이
  자 머무르다, 체류하다 명 체류

- **stomach** [stʌ́mək] 스터먹
  명 위, 복부, 배

- **stone** [stóun] 스토운
  명 돌, 석재

- **stop** [stáp] 스탑-
  자 타 멈추다 명 정지, 정류장

- **store** [stɔ́ːr] 스토-
  명 가게, 상점 타 비축[저장]하다

- **story** [stɔ́ːri] 스토-리
  명 이야기, 소설

- **straight** [stréit] 스트레이트
  형 곧은, 일직선의 부 똑바로

- **strawberry** [strɔ́:bèri] 스트로-베리
  명 〈식물〉 딸기

- **street** [strí:t] 스트리-트
  명 거리, 가로, …가

- **strong** [strɔ́:ŋ] 스트롱-
  형 강한, 힘 센, 튼튼한, 자신 있는

- **student** [st(j)ú:dnt] 스튜-든트
  명 학생, (대학·연구소 등의) 연구생

- **study** [stʌ́di] 스터디
  자 타 공부[연구]하다 명 공부, 연구

- **subway** [sʌ́bwèi] 서브웨이
  명 〈영〉 지하도, 〈미〉 지하철

- **sugar** [ʃúgər] 슈거
  명 설탕, 〈화학〉 당, 당류

- **summer** [sʌ́mər] 서머
  명 여름, 여름철

- **sun** [sʌ́n] 선
  명 해, 태양, 햇빛, 양지

- **sure** [ʃúər] 슈어
  형 틀림없는, 확신하는 부 확실히

- **surprise** [sərpráiz] 서프라이즈
  타 놀라게 하다 명 놀람, 경악

- **surprising**   [sərpráiziŋ]   서프라이징
  형 놀라운, 의외의, 불시의

- **sweet**   [swíːt]   스위-트
  형 (맛이) 단, 감미로운   명 단것, 사탕

- **swim**   [swím]   스윔
  자 헤엄치다, 수영하다   명 수영

ENGLISH WORDS DICTIONARY

- **table**   [téibl]   테이블
  명 테이블, 식탁, 표, 일람표

- **take**   [téik]   테이크
  타 쥐다, 잡다, 얻다, 받다

- **talk**   [tɔ́ːk]   토-크
  명 동 이야기(하다), 말하다

- **tall**   [tɔ́ːl]   톨-
  형 키가 큰, 높은, 높이[키]가 …인

- **tea**   [tíː]   티-
  명 차, 홍차

- **teach**   [tíːtʃ]   티-치
  타 가르치다   자 교사를 하다

- **telephone/phone** [téləfòun]/[fóun] 텔러포운 / 포운
  명 전화(기) 타 전화를 걸다

- **tell** [tél] 텔
  타 자 말하다, 이야기하다, 누설하다

- **test** [tést] 테스트
  명 타 시험(하다), 테스트(하다)

- **textbook** [téks(t)bùk] 텍스(트)북
  명 교과서, 교본

- **than** [ðən/ðǽn] (약) 던 / (강) 댄
  접 …보다(도), …밖에는, …이외에는

- **thank** [θǽŋk] 쌩크
  타 감사하다, 사례하다 명 감사

- **that** [ðǽt] 댓
  대 저것, 그것 형 저, 그

- **the** [ðə/ðí] (약) 더 / (강) 디-
  관 그, 이, 저, …이라는 것

- **theater** [θíːətər] 시-어터
  명 극장, 강당, 영화관, 무대 (BE theatre)

- **then** [ðen] 덴
  부 그 때에, 그 다음에, 그렇다면

- **there** [ðéər] 데어
  부 그곳에, 거기에, 저기 봐, …이 있다

- **they** [ðei] 데이
  때 그[그녀]들은, 그것들은[이]

- **thin** [θín] 신
  형 얇은, 야윈, 엷은, 묽은

- **think** [θíŋk] 싱크
  타 자 생각하다, 숙고하다, 예상하다

- **thirsty** [θə́ːrsti] 서-스티
  형 목마른, 갈망하는, 간절히 바라는

- **this** [ðís] 디스
  때 이것, 이 물건[사람·일], 지금, 이번

- **throw** [θróu] 스로우
  타 (내)던지다 명 던지기, 투구

- **ticket** [tíkit] 티킷
  명 표, 승차권, 입장권

- **tie** [tái] 타이
  타 매다, 속박하다 명 넥타이

- **tiger** [táigər] 타이거
  명 〈동물〉 호랑이

- **time** [táim] 타임
  명 시각, 시간, 때, 시대

- **tired** [táiərd] 타이어드
  형 피로한, 지친, 물린, 싫증난

- **to** [tú] 투-
  전 …로, …에게, …까지, …하기

- **today** [tudéi] 투데이
  명 오늘(날), 현재 부 현대에는

- **toe** [tóu] 토우
  명 발가락, 발끝

- **together** [təgéðər] 투게더
  부 함께, 같이, 동시에, 일제히

- **toilet** [tɔ́ilət] 토일럿
  명 화장실, 세면실, 변소

- **tomorrow** [tumárou] 투마로우
  명 내일, 미래, 장래

- **tonight** [tunáit] 투나이트
  명 오늘밤 부 오늘밤(은)

- **too** [túː] 투-
  부 (…도) 또한, 게다가, 너무(나)

- **tooth** [túːθ] 투-스
  명 이(빨)

- **top** [táp] 탑
  명 정상, 꼭대기 형 최고[첫째]의

- **touch** [tʌ́tʃ] 터치
  타 대다, 접촉하다 명 접촉

● **towel**	[táu(ə)l] 타월	명 수건, 타월
● **town**	[táun] 타운	명 도시, 읍, 도시의 중심부, 시민
● **toy**	[tɔ́i] 토이	명 장난감, 완구
● **traffic**	[trǽfik] 트래픽	명 교통, 왕래, 교통량
● **train**	[tréin] 트레인	명 열차, 기차 동 훈련하다
● **travel**	[trǽvəl] 트래벌	명 여행 자 여행하다, 가다
● **tree**	[tríː] 트리-	명 나무, 수목
● **triangle**	[tráiæŋgl] 트라이앵글	명 삼각형, 〈악기〉 트라이앵글
● **trip**	[tríp] 트립	명 (짧은) 여행
● **true**	[trúː] 트루-	형 정말의, 진실한, 충실한
● **try**	[trái] 트라이	명 타 노력(하다), 시도(하다)

- **turn** [tə:rn] 턴-
  자 타 돌리다, 돌다, 향하다 명 회전

ENGLISH WORDS DICTIONARY

- **ugly** [ʌ́gli] 어글리
  형 추한, 보기 싫은, 못생긴

- **umbrella** [ʌmbrélə] 엄브렐러
  명 우산, 양산 형 포괄적인

- **uncle** [ʌ́ŋkl] 엉클
  명 아저씨, (외)삼촌

- **under** [ʌ́ndər] 언더
  전 부 …아래[밑]에, …미만으로

- **understand** [ʌ̀ndərstǽnd] 언더스탠드
  타 자 이해하다, 알다, 정통하다

- **until** [əntíl] 언틸
  전 …까지 접 …때까지

- **up** [ʌp] 업
  부 위로, 위에, 기상하여, 완전히

- **use** [jú:z] 유-즈
  타 쓰다, 사용하다 명 사용(법)

ENGLISH WORDS DICTIONARY

- **vacation** [veikéiʃən] 베이케이션
  명 휴가, 휴일, 방학

- **vegetable** [védʒtəbl] 베지터블
  명 야채, 푸성귀 형 식물(성)의

- **very** [véri] 베리
  부 매우, 대단히, 몹시, 충분히

- **visit** [vízit] 비짓
  타 자 방문하다, 구경가다 명 방문, 문병

- **voice** [vɔ́is] 보이스
  명 목소리, 음성

ENGLISH WORDS DICTIONARY

- **wait** [wéit] 웨이트
  자 기다리다, 시중들다 명 기다림

- **wake** [wéik] 웨이크
  자 타 (잠이) 깨다, 눈을 뜨다

- **walk** [wɔ́:k] 워-크
  자 걷다, 산책하다 명 산책, 걷기

- **wall** [wɔ́:l] 월-
  명 벽, 담, 성벽, (사회적) 장애

- **want** [wánt] 완트
  타 원하다, 필요로 하다 명 필요

- **warm** [wɔ́:rm] 웜-
  형 따뜻한, 더운 자 따뜻해지다

- **wash** [wáʃ] 와시
  타 씻다, 세탁하다 명 빨래, 세탁물

- **washroom** [wáʃrù:m] 와시룸-
  명 세면실, 화장실

- **watch** [wátʃ] 와치
  자 지켜보다, 망보다 명 경계, 손목시계

- **water** [wɔ́:tər] 워-터
  명 물, 음료수 타 물을 뿌리다

- **watermelon** [wɔ́:tərmèlən] 워-터멜런
  명 〈식물〉 수박

- **way** [wéi] 웨이
  명 길, 도로, 코스, 거리, 방향

- **we** [wí] 위-
  대 우리는, 사람은, 우리들은

- **weak** [wíːk] 위-크
  형 약한, 연약한, 무력한, 열등한

- **wear** [wéər] 웨어
  타 입고[신고] 있다 명 착용

- **weather** [wéðər] 웨더
  명 일기, 날씨, 기후

- **week** [wíːk] 위-크
  명 주, 일주일, 주간

- **weight** [wéit] 웨이트
  명 무게, 중량, 체중

- **welcome** [wélkəm] 웰컴
  명 타 환영(하다) 형 환영받는

- **well** [wél] 웰
  부 잘, 훌륭하게 형 건강한

- **west** [wést] 웨스트
  명 서, 서쪽 형 서쪽의

- **wet** [wét] 웨트
  형 젖은, 비 내리는 동 적시다

- **what** [(h)wát] 홧 / 왓
  대 형 무엇, 어떤, 무슨, 얼마나

- **when** [(h)wén] 휀 / 웬
  대 언제 부 언제, …할 때 접 …할 때에

- **where** [(h)wéər] 훼어 / 웨어
  [부] 어디에, 어디로, …하는 [대] 어디

- **which** [(h)wítʃ] 휘치 / 위치
  [대] 어느 쪽, 그리고 그것은 [형] 어느

- **white** [(h)wáit] 화이트 / 와이트
  [형] 흰, 창백한, 백인의 [명] 백색, 흰옷

- **who** [húː] 후-
  [대] 누구, 누가, 어느 사람, 누구를

- **why** [(h)wái] 화이 / 와이
  [부] 왜, 어째서 [감] 아니, 저런

- **wide** [wáid] 와이드
  [형] 폭이 넓은, 크게 열린 [부] 널리

- **wife** [wáif] 와이프
  [명] 아내, 부인, 처

- **will** [wíl] 윌
  [조] …할[일] 것이다, …할 작정이다

- **win** [wín] 윈
  [타][자] 이기다, 승리하다, 획득하다

- **wind** [wínd] 윈드
  [명] (강한) 바람, 숨, 호흡

- **window** [wíndou] 윈도우
  [명] 창(문), 창유리, 창구

- **winter** [wíntər] 윈터
  명 겨울 자 타 겨울을 보내다

- **wish** [wíʃ] 위시
  타 바라다, 빌다 명 소원, 바람

- **with** [wíð] 위드
  전 …와 함께, …에 대하여

- **wolf** [wúlf] 울프
  명 〈동물〉 늑대, 이리

- **woman** [wúmən] 우먼
  명 여성, 여자, 부인

- **wonderful** [wʌ́ndərful] 원더풀
  형 훌륭한, 굉장한, 놀랄만한, 이상한

- **wood** [wúd] 우드
  명 목재, 장작, 숲, 수풀

- **word** [wə́:rd] 워-드
  명 말, 낱말, 단어, 약속

- **work** [wə́:rk] 워-크
  자 일하다, 근무하다 명 일, 작업

- **world** [wə́:rld] 월-드
  명 세계, 세상, 세상 사람들

- **worry** [wə́:ri] 워-리
  자 타 걱정하다, 괴롭히다 명 걱정

- **write** [ráit] 라이트
  타 자 글씨를 쓰다, 저술하다

- **wrong** [rɔ́:ŋ] 롱-
  형 나쁜, 틀린, 고장난 부 나쁘게

ENGLISH WORDS DICTIONARY

- **year** [jíər] 이어
  명 해, 1년(간), 연도, 연령, 나이, 학년

- **yellow** [jélou] 옐로우
  명 노랑, 황색 형 노란, 황색의

- **yes/yeah,yep,yup** [jés/jéə], [jép], [jʌ́p] 예스 / 예, 옙, 엽
  부 네, 그렇습니다 명 찬성, 승낙

- **yesterday** [jéstərdèi] 예스터데이
  명 어제 부 어제(는)

- **you** [ju/jú:] (약) 유 / (강) 유-
  대 당신(들)은, 사람은 누구나

- **young** [jʌ́ŋ] 영
  형 젊은, 연소한, 어린

ENGLISH WORDS DICTIONARY

- **zebra** [zíːbrə] 지-브러
  명 〈동물〉 얼룩말

- **zoo** [zúː] 주-
  명 동물원

ENGLISH WORDS DICTIONARY

- **abandon** [əbǽndən] 어밴던
  타 버리다, 그만두다, 포기하다

- **above** [əbʎv] 어버브
  부 위(쪽)에, 위의 전 …의 위에[로, 를]

- **abroad** [əbrɔ́ːd] 어브로-드
  부 외국에[으로], 해외로, 사방으로

- **absence** [ǽbsns] 앱슨스
  명 부재, 결석, 결근

- **absolute** [ǽbsəlùːt] 앱설루-트
  형 절대적인, 완전한, 전면적인, 확고한

- **absorb** [əbsɔ́ːrb] 업소-브
  타 흡수하다, 빨아들이다

- **abuse** [əbjúːs] 어비유-스
  명 남용, 욕설 타 남용하다

- **academic** [æ̀kədémik] 애커데믹
  형 학원의, 대학의, 학문적인

- **academy** [əkǽdəmi] 어캐더미
  명 대학, 전문학교, 학원, 학회

- **accept** [æksépt] 액셉트
  타 받다, 받아들이다, 응하다

- **acceptable** [ækséptəbl] 액셉터블
  형 받아들일[수락할] 수 있는

- **access** [ǽkses] 액세스
  명 접근, 면회 타 입수하다

- **accident** [ǽksədənt] 액서던트
  명 사고, 뜻밖의 사건

- **accommodate** [əkámədèit] 어카머데이트
  타 숙박시키다, 수용하다

- **accompany** [əkʌ́mpəni] 어컴퍼니
  타 따라가다, …와 함께 가다

- **accord** [əkɔ́:rd] 어콜-드
  타 조화[일치]시키다 명 일치

- **account** [əkáunt] 어카운트
  명 계산(서), 설명, 이유

- **accurate** [ǽkjərit] 애큐어릿
  형 정확[적확]한, 정밀한, 엄밀한

- **accuse** [əkjú:z] 어큐-즈
  타 고소하다, 고발하다, 비난하다

- **ache** [éik] 에이크
  자 아프다, 쑤시다 명 아픔

- **achieve** [ətʃíːv] 어치-브
  타 이루다, 성취하다, 달성하다

- **acid** [ǽsid] 애시드
  명 〈화학〉 산(酸), 신 것

- **acknowledge** [æknɑ́lidʒ] 애크날리지
  타 인정하다, 받았음을 알리다

- **acquire** [əkwáiər] 어콰이어
  타 얻다, 배우다, 익히다

- **across** [əkrɔ́ːs] 어크로-스
  부 전 가로질러 형 십자형의

- **active** [ǽktiv] 액티브
  형 활동적인, 활기찬, 적극적인, 활동중인

- **actual** [ǽktʃuəl] 액추얼
  형 현실의, 실제의, 현재의

- **adapt** [ədǽpt] 어댑트
  타 적응시키다, 개조하다, 개작하다

- **add** [ǽd] 애드
  타 더하다, 부연하다 자 덧셈하다

- **adequate** [ǽdikwət] 애디퀴트
  형 충분한, 알맞은, 적절한, 적합한

- **adjust** [ədʒʌ́st] 어저스트
  타 조절하다, 맞추다, 조정하다

- **administrate** [ədmínəstrèit] 어드미너스트레이트
  타 관리하다, 다스리다, 투여하다

- **administrative** [ədmínəstrèitiv] 어드미너스트레이티브
  형 관리의, 경영상의, 행정상의

- **admire** [ədmáiər] 어드마이어
  타 칭찬하다, 감탄하다, 탄복하다

- **admit** [ədmít] 어드밋
  타 인정하다, …을 들이다

- **adopt** [ədápt] 어답트
  타 채용[채택]하다, 양자[양녀]로 삼다

- **adult** [ədʌ́lt] 어덜트
  명 성인, 어른

- **advance** [ədvǽns] 어드밴스
  자 타 나아가다, 진보시키다

- **advantage** [ədvǽntidʒ] 어드밴티지
  명 유리, 유리한 점, 강점

- **adventure** [ədvéntʃər] 어드벤처
  명 모험, 모험심

- **advertise** [ǽdvərtàiz] 애드버타이즈
  타 광고하다, 선전하다

- **advice** [ədváis] 어드바이스
  명 충고, 조언

- **advise** [ədváiz] 어드바이즈
  타 충고하다, 조언하다, 권하다

- **affair** [əféər] 어페어
  명 사건, 일거리, 사무

- **affect** [əfékt] 어펙트
  타 영향을 미치다, 감동시키다

- **afford** [əfɔ́ːrd] 어포-드
  타 여유가 있다, …할 수 있다

- **afraid** [əfréid] 어프레이드
  형 무서워하는, 두려워하는, 걱정하는

- **afterward** [ǽftərwərd] 애프터워드
  부 그 후, 뒤에, 나중에 (BE afterwards)

- **against** [əgénst] 어겐스트
  전 …에 반대하여, …을 거슬러

- **agency** [éidʒənsi] 에이전시
  명 대리점, 기관, 대리, 대행, 중개

- **agent** [éidʒənt] 에이전트
  명 대리인, 중개상, 행위자

- **aggressive** [əgrésiv] 어그레시브
  형 침략적인, 공세의, 적극적인

- **agriculture** [ǽgrikʌ̀ltʃər] 애그리컬춰
  명 농업, 농사, 농학, 농예

- **aid** [éid] 에이드
  타 돕다, 원조하다 명 도움, 조력

- **aim** [éim] 에임
  타 …을 향하게 하다 자 겨누다

- **aircraft** [ɛ́ərkræft] 에어크랩트
  명 항공기

- **alike** [əláik] 얼라이크
  형 닮은, 같은 부 똑같이

- **alive** [əláiv] 얼라이브
  형 살아 있는, 생생하여, 활발한

- **allow** [əláu] 얼라우
  타 허락하다, 주다, 인정하다

- **along** [əlɔ́ːŋ] 얼롱-
  전 …을 따라서[지나서] 부 앞으로

- **alongside** [əlɔ́ːŋsáid] 얼롱사이드
  전 (…에) 옆으로 대고, (…의) 뱃전에

- **aloud** [əláud] 얼라우드
  부 소리내어, 들을 수 있을 정도로

- **already** [ɔːlrédi] 올—레디
  부 이미, 벌써, 설마

- **also** [ɔ́ːlsou] 올—소우
  부 또한, 역시, 마찬가지로

- **alter** [ɔ́:ltər] 올-터
  타 바꾸다, 변경하다 자 달라지다

- **alternative** [ɔ:ltə́:rnətiv] 올-터-너티브
  형 대신의, (둘 중) 하나를 고르는

- **although** [ɔ:lðóu] 올-도우
  전 비록 …이라도, …이기는 하나

- **altogether** [ɔ̀:ltəgéðər] 올-터게더
  부 전혀, 완전히, 전부, 합하여

- **a.m./A.M.** [éiém] 에이엠
  형 〈약어〉 오전(의)

- **amaze** [əméiz] 어메이즈
  타 (몹시) 놀라게 하다

- **ambition** [æmbíʃən] 앰비션
  명 대망, 야심, 포부

- **among** [əmʌ́ŋ] 어멍
  전 …의 사이에(서), …의 가운데에

- **amount** [əmáunt] 어마운트
  명 총액, 액수 자 총계가 …에 이르다

- **amuse** [əmjú:z] 어뮤-즈
  타 즐겁게 하다, 재미나게 하다

- **analysis** [ənǽləsis] 어낼러시스
  명 분석, 해석, 분해

- **analyze** [ǽnəlàiz] 애널라이즈
  - 타 분석하다, 분해하다 (BE analyse)

- **ancient** [éinʃənt] 에인션트
  - 형 고대의, 고래(古來)의

- **anger** [ǽŋgər] 앵거
  - 명 노여움, 화 타 화나게 하다

- **angle** [ǽŋgl] 앵글
  - 명 각, 각도, 모서리, 카메라 앵글

- **anniversary** [ænəvə́ːrsəri] 애너벌-서리
  - 명 기념일, 기념제 형 기념일의

- **announce** [ənáuns] 어나운스
  - 타 발표하다, 알리다, 공고하다

- **annoy** [ənɔ́i] 어노이
  - 타 (남을) 성가시게 굴다, 괴롭히다

- **annual** [ǽnjuəl] 애뉴얼
  - 형 1년의, 해마다의, 〈식물〉일년생의

- **anxiety** [æŋzáiəti] 앵자이어티
  - 명 걱정, 불안, 걱정[근심]거리, 염원

- **anxious** [ǽŋ(k)ʃəs] 앵(크)셔스
  - 형 걱정하는, 근심하는, 열망하는

- **anybody** [énibàdi] 에니바디
  - 대 누군가, 아무도, 누구든지

- **anyone** [éniwÌn] 에니원
  - 대 누군가, 아무에게도, 누구든지

- **anywhere** [éni(h)wèər] 에니웨어/에니웨어
  - 부 어딘가에, 어디든지, 아무데도

- **apart** [əpáːrt] 어파-트
  - 부 떨어져서, 따로

- **apologize** [əpálədʒàiz] 어팔러자이즈
  - 자 사과하다, 변명하다 (BE apologise)

- **apparent** [əpǽrənt] 어패런트
  - 형 명백한, 또렷이 보이는, 외견상의

- **appeal** [əpíːl] 어필-
  - 자 호소하다, 마음에 들다 명 호소

- **appear** [əpíər] 어피어
  - 자 나타나다, 드러내다

- **appearance** [əpí(ə)rəns] 어피(어)런스
  - 명 나타남, 출현, 외관, 모양

- **apply** [əplái] 어플라이
  - 타 응용[적용]하다 자 신청하다

- **appoint** [əpɔ́int] 어포인트
  - 타 지정하다, 임명하다, 지명하다

- **appreciate** [əpríːʃièit] 어프리-시에이트
  - 타 인정하다, 감상하다, 감사하다

- **approach** [əpróutʃ] 어프로우치
  - 타 다가가다, 접근하다 자 다가오다

- **appropriate** [əpróupriət] 어프로우프리엇
  - 형 적당한, 적절한 타 충당하다

- **approve** [əprúːv] 어프루-브
  - 자 타 찬성[승인]하다, 인정하다

- **approximate** [əpráksəmeit] 어프락서메이트
  - 형 대략의, 근사한, 가까운

- **area** [é(ə)riə] 에(어)리어
  - 명 면적, 지역, 범위, 부분

- **argue** [áːrgjuː] 아-규-
  - 자 타 의논하다, 언쟁하다, 주장하다

- **arise** [əráiz] 어라이즈
  - 자 일어나다, 생기다

- **army** [áːrmi] 아-미
  - 명 육군, 군대

- **arrange** [əréindʒ] 어레인지
  - 타 가지런히 하다, 배열하다

- **arrest** [ərést] 어레스트
  - 타 체포하다 명 체포

- **article** [áːrtikl] 아-티클
  - 명 물품, 기사, 조항

- **artificial** [ὰːrtəfíʃəl] 아-터피셜
  - 혱 인공의, 인조의, 인위적인

- **ashamed** [əʃéimd] 어쉐임드
  - 혱 부끄러워하는, 수치스러워

- **aside** [əsáid] 어사이드
  - 부 곁에, 옆에, 따로

- **asleep** [əslíːp] 어슬리-프
  - 혱 잠든, 정지한 부 잠들어

- **aspect** [ǽspekt] 애스펙트
  - 몡 양상, 외관, 국면, 관점

- **assemble** [əsémbl] 어셈블
  - 타 모으다, 조립하다 자 모이다

- **assembly** [əsémbli] 어셈블리
  - 몡 집회, 집합, (기계의) 조립

- **assess** [əsés] 어세스
  - 타 (세금 등을) 사정하다, 평가하다

- **assist** [əsíst] 어시스트
  - 타 거들다, 원조하다, 돕다

- **assistance** [əsístəns] 어시스턴스
  - 몡 거듦, 원조, 조력

- **associate** [əsóuʃièit] 어소우시에이트
  - 자 교제하다 타 연상하다, 연결시키다

- **assume** [əsúːm] 어숨-
  - 타 가정하다, 추정하다, 맡다, 취하다

- **astronaut** [ǽstrənɔ̀ːt] 애스트러노-트
  - 명 우주 비행사

- **atmosphere** [ǽtməsfìər] 앳머스피어
  - 명 대기, 공기, 분위기

- **attach** [ətǽtʃ] 어태치
  - 타 붙이다, 달다, 소속시키다

- **attack** [ətǽk] 어택
  - 명 타 공격(하다), 침범(하다), 발병

- **attempt** [ətém(p)t] 어템(프)트
  - 명 타 시도(하다), 꾀하다, 계획

- **attend** [əténd] 어텐드
  - 타 출석하다, 시중들다 자 주의하다

- **attitude** [ǽtitjùːd] 애티튜-드
  - 명 태도, 사고 방식, 자세

- **attract** [ətrǽkt] 어트랙트
  - 타 마음을 끌다, 매혹하다

- **attractive** [ətrǽktiv] 어트랙티브
  - 형 매력 있는, 매혹적인

- **audience** [ɔ́ːdiəns] 오-디언스
  - 명 청중, 관객, 청취자, 시청자

- **author** [ɔ́:θər] 오-서
  - 명 저자, 작가, 저술가, 저작물, 작품

- **authority** [əθɔ́:rəti] 어소-러티
  - 명 권위, 권력, 권위자, 당국

- **automatic** [ɔ̀:təmǽtik] 오-터매틱
  - 형 자동의, 자동식의

- **available** [əvéiləbl] 어베일러블
  - 형 이용할 수 있는, 입수할 수 있는

- **avenue** [ǽvən(j)ù:] 애버뉴-
  - 명 가로수길, 〈미〉 큰 거리

- **average** [ǽv(ə)ridʒ] 애버리지
  - 명 평균, 평균값, (일반) 표준

- **avoid** [əvɔ́id] 어보이드
  - 타 피하다, 회피하다

- **awake** [əwéik] 어웨이크
  - 타 자 깨우다, 깨어나다 형 깨어 있는

- **award** [əwɔ́:rd] 어워-드
  - 명 상, 상금 타 수여하다, 주다

- **aware** [əwéər] 어웨어
  - 형 알고 있는, 알아차린, 깨닫고

- **awful** [ɔ́:fl] 오-플
  - 형 지독한, 굉장한, 무서운, 두려운

- **awkward** [ɔ́:kwərd] 오-쿼드
  형 어색한, 서투른, 당황한

ENGLISH WORDS DICTIONARY

- **background** [bǽkgràund] 백그라운드
  명 배경 형 배경이 되는

- **backward** [bǽkwərd] 백워드
  부 뒤쪽으로, 거꾸로 형 뒤쪽으로의

- **baggage** [bǽgidʒ] 배기쥐
  명 〈미〉 (여행용) 수하물

- **bake** [béik] 베이크
  타 자 굽다, 구워지다, 몹시 더위지다

- **balance** [bǽləns] 밸런스
  명 균형, 저울 타 균형을 잡다

- **ban** [bǽn] 밴
  명 금지, (여론의) 반대, 파문

- **band** [bǽnd] 밴드
  명 띠, 끈, 악단, 밴드

- **bar** [bá:r] 바-
  명 막대기, (막는) 차단 봉, 술집

- **barber** [báːrbər] 바-버
  명 이발사 타 이발하다

- **barrier** [bǽriər] 배리어
  명 방벽, 장애, 장벽

- **base** [béis] 베이스
  명 토대, 기초, 〈야구〉 베이스

- **basic** [béisik] 베이식
  형 기초의, 기본적인

- **basis** [béisis] 베이시스
  명 기초, 원리, 근거, 기준

- **battle** [bǽtl] 배틀
  명 전투, 싸움, 투쟁

- **bay** [béi] 베이
  명 만(灣), 〈건축〉 기둥과 기둥 사이의 한 구획

- **beat** [bíːt] 비트
  타 치다, 두드리다, 패배시키다, 이기다

- **beauty** [bjúːti] 뷰-티
  명 아름다움, 미(모), 미인

- **beg** [bég] 베그
  타 자 구걸하다, 빌다, 청하다, 부탁하다

- **behalf** [bihǽf] 비해프
  명 이익, 원조, 자기편, 지지

- **behave** [bihéiv] 비헤이브
  자 행동하다, 예절바르게 행동하다

- **behavior** [bihéivjər] 비헤이비어
  명 행위, 행실 (BE behaviour)

- **behind** [biháind] 비하인드
  부 뒤에, 늦어   전 …의 뒤에, …에 뒤늦어

- **belief** [bəlíːf] 벌리-프
  명 신념, 신뢰, 신앙

- **believe** [bəlíːv] 벌리-브
  타 자 믿다, …라고 생각하다

- **bell** [bél] 벨
  명 벨, 종, 방울

- **belong** [bəlɔ́ːŋ] 벌롱-
  자 속하다, …의 것이다

- **below** [bəlóu] 벌로우
  부 아래쪽에[으로]   전 …보다 아래에

- **bend** [bénd] 벤드
  타 자 굽다, 구부러지다, 구부리다

- **beneath** [biníːθ] 비니-스
  전 …의 밑에, 보다 낮은   부 밑에

- **benefit** [bénəfìt] 베너핏
  명 이익, 이득   타 …의 이익이 되다

- **besides** [bisáidz] 비사이즈
  전 이외에도, 제외하고 부 그 밖에

- **bet** [bét] 벳
  명 타 내기(하다), (돈 등을) 걸다

- **beyond** [bijánd] 비얀드
  전 저쪽에, …이상의 부 저쪽에

- **bid** [bíd] 비드
  타 자 명령하다, 값을 매기다 명 입찰

- **bill** [bíl] 빌
  명 청구서, 계산서, 광고지, 〈미〉 지폐

- **birth** [bə́:rθ] 버-스
  명 출생, 태생, 가문

- **bit** [bít] 빗
  명 작은 조각, 조금, 약간

- **bite** [báit] 바이트
  타 물다, 쏘다 자 …에 달려들어 물다

- **bitter** [bítər] 비터
  형 쓴, 쓰라린, 혹독한

- **blame** [bléim] 블레임
  타 명 책망(하다), 비난(하다)

- **bless** [blés] 블레스
  타 축복하다, 은혜를 베풀다

- **blind** [bláind] 블라인드
  - 형 눈 먼 명 햇볕가리개, 블라인드

- **block** [blák] 블락
  - 명 덩어리, 한 구획 타 막다, 방해하다

- **blood** [blʌ́d] 블러드
  - 명 피, 혈액

- **blow** [blóu] 블로우
  - 자 타 불다, 바람에 날리다, 입김을 내뿜다

- **boil** [bɔ́il] 보일
  - 자 끓(어오르)다 타 끓이다, 삶다

- **bomb** [bám] 밤
  - 명 폭탄, 폭발물 타 폭격하다

- **bond** [bánd] 반드
  - 명 인연, 계약, 접착제

- **bone** [bóun] 보운
  - 명 뼈, 골격, 뼈 등으로 만든 물건

- **border** [bɔ́ːrdər] 보-더
  - 명 가장자리, 경계 타 …에 접하다

- **bore** [bɔ́ːr] 보-어
  - 타 (터널을) 뚫다 자 구멍을 내다

- **borrow** [bárou] 바로우
  - 타 빌리다, 도입하다 자 꾸다

- **boss** [bɔ́ːs] 보-스
  - 명 두목, 상사, 사장

- **bother** [báðər] 바더
  - 타 괴롭히다, 귀찮게 하다 자 걱정하다

- **bottom** [bátəm] 바텀
  - 명 밑(바닥), 기부(基部), 기초

- **bound** [báund] 바운드
  - 형 묶인, 의무가 있는

- **bowl** [bóul] 보울
  - 명 사발, 주발, 원형 경기장

- **brain** [bréin] 브레인
  - 명 뇌, 두뇌, 지력

- **branch** [bræntʃ] 브랜치
  - 명 (나뭇) 가지, 지점, 지부

- **brand** [brǽnd] 브랜드
  - 명 상표, 브랜드, 특정 제품, 소인

- **brave** [bréiv] 브레이브
  - 형 용감한, 용기가 있는, 씩씩한

- **breast** [brést] 브레스트
  - 명 가슴, 가슴속, 유방

- **breath** [bréθ] 브레스
  - 명 숨, 호흡, 생명(력), 한숨

- **brick** [brík] 브릭
  명 벽돌, 벽돌 모양의 덩어리

- **brief** [brí:f] 브리-프
  형 단시간의, 짧은 명 개요, 요약

- **briefcase** [brí:fkèis] 브리-프케이스
  명 (가죽제의) 서류 가방

- **brilliant** [bríljənt] 브릴리언트
  형 빛나는, 찬란한, 훌륭한, 재기가 뛰어난

- **broad** [brɔ́:d] 브로-드
  형 (폭이) 넓은, 널따란, 관대한

- **broadcast** [brɔ́:dkæ̀st] 브로-드캐스트
  타 방송[방영]하다 명 방송, 방영

- **budget** [bʌ́dʒit] 버짓
  명 예산, 가계, 생활비

- **bunch** [bʌ́ntʃ] 번취
  명 송이, (꽃·열쇠 등의) 다발

- **burden** [bə́:rdn] 버-든
  명 짐, 부담 타 …에게 짐을 지우다

- **burn** [bə́:rn] 번-
  자 불타다 타 불태우다 명 화상

- **burst** [bə́:rst] 버-스트
  자 파열하다, 터지다 타 터뜨리다

- **bury** [béri] 베리
  타 묻다, 파묻다, 매장하다

- **bush** [búʃ] 부쉬
  명 관목 숲, 덤불

- **business** [bíznəs] 비즈니스
  명 사업, 장사, 업무, 직업, 볼일

ENGLISH WORDS DICTIONARY

- **calculate** [kǽlkjulèit] 캘큘레이트
  타 계산하다 자 기대하다, 믿다

- **calm** [ká:m] 캄-
  형 잔잔한 명 고요 타 진정시키다

- **cancel** [kǽns(ə)l] 캔설
  타 취소하다, 지우다, 중지하다

- **cancer** [kǽnsər] 캔서
  명 〈질병〉 암(癌), 암종, 악성 종양

- **candidate** [kǽndidèit] 캔디데이트
  명 후보자, 지원자, 희망자

- **capable** [kéipəbl] 케이퍼블
  형 할 능력이 있는, 유능한

- **capacity** [kəpǽsəti] 커패서티
  명 수용 능력, 정원, 능력, 재능

- **capital** [kǽpətl] 캐퍼틀
  명 수도, 대문자 형 중요한, 대문자의

- **captain** [kǽptən] 캡턴
  명 우두머리, 주장, 선장

- **care** [kéər] 케어
  명 걱정, 주의, 배려, 돌봄, 보관

- **career** [kəríər] 커리어
  명 직업, 경력, 생애

- **cash** [kǽʃ] 캐시
  명 현금, 돈 타 현금으로 하다

- **cast** [kǽst] 캐스트
  타 던지다, 던져 버리다, 배정하다

- **castle** [kǽsl] 캐슬
  명 성, 큰 저택

- **category** [kǽtəgɔ̀:ri] 캐터고리
  명 범주, 카테고리, 부문, 구분

- **cattle** [kǽtl] 캐틀
  명 〈동물〉 소, 〈고어〉 가축

- **cause** [kɔ́:z] 코-즈
  명 원인, 이유, 까닭

- **cease** [síːs] 시-스
  - 타 …을 중지하다, 끝내다 자 그만두다

- **ceiling** [síːliŋ] 실-링
  - 명 천장, (가격·요금 등의) 최고 한도

- **celebrate** [séləbrèit] 셀러브레이트
  - 타 자 축하하다, 기리다, 식을 올리다

- **cell** [sél] 셀
  - 명 작은 방, 〈생물〉 세포, 〈전기〉 전지

- **center** [séntər] 센터
  - 명 중심, 중심지 (BE centre)

- **century** [séntʃəri] 센처리
  - 명 세기, 백년

- **ceremony** [sérəmòuni] 세러모우니
  - 명 의식, 의례, 예법

- **certain** [sə́ːrtn] 서-튼
  - 형 어떤…, 어느 정도의, 확신하는

- **certificate** [sərtífikət] 서티피컷
  - 명 증명서, 수료[이수] 증명서

- **chain** [tʃéin] 체인
  - 명 쇠사슬, 체인, 연쇄, 연속

- **challenge** [tʃǽlindʒ] 챌린지
  - 명 도전 타 도전[신청]하다

- **chamber** [tʃéimbər] 체임버
  명 방, (입법·사법 기관의) 회의장, 회의소

- **chance** [tʃǽns] 챈스
  명 기회, 가망, 우연 자 우연히…하다

- **chapter** [tʃǽptər] 챕터
  명 (책·논문 등의) 장, 중요한 한 구획

- **character** [kǽrəktər] 캐릭터
  명 성격, 등장 인물, 문자, 부호

- **characteristic** [kæ̀rəktərístik] 캐럭터리스틱
  형 독특한, 특유한 명 특질, 특색

- **charge** [tʃɑ́ːrdʒ] 차-지
  타 자 (책임을) 지우다, 청구하다 명 요금

- **charity** [tʃǽrəti] 채러티
  명 자선, 은혜 베풀기, 자선단체

- **charm** [tʃɑ́ːrm] 참-
  명 매력, 마력, 주문 타 매혹하다

- **chase** [tʃéis] 체이스
  타 추격하다, 쫓다 명 추격, 추적

- **cheer** [tʃíər] 치어
  타 자 …에 갈채하다, 환성을 지르다

- **chemical** [kémikəl] 케미컬
  형 화학의, 화학적인 명 화학 제품

- **chief** [tʃiːf] 치-프
  형 최고의, 주요한 명 (단체의) 장, 두목

- **choice** [tʃɔis] 초이스
  명 선택, 고르기, 선택한 것[사람]

- **circumstance** [sə́ːrkəmstæns] 서-컴스탠스
  명 사정, 상황, 환경

- **civil** [sívəl] 시벌
  형 시민의, 민간의, 문명(사회)의

- **claim** [kléim] 클레임
  타 주장하다, 요구하다 명 요구, 주장

- **classic** [klǽsik] 클래식
  형 일류의, 최고 수준의, 고전

- **clause** [klɔːz] 클로-즈
  명 〈문법〉 절(節), (조약·법률의) 조항

- **clay** [kléi] 클레이
  명 점토, 찰흙, 흙

- **clerk** [kləːrk] 클러-크
  명 사무원, 점원, (관청의) 서기

- **clever** [klévər] 클레버
  형 영리한, 솜씨 있는, 재주 있는

- **client** [kláiənt] 클라이언트
  명 (변호사 등의) 의뢰인, 고객, 단골

- **climate** [kláimət] 클라이멋
  명 기후, (특정 기후를 가진) 토지, 지방

- **climb** [kláim] 클라임
  타 자 오르다, 기어오르다, 등반하다

- **cloth** [klɔ́ːθ] 클로스
  명 천, 옷감, 헝겊, (책의) 클로스

- **coal** [kóul] 코울
  명 석탄 타 태워서 숯으로 만들다

- **coast** [kóust] 코우스트
  명 해안, 연안

- **coin** [kɔ́in] 코인
  명 주화, 동전 타 (화폐를) 주조하다

- **collapse** [kəlǽps] 컬랩스
  자 무너지다, 좌절되다, 결렬되다

- **colleague** [káliːg] 칼리그
  명 (주로 관직·교수 등 직업상의) 동료

- **collect** [kəlékt] 컬렉트
  타 모으다, 수집하다 자 모이다

- **college** [kálidʒ] 칼리지
  명 대학, 학부

- **column** [káləm] 칼럼
  명 (신문의) 난, 칼럼, 〈건축〉 기둥

- **combine** [kəmbáin] 컴바인
  - 타 결합시키다, 겸하다

- **comfort** [kʌ́mfərt] 컴퍼트
  - 명 안락, 쾌적함 타 …을 위로하다

- **comfortable** [kʌ́mfərtəbl] 컴퍼터블
  - 형 쾌적한, 기분 좋은, 편한, 안락한

- **command** [kəmǽnd] 커맨드
  - 타 명령하다, 지휘하다 명 명령, 지휘

- **comment** [kάment] 카멘트
  - 명 자 논평(하다), 비평(하다), 코멘트

- **commerce** [kάməːrs] 카머-스
  - 명 상업, 무역, (사회적) 교제

- **commission** [kəmíʃən] 커미션
  - 명 위임, 임무, 위원회, 수수료

- **commit** [kəmít] 커밋
  - 타 범하다, 위임하다, 보내다

- **committee** [kəmíti] 커미티
  - 명 위원회, 위원 (전체)

- **common** [kάmən] 카먼
  - 형 보통의, 평범함, 공통의, 공유의

- **communicate** [kəmjúːnəkèit] 커뮤-너케이트
  - 타 전달하다, 알리다 자 통신[연락]하다

- **community** [kəmjúːnəti] 커뮤-너티
  - 명 지역사회, 공동체, 단체

- **compare** [kəmpéər] 컴페어
  - 타 비교[비유]하다 자 필적[동등]하다

- **comparison** [kəmpǽrəsn] 컴패러슨
  - 명 비교, 대조, 유사, 필적

- **compete** [kəmpíːt] 컴피-트
  - 자 경쟁하다, 싸우다

- **competitive** [kəmpétətiv] 컴페터티브
  - 형 경쟁의, 경쟁적인, 경쟁할 수 있는

- **complain** [kəmpléin] 컴플레인
  - 자 불평하다, 투덜거리다

- **complaint** [kəmpléint] 컴플레인트
  - 명 불평, 불만, 푸념

- **complete** [kəmplíːt] 컴플리-트
  - 형 완전한, 전부의 타 완성시키다

- **complex** [kɑmpléks] 캄플렉스
  - 명 복합체, 콤플렉스 형 복잡한, 복합의

- **complicate** [kɑ́mpləkéit] 캄플러케이트
  - 타 복잡하게하다, 악화시키다

- **component** [kəmpóunənt] 컴포우넌트
  - 형 구성하는, 성분의 명 구성요소, 성분

- **compose** [kəmpóuz] 컴포우즈
  - 타 구성하다, 쓰다, 작곡하다

- **concentrate** [kánsəntrèit] 칸센트레이트
  - 타 자 집중하다, 모으다, 전념하다

- **concept** [kánsept] 칸셉트
  - 명 〈철학〉 개념, 구상, 발상

- **concern** [kənsə́ːrn] 컨선-
  - 타 관계하다, 걱정하다 명 관심, 걱정

- **conclude** [kənklúːd] 컨클루-드
  - 타 결론을 내리다, …을 끝내다

- **conclusion** [kənklúːʒən] 컨클루-전
  - 명 결론, 결정, 결말, 끝맺음

- **condition** [kəndíʃən] 컨디션
  - 명 상태, 조건, 상황, 사정

- **conduct** [kəndʌ́kt] 컨덕트
  - 타 지휘하다, 안내하다 명 행실, 행동

- **conference** [kánf(ə)rəns] 칸퍼런스
  - 명 회담, 협의, 회의

- **confidence** [kánfədəns] 칸퍼던스
  - 명 신용, 신뢰, 자신, 확신

- **confident** [kánfəd(ə)nt] 칸퍼던트
  - 형 확신하는, 자신을 가진

- **confirm** [kənfə́ːrm] 컨펌
  - 타 굳게 하다, 확인하다, 승인하다

- **conflict** [kánflikt] 칸플릭트
  - 명 자 투쟁, 충돌(하다), 상충(되다)

- **confuse** [kənfjúːz] 컨퓨-즈
  - 타 혼동하다, 당황하게 하다

- **congress** [káŋgrəs] 캉그러스
  - 명 회의, 대회, 학회, 국회, 의회

- **connect** [kənékt] 커넥트
  - 타 연결시키다, 접속하다 자 연락하다

- **conscience** [kánʃəns] 칸션스
  - 명 양심, 도의심, 선악의 판단력

- **conscious** [kánʃəs] 칸셔스
  - 형 알아차린, 의식한, 제정신의

- **consent** [kənsént] 컨센트
  - 명 자 동의(하다), 승낙(하다)

- **consequence** [kánsikwəns] 칸시퀀스
  - 명 결과, 영향(력)

- **consequent** [kánsikwənt] 칸시퀀트
  - 형 결과의, 당연한 명 당연한 결과, 결론

- **conservative** [kənsə́ːrvətiv] 컨서버티브
  - 형 보수적인, 신중한, 수수한

- **consider** [kənsídər] 컨시더
  - 타 자 잘 생각하다, 숙고하다

- **considerable** [kənsídərəbl] 컨시더러블
  - 형 꽤 많은, 상당한

- **consist** [kənsíst] 컨시스트
  - 자 되어[이루어져] 있다, 양립하다

- **constant** [kánstənt] 칸스턴트
  - 형 변치 않는, 일정한, 부단한, 성실한

- **constitution** [kànstət(j)úːʃən] 칸스티투-션
  - 명 구성, 체질, 체격, 헌법

- **construct** [kənstrʌ́kt] 컨스트럭트
  - 타 조립하다, 건조[건설]하다

- **consume** [kəns(j)úːm] 컨슘-
  - 타 소비하다, 다 써 버리다, 소멸시키다

- **contact** [kántækt] 칸택트
  - 명 접촉, 교제, 관계 타 연락을 취하다

- **contain** [kəntéin] 컨테인
  - 타 내포하다, …이 들어 있다, 포함하다

- **contemporary** [kəntémpərèri] 컨템퍼레리
  - 형 현대의, 동시대의 명 동시대 사람

- **content** [kántent] 칸텐트
  - 명 요지, 취지, 내용, 내용물, 목차

- **contest** [kántest] 칸테스트
  명 경쟁, 경기, 논쟁 타 논쟁하다

- **context** [kántekst] 칸텍스트
  명 문맥, (문장의) 전후 관계, 정황

- **continuous** [kəntínjuəs] 컨티뉴어스
  형 연속[계속]적인, 끊임없는

- **contract** [kántrækt] 칸트랙트
  명 계약, 계약서 타 계약하다

- **contrast** [kántræst] 칸트래스트
  명 타 대조(하다), (현저한) 차이

- **contribute** [kəntríbjuːt] 컨트리뷰-트
  타 자 기부하다, 바치다, 기고하다

- **control** [kəntróul] 컨트로울
  타 지배[억제]하다 명 관리, 컨트롤

- **convenience** [kənvíːnjəns] 컨비니언스
  명 편의, 편리, 편리한것

- **convenient** [kənvíːnjənt] 컨비-니언트
  형 편리한, 형편이 좋은

- **convention** [kənvénʃən] 컨벤션
  명 집회, 협정, 관습

- **conversation** [kànvərséiʃən] 칸버세이션
  명 회화, 대화, 담화, 좌담

- **convert** [kənvə́:rt] 컨버-트
  타 변하게 하다, 전환하다, 개종시키다

- **convince** [kənvíns] 컨빈스
  타 확신시키다, 납득시키다, 설득하다

- **cope** [kóup] 코우프
  자 대항하다, 잘처리하다, 대처하다

- **copy** [kápi] 카피
  명 자 사본, 복사(하다), 흉내 내다

- **core** [kɔ́:r] 코-어
  명 응어리, 핵심, (전선 등의) 심

- **corporate** [kɔ́:rpərət] 코-퍼러트
  형 법인(조직)의, 단체의, 공동의

- **cottage** [kátidʒ] 카티지
  명 시골집, 작은 집, (교외의) 작은 별장

- **cotton** [kátn] 카튼
  명 〈식물〉 목화, 솜, 면화, 무명실

- **cough** [kɔ́:f] 코-프
  명 기침 자 기침하다

- **council** [káunsl] 카운슬
  명 회의, 협의회, 자문회, 지방 의회

- **countryside** [kʌ́ntrisàid] 컨트리사이드
  명 (국내의) 한 지방, 시골

- **county** [káunti] 카운티
  명 〈행정〉 주(州), 군(郡)

- **couple** [kʌ́pl] 커플
  명 한 쌍, 한 쌍의 남녀

- **courage** [kə́ːridʒ] 커-리지
  명 용기, 담력, 베짱

- **course** [kɔ́ːrs] 코-스
  명 진로, 코스, 과정, 과목

- **court** [kɔ́ːrt] 코-트
  명 법원, (테니스 등의) 코트, 궁정

- **crack** [krǽk] 크랙
  명 날카로운 소리, 금 자 금가다

- **crash** [krǽʃ] 크래시
  명 와르르, 쿵, 추락 자 산산이 부서지다

- **crazy** [kréizi] 크레이지
  형 미친, 열중한, 열광적인

- **create** [kriéit] 크리에이트
  타 창조하다, 창작하다

- **creature** [kríːtʃər] 크리-처
  명 창조물, 생물, 동물, 녀석

- **credit** [krédit] 크레딧
  명 신용, 신뢰, 명성, 평판

- **creep** [kríːp] 크리-프
  자 기다, 살금살금 걷다, 살살기다

- **crime** [kráim] 크라임
  명 (법률상의) 죄, 범죄, 죄악

- **crisis** [kráisis] 크라이시스
  명 위기, 난국, (병의) 고비

- **criterion** [kraitíːəriən] 크라이티-어리언
  명 표준, 기준, 특징

- **critic** [krítik] 크리틱
  명 비판하는 사람, 비평가

- **criticism** [krítəsìzəm] 크리터시즘
  명 비판, 비평, 평론

- **criticize** [krítəsàiz] 크리터사이즈
  타 자 비판하다, 비평하다 (BE criticise)

- **crop** [kráp] 크랍
  명 농작물, 수확물, 수확

- **cross** [króːs] 크로-스
  타 가로지르다, 십자를 긋다 명 십자가[형]

- **crowd** [kráud] 크라우드
  명 군중, 다수 자 군집하다 타 꽉 들어차다

- **crown** [kráun] 크라운
  명 왕관, 왕위, 왕권

- **crucial** [krúːʃəl] 크루-셜
  형 결정적인, 중대한, (문제가) 어려운

- **cruel** [krúːəl] 크루-얼
  형 잔혹한, 무자비한, 비참한

- **crush** [krʌʃ] 크러쉬
  타 눌러부수다, 궤멸시키다

- **culture** [kʌ́ltʃər] 컬처
  명 문화, 교양, 재배, 양식

- **cure** [kjúər] 큐어
  타 치료하다, 고치다 명 치료, 치료법

- **curious** [kjú(ə)riəs] 큐(어)리어스
  형 호기심이 강한, 기이한, 이상한, 묘한

- **currency** [kə́ːrənsi] 커-런시
  명 통화, (화폐 등의) 유통

- **current** [kə́ːrənt] 커-런트
  형 지금의, 현행의, 통용하는

- **curve** [kə́ːrv] 커-브
  명 곡선 타 굽히다 자 구부러지다

- **custom** [kʌ́stəm] 커스텀
  명 풍습, 관습, 단골, 관세 형 주문한

- **customer** [kʌ́stəmər] 커스터머
  명 고객, 손님, 단골, 거래처

ENGLISH WORDS DICTIONARY

- **damage** [dǽmidʒ] 대미지
  명 손해, 피해 타 손해를 입히다

- **damp** [dǽmp] 댐프
  형 습기가 있는, 축축한

- **danger** [déindʒər] 데인저
  명 위험(한 상태), 위험한 것[인물]

- **dare** [déər] 데어
  타 감히 …하다, 용감하게 맞서다

- **data** [déitə] 데이터
  명 데이터, 자료, 정보, 〈컴퓨터〉 데이터

- **dead** [déd] 데드
  형 죽은, (죽은 듯이) 조용한

- **deaf** [déf] 데프
  형 귀가 먼, 무관심한

- **deal** [díːl] 딜-
  타 나누어주다 자 다루다, 처리하다

- **death** [déθ] 데스
  명 죽음, 사망, 파멸, 멸망

- **debate** [dibéit] 디베이트
  명 동 토론(하다), 토의(하다), 논쟁

- **debt** [dét] 뎃
  명 빚, 부채, 채무

- **decade** [dékeid] 데케이드
  명 10년간, 10개가 한 벌이 된 것

- **decide** [disáid] 디사이드
  타 자 결정하다, 결심하다

- **decision** [disíʒən] 디시전
  명 결정, 판결, 결의, 결심, 결단력

- **declare** [diklέər] 디클레어
  타 선언[포고]하다, 언명[단언]하다

- **decline** [dikláin] 디클라인
  자 거절하다, 기울다, 쇠퇴하다

- **decrease** [dikríːs] 디크리-스
  자 타 줄(이)다, 감소하다, 내리다, 축소되다

- **defeat** [difíːt] 디피-트
  타 패배[좌절]시키다 명 패배, 타도

- **defend** [difénd] 디펜드
  타 지키다, 방어하다, 변호하다

- **defense** [diféns] 디펜스
  명 방어, 방위, 변호 (BE defence)

- **define** [difáin] 디파인
  - 타 규정짓다, 한정하다, 정의를 내리다

- **definite** [déf(ə)nit] 데퍼닛
  - 형 일정한, 확정된, 명확한

- **degree** [digríː] 디그리-
  - 명 정도, (온도·각도 등의) 도

- **delay** [diléi] 딜레이
  - 타 자 늦추다, 미루다, 꾸물거리다

- **deliberate** [dilíbərət] 딜리버러트
  - 형 신중한, 사려 깊은 타 숙고하다

- **delicate** [délikət] 델리컷
  - 형 섬세한, 우아한, 고운, 연약한

- **delight** [diláit] 딜라이트
  - 타 기쁘게 하다 명 기쁨, 즐거움

- **deliver** [dilívər] 딜리버
  - 타 배달하다, 인도하다, (연설을) 하다

- **delivery** [dilívəri] 딜리버리
  - 명 (편지 등의) 배달, 인도, 말투

- **demand** [dimǽnd] 디맨드
  - 명 요구, 수요 타 요구하다

- **democracy** [dimákrəsi] 디마크러시
  - 명 민주주의, 민주국가 형 민주주의의

- **democratic** [dèməkrǽtik] 데머크래틱
  형 민주정체[주의]의, 민주적인

- **demonstrate** [démənstrèit] 데먼스트레이트
  타 증명하다 자 시위운동[데모]을 하다

- **deny** [dinái] 디나이
  타 부정[부인]하다, 거절하다

- **department** [dipá:rtmənt] 디파-트먼트
  명 부문, …부, (백화점의) 매장

- **depend** [dipénd] 디펜드
  자 …에 좌우되다, 의지하다

- **dependent** [dipéndənt] 디펜던트
  형 의지[의존]하고 있는, …에 좌우되는

- **depress** [diprés] 디프레스
  타 낙담시키다, 우울하게 하다

- **depth** [dépθ] 뎁스
  명 깊이, 중심부, 한창 때

- **derive** [diráiv] 디라이브
  타 얻다, 이끌어내다 자 유래하다

- **describe** [diskráib] 디스크라이브
  타 묘사하다, 말하다, 기술하다, 평하다

- **desert** [dézərt] 데저트
  명 사막, 황무지 형 사막의, 불모의

- **deserve** [dizə́ːrv] 디저-브
  - 타 …할 만하다, …할 가치가 있다

- **desire** [dizáiər] 디자이어
  - 타 몹시 바라다, 요구[요망]하다

- **despite** [dispáit] 디스파이트
  - 전 …에도 불구하고

- **destroy** [distrɔ́i] 디스트로이
  - 타 파괴하다, (문서를) 파기하다, 멸하다

- **detail** [ditéil] 디테일
  - 명 세부, 세목, 상세, 상술

- **detect** [ditékt] 디텍트
  - 타 (나쁜 짓 등을) 발견하다, 간파하다

- **determine** [ditə́ːrmin] 디터-민
  - 타 자 결심시키다, 결심하다, 결정하다

- **develop** [divéləp] 디벨럽
  - 타 발달[발전]시키다 자 발달하다

- **device** [diváis] 디바이스
  - 명 장치, 고안품, 고안, 방책

- **devote** [divóut] 디보우트
  - 타 (몸·노력 등을) 바치다, 충당하다

- **dictionary** [díkʃənèri] 딕셔네리
  - 명 사전, 자전, 용어사전

- **diet** [dáiət] 다이엇
  - 명 일상음식, 식이요법, 다이어트
- **difference** [dífrəns] 디퍼런스
  - 명 다름, 차이, 의견 차이
- **difficulty** [dífəkʌ̀lti] 디피컬티
  - 명 곤란, 어려움, 곤경
- **dig** [díg] 디그
  - 타 파다, 파내다, 캐다
- **direct** [dirékt] 디렉트
  - 타 지도하다, 명령하다 형 똑바른
- **dirt** [də́ːrt] 더-트
  - 명 먼지, 쓰레기
- **disabled** [diséibld] 디세이블드
  - 형 불구가 된, 무능력해진
- **disappear** [dìsəpíər] 디서피어
  - 자 사라지다, 소멸되다
- **disappoint** [dìsəpɔ́int] 디서포인트
  - 타 실망시키다, 낙담시키다
- **disaster** [dizǽstər] 디재스터
  - 명 재해, 재난, 대참사
- **discipline** [dísəplin] 디서플린
  - 명 규율, 훈육, 훈련, 훈계

- **discover** [diskʌvər] 디스커버
  - 타 발견하다, …을 알다, 깨닫다

- **discuss** [diskʌs] 디스커스
  - 타 의논하다, 토론하다

- **discussion** [diskʌʃən] 디스커션
  - 명 의논, 토의, 토론

- **disease** [dizíːz] 디지-즈
  - 명 병, 질병

- **disgust** [disgʌst] 디스거스트
  - 명 싫음, 메스꺼움 타 메스꺼워지게 하다

- **dismiss** [dismís] 디스미스
  - 타 (모임 등을) 해산시키다, 해고하다

- **display** [displéi] 디스플레이
  - 타 표시하다, 나타내다 명 전시

- **distance** [dístəns] 디스턴스
  - 명 거리, 원거리

- **distinct** [distíŋ(k)t] 디스팅(크)트
  - 형 별개의, 다른, 명확한

- **distinguish** [distíŋgwiʃ] 디스팅귀시
  - 타 구별하다, 식별하다

- **distribute** [distríbjut] 디스트리뷰트
  - 타 나누어주다, 분배하다, 분포하다

- **district** [dístrikt] 디스트릭트
  명 지역, 지방, 지구, 관구

- **disturb** [distə́ːrb] 디스터-브
  타 자 방해하다, 어지럽히다, 혼란시키다

- **divide** [diváid] 디바이드
  타 분할하다, 분류하다 자 나누어지다

- **division** [divíʒən] 디비전
  명 나눔, 분할, 배분

- **document** [dákjumənt] 다큐먼트
  명 (기록이 되는) 문서, 서류, 기록영화

- **domestic** [dəméstik] 더메스틱
  형 가정의, 가사의, 국내의, 국산의

- **dominate** [dámənèit] 다머네이트
  타 지배[위압]하다 자 지배력을 발휘하다

- **double** [dʌ́bl] 더블
  형 두 배의, 2인용의 명 두 배

- **doubt** [dáut] 다우트
  명 의심, 의혹, 의문 타 의심하다

- **draft** [drǽft] 드래프트
  명 초고, 초안, 설계도

- **dramatic** [drəmǽtik] 드러매틱
  형 극의, 연극의, 극적인, 눈부신

- **drawer** [drɔ́:r] 드로-
  명 서랍, 장롱

- **drug** [drʌ́g] 드러그
  명 약, 약품

- **drum** [drʌ́m] 드럼
  명 북, 드럼

- **due** [d(j)ú:] 듀-
  형 지급 기일이 된, 도착 예정인

- **dull** [dʌ́l] 덜
  형 무딘, 흐리멍덩한, 지루한

- **during** [d(j)úəriŋ] 듀(어)링
  전 …동안 (내내), …사이에

- **dust** [dʌ́st] 더스트
  명 먼지, 티끌

- **duty** [d(j)ú:ti] 듀-티
  명 의무, 본분, 책임, 직무, 임무

ENGLISH WORDS DICTIONARY

- **eager** [í:gər] 이-거
  형 열심인, 열망하는

- **earn** [ə́ːrn] 언-
  퇴 벌다, (일하여) 얻다, 획득하다

- **ease** [íːz] 이-즈
  명 안락, 편안함, 용이, 쉬움

- **eastern** [íːstərn] 이-스턴
  형 동쪽의, 동부의, 동양의

- **economic** [èkənámik] 에커나믹
  형 경제의, 경제상의

- **economy** [ikánəmi] 이카너미
  명 경제, 절약

- **edge** [édʒ] 에지
  명 가장자리, 끄트머리, (날붙이의) 날

- **edit** [édit] 에디트
  퇴 편집하다, 편집 (발행)하다, 교정하다

- **educate** [édʒukèit] 에주케이트
  퇴 교육하다, 양성하다, 기르다

- **effect** [ifékt] 이펙트
  명 결과, 영향, 효과

- **effective** [iféktiv] 이펙티브
  형 유효한, 효과적인

- **efficiency** [ifíʃənsi] 이피션시
  명 능률, 효력

- **efficient** [ifíʃənt] 이피션트
  - 형 유능한, 효과가 있는

- **effort** [éfərt] 에퍼트
  - 명 노력, 수고, 노력의 성과

- **either** [íːðər] 이-더
  - 형 어느 하나의 대 어느 한쪽

- **elect** [ilékt] 일렉트
  - 타 선거하다, 뽑다, 택하다

- **electric** [iléktrik] 일렉트릭
  - 형 전기의, 전력에 의한

- **electronic** [ilektránik] 일렉트라닉
  - 형 전자의, 전자 공학의, 컴퓨터 (제품)의

- **element** [éləmənt] 엘러먼트
  - 명 요소, 성분

- **else** [éls] 엘스
  - 부 그밖에, 그렇지 않으면

- **elsewhere** [éls(h)wèər] 엘스훼어/엘스웨어
  - 부 다른 곳에서[으로], 다른 경우에

- **emerge** [imə́ːrdʒ] 이머-지
  - 자 나오다, 나타나다, 벗어나다

- **emergency** [imə́ːrdʒənsi] 이머-전시
  - 명 비상 사태, 위급한 때

- **emotion** [imóuʃən] 이모우션
  - 명 감동, 감격, (희로애락의) 감정

- **emphasis** [émfəsis] 엠퍼시스
  - 명 중요성, 강조, 〈언어〉 강세

- **emphasize** [émfəsàiz] 엠퍼사이즈
  - 타 강조하다, 역설하다 (BE emphasise)

- **empire** [émpaiər] 엠파이어
  - 명 제국, (거대 기업의) 왕국

- **employ** [implɔ́i] 임플로이
  - 타 쓰다, 고용하다, …에 종사하다

- **enable** [inéibl] 이네이블
  - 타 힘[능력]을 주다, …할 수 있게 하다

- **encounter** [inkáuntər] 인카운터
  - 타 (우연히) 만나다, (위험에) 부닥치다

- **encourage** [inkə́:ridʒ] 인커-리지
  - 타 용기를 돋우다, 격려하다, 권하다

- **enemy** [énəmi] 에너미
  - 명 적, 적군, 적국

- **energy** [énərdʒi] 에너지
  - 명 정력, 활기, 에너지

- **engine** [éndʒin] 엔진
  - 명 발동기, 기계, 엔진, 기관차

- **engineering** [èndʒiníəriŋ] 엔지니어링
  명 공학, 공학[토목] 기술

- **enormous** [inɔ́ːrməs] 이노-머스
  형 거대한, 막대한

- **ensure** [inʃúər] 인슈어
  타 안전하게하다, 보증하다

- **enter** [éntər] 엔터
  타 자 들어가다, 들다, 입학하다

- **entertain** [èntərtéin] 엔터테인
  타 대접하다, 환대하다, 즐겁게 하다

- **entire** [intáiər] 인타이어
  형 전체[전부]의, 완전한

- **entrance** [éntrəns] 엔트런스
  명 입구, 입학, 입장

- **envelope** [énvəlòup] 엔벌로우프
  명 봉투, 외피

- **environment** [inváiə(ə)rənmənt] 인바이(어)런먼트
  명 환경, 주위, 〈컴퓨터〉 환경

- **equal** [íːkwəl] 이-퀄
  형 같은, 동등한, 평등한 타 …와 같다

- **equip** [ikwíp] 이퀴프
  타 갖추다, …에 설비하다

- **equivalent** [ikwív(ə)lənt] 이퀴벌런트
  - 형 같은, 동등한 명 동등한 것

- **error** [érər] 에러
  - 명 잘못, 실수, 틀림

- **escape** [iskéip] 이스케이프
  - 타 자 달아나다, 모면하다 명 탈출

- **especial** [ispéʃəl] 이스페셜
  - 형 특별한, 각별한, 특수한

- **essay** [ései] 에세이
  - 명 수필, 에세이

- **essential** [isénʃəl] 이센셜
  - 형 근본적인, 필수의, 불가결한

- **establish** [istǽbliʃ] 이스태블리시
  - 타 설립하다, 확립하다

- **estate** [istéit] 이스테이트
  - 명 소유지, 사유지, 재산, 유산

- **estimate** [éstəmèit] 에스터메이트
  - 타 어림잡다, 견적[산정]하다, 평가하다

- **even** [íːvən] 이-번
  - 부 한층, 더욱 더, …조차 형 평평한

- **event** [ivént] 이벤트
  - 명 (중요한) 사건, 행사, 종목

- **eventual** [ivéntʃuəl] 이벤추얼
  형 결과로 일어나는, 결국의

- **ever** [évər] 에버
  부 일찍이, 언젠가, 도대체, 언제나, 늘

- **everybody** [évribàdi] 에브리바디
  대 각자 모두, 누구나, 모두

- **everything** [évriθìŋ] 에브리싱
  대 모든 것, 무엇이든 다, 만사

- **everywhere** [évri(h)wèər] 에브리훼어 / 에브리웨어
  부 어디에나, 도처에, 어디에…라도

- **evidence** [évədəns] 에버던스
  명 증거, 물증, 흔적, 징표

- **evident** [évədənt] 에버던트
  형 분명한, 명백한, 분명히 나타난

- **evil** [íːvəl] 이-벌
  형 나쁜, 불길한 명 악, 재해

- **exact** [igzǽkt] 이그잭트
  형 정확[적확]한, 정밀한, 엄격한

- **examine** [igzǽmin] 이그재민
  타 시험하다, 검사하다, 진찰하다

- **except** [iksépt] 익셉트
  타 제외하다 전 …을 제외하고

- **excess** [iksés] 익세스
  - 명 초과, 초과량[액], 지나침, 부절제

- **exchange** [ikstʃéindʒ] 익스체인지
  - 타 교환하다, 바꾸다, 환전하다

- **excite** [iksáit] 익사이트
  - 타 흥분시키다, 자극하다

- **exclude** [iksklúːd] 익스클루−드
  - 타 못 들어오[가게] 하다, 제외하다

- **executive** [igzékjutiv] 이그제큐티브
  - 명 임원, 관리직 형 관리의, 경영의

- **exercise** [éksərsàiz] 엑서사이즈
  - 명 연습, 실습, (몸의) 운동

- **exhibit** [igzíbit] 이그지비트
  - 명 타 전시[전람](하다), 나타내다

- **exist** [igzíst] 이그지스트
  - 자 존재하다, 생존하다

- **existence** [igzístəns] 이그지스턴스
  - 명 존재, 실재, 생존, 〈철학〉실존

- **expand** [ikspǽnd] 익스팬드
  - 자 퍼지다, 넓어지다 타 펴다, 넓히다

- **expansion** [ikspǽnʃən] 익스펜션
  - 명 확장, 팽창, 신장, 전개, 넓음

- **expect** [ikspékt] 익스펙트
  타 예상하다, 예기하다, …을 기대하다

- **expenditure** [ikspénditʃər] 익스펜디춰
  명 지출, 지불, 소비, 비용

- **expense** [ikspéns] 익스펜스
  명 지출, 비용, (소요) 경비

- **experience** [ikspí(ə)riəns] 익스피(어)리언스
  명 경험, 체험 타 …을 경험하다

- **experiment** [ikspérəmənt] 익스페러먼트
  명 실험, 실험장치

- **expert** [ékspəːrt] 엑스퍼-트
  명 숙달자, 전문가 형 숙련된

- **explain** [ikspléin] 익스플레인
  타 설명하다, 변명하다

- **explode** [iksplóud] 익스플로우드
  자 폭발하다 타 …을 폭발시키다

- **explore** [iksplɔ́ːr] 익스플로-
  타 탐험하다, 답사하다

- **export** [ekspɔ́ːrt] 엑스포-트
  타 수출하다 명 수출, 수출품

- **expose** [ikspóuz] 익스포우즈
  타 쐬다, 노출시키다, 폭로하다

- **express** [iksprés] 익스프레스
  타 표현하다 형 명백한, 급행의

- **expression** [ikspréʃən] 익스프레션
  명 표현, 표현법, 표정

- **extend** [iksténd] 익스텐드
  타 뻗다, 연장하다 자 늘어나다, 퍼지다

- **extension** [iksténʃən] 익스텐션
  명 신장, 확장, 구내전화 형 내선의

- **extensive** [iksténsiv] 익스텐시브
  형 넓은, 광대한

- **extent** [ikstént] 익스텐트
  명 넓이, 크기, 범위, 정도

- **external** [ikstə́ːrnl] 익스터-늘
  형 외부의, 외국의

- **extra** [ékstrə] 엑스트러
  형 여분의, 특별한 부 여분으로, 특별히

- **extreme** [ikstríːm] 익스트림
  형 극도의, 극단적인, 과격한, 맨 끝의

ENGLISH WORDS DICTIONARY

- **facility** [fəsíləti] 퍼실러티
  명 설비, 시설, 재주, 재능, 숙련

- **fact** [fǽkt] 팩트
  명 사실, 현실, 진상

- **factor** [fǽktər] 팩터
  명 (어떤 현상의) 요인, 요소

- **factory** [fǽktəri] 팩터리
  명 공장, 제조소   형 공장의

- **fail** [féil] 페일
  자 실패하다, 낙제하다, 게을리하다

- **failure** [féiljər] 페일리어
  명 실패, 실수, 낙제, 실패자

- **faint** [féint] 페인트
  형 희미한, 흐릿한   자 실신하다

- **fair** [féər] 페어
  형 공평한, 상당한   명 박람회

- **faith** [féiθ] 페이스
  명 신념, 신앙(심), 신뢰

- **false** [fɔ́ːls] 폴-스
  - 형 잘못된, 거짓의, 인공[인조]의

- **familiar** [fəmíljər] 퍼밀리어
  - 형 잘 알려진, 잘 아는, …와 친한

- **fancy** [fǽnsi] 팬시
  - 명 공상, 환상, 상상, 좋아함, 기호

- **fasten** [fǽsn] 패슨
  - 타 묶다, 잠그다 자 닫히다

- **fault** [fɔ́ːlt] 폴-트
  - 명 과실, 허물, 결점, 단점

- **favor** [féivər] 페이버
  - 명 호의, 친절한 행위, 후원

- **fear** [fíər] 피어
  - 명 무서움, 근심 타 자 무서워하다

- **feather** [féðər] 페더
  - 명 깃털, 깃, 깃털장식

- **feature** [fíːtʃər] 피-처
  - 명 특징, 특색, 얼굴 생김새

- **federal** [fédərəl] 페더럴
  - 형 연방의, 연방 정부의

- **fee** [fíː] 피-
  - 명 요금, 보수, 사례금

- **fellow** [félou] 펠로우
  명 친구, 동료, 녀석 형 동아리의

- **female** [fíːmeil] 피-메일
  명 여성, 암컷 형 여성의, 암컷의

- **fence** [féns] 펜스
  명 울타리, 담 타 울타리를 두르다

- **festival** [féstəvəl] 페스터벌
  명 축제, 축전, 축제일, 잔치

- **fever** [fíːvər] 피-버
  명 열, 발열, 열병

- **field** [fíːld] 필-드
  명 벌판, 들, 분야, 경기장

- **figure** [fígjər] 피겨
  명 숫자, 계산, 형태, 모습, 인물상

- **final** [fáinl] 파이늘
  명 결승전 형 최종의, 결정적인

- **finance** [finǽns] 파이낸스
  명 재정, 재무, 융자

- **firm** [fə́ːrm] 펌-
  형 굳은, 단단한, 고정[안정]된

- **fit** [fít] 핏
  타 자 꼭 맞다, 적합하다 형 적당한

- **flame** [fléim] 플레임
  - 명 불길, 불꽃, 화염

- **flash** [flǽʃ] 플래시
  - 명 섬광, 번득임 자 번쩍이다 타 비추다

- **flat** [flǽt] 플랫
  - 형 평평한, 납작한

- **flavor** [fléivər] 플레이버
  - 명 맛, 풍미 타 맛을 더하다

- **flesh** [fléʃ] 플레시
  - 명 살, 과육, 육체

- **flight** [fláit] 플라이트
  - 명 날기, 비행, (정기 항공로의) 편

- **float** [flóut] 플로우트
  - 타 자 뜨다, 떠돌다, 떠다니다

- **flood** [flʌ́d] 플러드
  - 명 홍수 자 범람하다

- **flour** [fláuər] 플라우어
  - 명 밀가루, 소맥분, (고운) 가루

- **flow** [flóu] 플로우
  - 자 흐르다, 물결처럼 지나가다

- **focus** [fóukəs] 포우커스
  - 명 초점, 중심

- **fold**   [fóuld] 포울드
  - 타 접다, 접어 포개다, 끼다

- **follow**   [fálou] 팔로우
  - 타 뒤를 잇다, 따르다, 좇다, 이해하다

- **fond**   [fánd] 판드
  - 형 좋아하는, …이 좋은, 정다운, 다정한

- **football**   [fútbɔ̀:l] 풋볼-
  - 명 풋볼, 〈미〉 미식축구, 축구

- **force**   [fɔ́:rs] 포-스
  - 명 힘, 폭력, 군대   타 강요하다

- **foreign**   [fɔ́:rin] 포-린
  - 형 외국의, 외국산[제]의, 외국풍의

- **forest**   [fɔ́:rist] 포-리스트
  - 명 (광대한) 숲, (대) 삼림

- **forgive**   [fərgív] 퍼기브
  - 타 용서하다, 눈감아 주다, 면제하다

- **form**   [fɔ́:rm] 폼-
  - 명 모양, 형식   자 형성하다   타 형체를 이루다

- **formal**   [fɔ́:rməl] 포-멀
  - 형 정식의, 형식적인, 딱딱한

- **former**   [fɔ́:rmər] 포-머
  - 형 앞의, 이전의   대 전자

- **formula** [fɔ́ːrmjələ] 포어뮬러
  명 판에 박은 말, 상투적인 문구, 방식

- **forth** [fɔ́ːrθ] 포어스
  부 앞으로, 전방으로, 밖으로

- **fortunate** [fɔ́ːrtʃ(u)nət] 포-추넛
  형 운이 좋은, 행운의

- **fortune** [fɔ́ːrtʃun] 포-춘
  명 운, 행운, 재산, 부

- **forward(s)** [fɔ́ːrwərd(z)] 포-워드/포-워즈
  부 앞으로, 전방으로 형 전방의

- **found** [fáund] 파운드
  타 …의 기초를 세우다, 설립하다

- **frame** [fréim] 프레임
  명 창틀, 테두리, (건조물의) 뼈대, 구조

- **framework** [fréimwəːrk] 프레임워-크
  명 틀 구조, 뼈대, 골격, 구조, 구성

- **frank** [frǽŋk] 프랭크
  형 솔직한, 숨김없는, 노골적인

- **freedom** [fríːdəm] 프리-덤
  명 자유, 해방, 면제

- **freeze** [fríːz] 프리-즈
  자 얼음이 얼다 타 얼게 하다

- **frequent** [frí:kwənt] 프리-퀀트
  - 형 자주 일어나는, 빈번한, 상습적인

- **friendship** [fréndʃip] 프렌드십
  - 명 우정, 우애, 교우, 친교

- **fright** [fráit] 프라이트
  - 명 공포, 소스라치게 놀람, 경악

- **frighten** [fráitn] 프라이튼
  - 타 놀라게 하다, 두려워하게 하다

- **fry** [frái] 프라이
  - 타 튀기다, 프라이하다 명 튀김

- **fuel** [fjú:əl] 퓨-얼
  - 명 연료 타 자 연료를 공급하다

- **function** [fʌ́ŋ(k)ʃən] 펑(크)션
  - 명 기능, 작용, 역할, 직무

- **fund** [fʌ́nd] 펀드
  - 명 자금, 기금, 기본금, 재원

- **fundamental** [fʌ̀ndəméntl] 펀더멘틀
  - 형 기본[기초]의, 근본적인

- **fur** [fə́:r] 퍼-
  - 명 부드러운 털, 모피, 모피제품

- **furnish** [fə́:rniʃ] 퍼-니시
  - 타 공급하다, 제공하다, 비치하다

- **furniture** [fə́ːrnitʃər] 퍼-니처
  명 가구, 비품, 세간

- **gain** [géin] 게인
  타 얻다, 늘리다 자 늘다 명 이익

- **gallery** [gǽləri] 갤러리
  명 (회관 등의) 중2층, 맨 위층 관람석

- **gap** [gǽp] 갭
  명 갈라진 틈, 격차, 큰 차이

- **garage** [gərάːdʒ] 거라-지
  명 차고, 수리공장 타 차고에 넣다

- **gas/gasoline** [gǽs] / [gǽsəlìːn] 개스/개설린-
  명 가스, 기체, 〈미〉 휘발유, 가솔린

- **gather** [gǽðər] 개더
  타 모으다, 따다, 더하다 자 모이다

- **gay** [géi] 게이
  형 명랑한, 쾌활한, 즐거운, 방탕한

- **general** [dʒén(ə)rəl] 제너럴
  형 일반의, 대체적인 명 육군 대장

- **generation** [dʒènəréiʃən] 제너레이션
  명 세대, 동시대의 사람들, 발생

- **generous** [dʒén(ə)rəs] 제너러스
  형 관대한, 후한, 풍부한, 비옥한

- **gentle** [dʒéntl] 젠틀
  형 온화한, 상냥한, 가문이 좋은

- **giant** [dʒáiənt] 자이언트
  명 거인, 큰 사나이 형 거대한

- **gift** [gíft] 기프트
  명 선물, 타고난 재능

- **globe** [glóub] 글로우브
  명 구, 공, 구체(ball), 〈천체〉 지구

- **goal** [góul] 고울
  명 골, 득점, 목적(지), 목표

- **god** [gád] 가드
  명 신, 하느님

- **golden** [góuldn] 고울든
  형 금빛의, 귀중한, (기회) 절호의

- **goods** [gúdz] 구즈
  명 물건, 상품, 재산

- **govern** [gʌ́vərn] 거번
  타 통치하다, 다스리다, 관리하다

- **grace** [gréis] 그레이스
  - 명 우아, 기품, 점잖음, 세련미, 미덕

- **grade** [gréid] 그레이드
  - 명 등급, 계급, 학년, 성적

- **gradual** [grǽdʒuəl] 그래주얼
  - 형 점차의, 점진적인, 완만한

- **grain** [gréin] 그레인
  - 명 곡물, 곡류, (쌀 등의) 낟알

- **grammar** [grǽmər] 그래머
  - 명 문법, 문법책, 입문서

- **grand** [grǽnd] 그랜드
  - 형 웅대한, 광대한, 호화로운, 굉장한

- **grant** [grǽnt] 그랜트
  - 타 들어주다, 허락하다, 수여하다

- **grateful** [gréitful] 그레이트풀
  - 형 감사하고 있는, 고마워하는

- **grave** [gréiv] 그레이브
  - 형 중대한, 근엄한 명 무덤, 묘비

- **ground** [gráund] 그라운드
  - 명 땅, 운동장 타 근거를 두다

- **growth** [gróuθ] 그로우스
  - 명 성장, 발육, 발달

- **guard** [gáːrd] 가드
  명 수위, 보초, 경호인 타 보호하다

- **guest** [gést] 게스트
  명 손님, 내빈, 숙박인

- **guide** [gáid] 가이드
  타 안내[인도]하다 명 안내자[서]

- **guilty** [gílti] 길티
  형 유죄의, …의 죄를 범한

- **gun** [gʌ́n] 건
  명 대포, 포, (연발) 권총, 총

ENGLISH WORDS DICTIONARY

- **habit** [hǽbit] 해빗
  명 버릇, 습관, 관습, 기질

- **hall** [hɔ́ːl] 홀-
  명 홀, 강당, 회관, 현관

- **hammer** [hǽmər] 해머
  명 해머, (쇠) 망치

- **handle** [hǽndl] 핸들
  명 손잡이, 핸들 타 …에 손을 대다

- **hang** [hæŋ] 행
  타 자 걸(리)다, 매달(리)다

- **happen** [hǽpən] 해펀
  자 일어나다, 생기다, 마침 …하다

- **harbo(u)r** [háːrbər] 하—버
  명 항구, 항만, 피난처 타 숨겨주다

- **hardly** [háːrdli] 하—들리
  부 거의 …않다[아니다]

- **harm** [háːrm] 함—
  명 해, 손해 타 해치다, 상처입히다

- **healthy** [hélθi] 헬시
  형 건강한, 건강에 좋은

- **heat** [híːt] 히—트
  명 열, 더위, 열기 타 가열하다

- **heaven** [hévən] 헤번
  명 하늘, 천국, 신

- **height** [háit] 하이트
  명 높이, 고지, 절정, 한창인 때

- **hell** [hél] 헬
  명 지옥, 아수라장, 대혼란

- **hence** [héns] 헨스
  부 그러므로, 따라서, 지금부터, 향후

- **hesitate** [hézətèit] 헤저테이트
  자 주저하다, 망설이다

- **highlight** [háilàit] 하이라이트
  명 가장 중요한 부분[장면], 인기물

- **highly** [háili] 하일리
  부 높이, 대단히, (평가가) 높게

- **hire** [háiər] 하이어
  명 타 고용(하다), 사용료, 임대(하다)

- **history** [hístəri] 히스터리
  명 역사, 경력

- **hole** [hóul] 호울
  명 구멍, 구덩이

- **hollow** [hálou] 할로우
  형 속이 빈, 우묵한

- **holy** [hóuli] 호울리
  형 신성한, 신앙심이 두터운

- **hono(u)r** [ánər] 아너
  명 명예, 영광, 체면, 경의, 우등

- **hook** [húk] 훅
  명 갈고리, 훅 타 갈고리로 걸다

- **horizon** [həráizn] 허라이즌
  명 수평선, 지평선

- **horror** [hɔ́:rər] 호-러
  명 공포, 전율, 질색, 혐오

- **host** [hóust] 호우스트
  명 주인, 호스트(역), 후원자

- **household** [háushòuld] 하우스호울드
  명 가족, 가정, 세대, 가구 형 가족의

- **however** [hàuévər] 하우에버
  부 아무리 …하더라도 접 그렇지만

- **huge** [hjú:dʒ] 휴-지
  형 거대한, 막대한

- **human** [hjú:mən] 휴-먼
  형 인간의, 인간다운

- **hunt** [hʌ́nt] 헌트
  자 사냥하다, 수렵하다

ENGLISH WORDS DICTIONARY

- **ice** [áis] 아이스
  명 얼음, 빙판 타 얼리다

- **ideal** [aidí:əl] 아이디-얼
  형 이상의, 이상적인 명 이상

- **identify** [aidéntəfài] 아이덴터파이
  타 확인하다, 분별하다, 동일시하다

- **identity** [aidéntəti] 아이덴터티
  명 동일한 사람, 신원, 개성, 동일성

- **ignore** [ignɔ́:r] 이그노-
  타 무시하다, 묵살하다

- **illustrate** [íləstrèit] 일러스트레이트
  자 설명하다, 예증하다, 삽화를 넣다

- **image** [ímidʒ] 이미지
  명 상, 형태, 모습, 영상, 인상

- **imagine** [imǽdʒin] 이매진
  타 상상하다, 짐작하다, 생각하다

- **immediate** [imí:diət] 이미-디엇
  형 즉각의, 직접의, 당면한

- **impact** [ímpækt] 임팩트
  명 충돌, 격돌, 충격, 영향(력)

- **import** [impɔ́:rt] 임포-트
  타 수입하다, …의 뜻을 내포하다 명 수입

- **importance** [impɔ́:rtns] 임포-튼스
  명 중요성, 중대성

- **important** [impɔ́:rtənt] 임포-턴트
  형 중요한, 의의 있는, 유력한

- **impose** [impóuz] 임포우즈
  타 자 (의무·세금을) 지우다, 부과하다

- **impossible** [impásəbl] 임파서블
  형 불가능한, 믿기 어려운

- **impression** [impréʃən] 임프레션
  명 인상, 감명, (막연한) 느낌

- **improve** [imprúːv] 임프루-브
  타 개량[개선]하다, 이용하다

- **incident** [ínsədənt] 인서던트
  명 사건, 일어난 일, 우발적 사건

- **include** [inklúːd] 인클루-드
  타 포함하다, 넣다, 계산하다

- **income** [ínkʌm] 인컴
  명 수입, 소득

- **increase** [inkríːs] 인크리-스
  자 늘(리)다, 증가하다 명 증가

- **incredible** [inkrédəbl] 인크레더블
  형 놀라운, 훌륭한, 대단한

- **indeed** [indíːd] 인디-드
  부 실로, 참으로, 정말, 과연

- **independence** [ìndipéndəns] 인디펜던스
  명 독립, 자립

- **independent** [ìndipéndənt] 인디펜던트
  - 형 독립한, 독립심이 강한, 독자적인

- **index** [índeks] 인덱스
  - 명 색인, 지시하는 것 타 색인을 달다

- **indicate** [índikèit] 인디케이트
  - 타 가리키다, 지적하다, 표시하다

- **individual** [ìndivídʒuəl] 인디비주얼
  - 형 개개[각각]의, 개인의 명 개인

- **industry** [índəstri] 인더스트리
  - 명 공업, 산업, 근면

- **inevitable** [inévətəbl] 이네버터블
  - 형 피할 수 없는, 부득이한, 필연적인

- **influence** [ínfluːəns] 인플루-언스
  - 타 영향을 끼치다 명 영향, 세력

- **inform** [infɔ́ːrm] 인폼-
  - 타 …에게 알리다[고하다]

- **informal** [infɔ́ːrməl] 인포-멀
  - 형 비공식의, 격식 없는, 스스럼없는

- **initial** [iníʃəl] 이니셜
  - 명 머리글자 형 처음의, 최초의

- **injure** [índʒər] 인저
  - 타 상처를 입히다, (감정을) 해치다

- **injury** [índəri] 인저리
  명 부상, 상처, 손해

- **inner** [ínər] 이너
  형 안의, 내부의, 내면적인

- **input** [ínpùt] 인푸트
  명 투입(량), 정보, 데이터, 입력

- **inquiry** [inkwáiəri] 인콰이어리
  명 연구, 탐구, 조사, 취조, 질문, 문의

- **insect** [ínsekt] 인섹트
  명 곤충 형 곤충(용)의

- **insist** [insíst] 인시스트
  자 강요하다, 우기다

- **instance** [ínstəns] 인스턴스
  명 실례, 사례, 예증

- **instant** [ínstənt] 인스턴트
  명 순간, 즉시 형 즉시의, 긴급한

- **instead** [instéd] 인스테드
  부 그 대신에, 그 보다도

- **institute** [ínstət(j)ùːt] 인스터튜-트
  타 세우다, 설립하다 명 회(會), 협회

- **institution** [ìnstət(j)úːʃən] 인스터튜-션
  명 학회, 공공시설, 제도, 관례

- **instruct** [instrʌ́kt] 인스트럭트
  타 가르치다, 교육하다, 지시하다

- **instrument** [ínstrəmənt] 인스트러먼트
  명 기구, 도구, 기계, 악기

- **insult** [insʌ́lt] 인설트
  타 모욕하다, 창피를 주다

- **insurance** [inʃú(ə)rəns] 인슈(어)런스
  명 보험, 보험금(액)

- **intelligence** [intélədʒəns] 인텔러전스
  명 지능, 이해력, 정보, 정보기관

- **intend** [inténd] 인텐드
  타 의도하다, …할 작정이다, 의미하다

- **interest** [íntərist] 인터리스트
  명 관심, 흥미 타 흥미를 일으키게 하다

- **interior** [intí(ə)riər] 인티(어)리어
  형 내부[안쪽]의, 실내의 명 내부, 안쪽

- **internal** [intə́ːrnl] 인터-늘
  형 내부의, 체내의, 국내의, 내면적인

- **international** [ìntərnǽʃ(ə)nəl] 인터내셔널
  형 국제적인, 국가 간의

- **interpret** [intə́ːrprit] 인터-프릿
  타 자 해석하다, 통역하다

- **interrupt** [ìntərʌ́pt] 인터럽트
  타 가로막다, 방해하다

- **interval** [íntərvəl] 인터벌
  명 (장소·시간의) 간격, 틈, 거리

- **interview** [íntərvjùː] 인터뷰-
  명 회견, 면담, 면접 타 회견하다

- **introduce** [ìntrəd(j)úːs] 인트러듀-스
  타 소개하다, 들여오다, 도입하다

- **invent** [invént] 인벤트
  타 발명하다, 고안하다, 날조하다

- **invest** [invést] 인베스트
  타 자 투자하다, 운용하다, 쓰다

- **investigate** [invéstəgèit] 인베스터게이트
  타 조사하다, 연구하다

- **involve** [inválv] 인발브
  타 말려들게 하다, 포함하다

- **iron** [áiərn] 아이언
  형 철, 다리미 타 다림질하다

- **island** [áilənd] 아일런드
  형 섬 형 섬의 타 고립시키다

- **issue** [íʃuː] 이슈-
  명 발행, 출판물, 문제(점)

- **item**   [áitəm] 아이텀
  명 항목, 조항, 품목

- **jewel**   [dʒúːəl] 쥬-얼
  명 장신구, 보석, 소중한 사람[물건]

- **joint**   [dʒɔint] 조인트
  명 관절, 이음매   형 공동의, 합동의

- **joke**   [dʒóuk] 조우크
  명 농담, 장난   자 농담하다, 놀리다

- **journal**   [dʒə́ːrnl] 저-늘
  명 신문, 잡지, 일지, 일기

- **journey**   [dʒə́ːrni] 저-니
  명 여행, 여정, 행정

- **joy**   [dʒɔ́i] 조이
  명 기쁨, 즐거움, 환희

- **judge**   [dʒʌdʒ] 저지
  명 재판관, 판사, 심판   타 재판하다

- **junior**   [dʒúːnjər] 주-니어
  명 손아랫사람, 연소자   형 손아래의

- **justice** [dʒʌ́stis] 저스티스
  명 정의, 공정, 정당(성)

- **keen** [kíːn] 키-인
  형 날카로운, 격렬한, 예민한, 열심인

- **kill** [kíl] 킬
  타 죽이다, 죽다, 헛되이 보내다

- **kingdom** [kíŋdəm] 킹덤
  명 왕국, 왕토, (학문 등의) 영역

- **kiss** [kís] 키스
  명 키스, 입맞춤 타 자 키스하다

- **knot** [nát] 낫
  명 매듭, 매는 끈 동 매다

- **knowledge** [nálidʒ] 날리지
  명 지식, 아는 바, 학식, 이해, 알려진 것

ENGLISH WORDS DICTIONARY

- **labor** [léibər] 레이버
  명 노동자, 노동 자 일하다, 노력하다

- **laboratory** [lǽb(ə)rətɔ̀:ri] 래버러토-리
  명 실험실, 연습실, 연구실 (약 lab)

- **lack** [lǽk] 랙
  명 부족, 결핍 타 자 없다, 부족하다

- **lamp** [lǽmp] 램프
  명 등불, 램프

- **language** [lǽŋgwidʒ] 랭귀지
  명 언어, 국어, 어법

- **law** [lɔ́:] 로-
  명 법률, 법칙, 규칙

- **lay** [léi] 레이
  타 눕히다, 설비하다, (알을) 낳다

- **lazy** [léizi] 레이지
  형 게으른, 나태한, 게으름뱅이의

- **lead** [lí:d] 리-드
  타 자 인도하다, 지휘하다 명 선도

- **leadership** [líːdərʃip] 리-더십
  명 지도력, 통솔력

- **lean** [líːn] 린-
  자 기대다, 의지하다

- **leather** [léðər] 레더
  명 가죽, 가죽제품

- **leave** [líːv] 리-브
  타 자 떠나다, 출발하다, 그만두다

- **lecture** [léktʃər] 렉처
  명 강의, 강연, 훈계 타 자 강의[강연]하다

- **legal** [líːgəl] 리-걸
  형 법률의, 법정의, 합법적인

- **legislation** [lèdʒisléiʃən] 레지슬레이션
  명 법률 제정, 입법 행위, 법률, 법령

- **lend** [lénd] 렌드
  타 빌려주다, 빌리다, 제공하다

- **length** [léŋ(k)θ] 렝(크)스
  명 길이, 세로, (시간적인) 기간

- **level** [lévəl] 레벌
  명 수준, 수평, 높이 형 평평한

- **liberal** [líb(ə)rəl] 리버럴
  형 후한, 관대한, 많은, 자유주의의

- **liberty** [líbərti] 리버티
  명 자유, 해방, 석방

- **license** [láisns] 라이슨스
  명 면허, 인가, 면허[허가]증

- **lid** [líd] 리드
  명 뚜껑, 눈꺼풀

- **lie** [lái] 라이
  자 눕다, 드러눕다 명 거짓말, 속임

- **lift** [líft] 리프트
  타 (들어) 올리다 명 들어올리기

- **likely** [láikli] 라이클리
  형 있음직한, …할 것 같은 부 아마

- **limit** [límit] 리밋
  명 한계, 범위 타 한정[제한]하다

- **link** [líŋk] 링크
  명 고리, 연결 자 잇다, 연결하다

- **liquid** [líkwid] 리퀴드
  명 액체 형 액체의, 투명한

- **list** [líst] 리스트
  명 목록, 일람표, 명부, 가격표

- **literature** [lítərətʃər] 리터러처
  명 문학, 문예

- **load** [lóud] 로우드
  - 명 짐 타 짐을 싣다

- **loan** [lóun] 로운
  - 명 대출, 대여, 대출금, 융자

- **local** [lóukəl] 로우컬
  - 형 공간의, 지방의, 근거리의

- **locate** [lóukeit] 로우케이트
  - 타 (사무실 등을) 두다, 위치하다

- **lock** [lák] 락
  - 명 자물쇠 타 잠그다 자 잠기다

- **logic** [ládʒik] 라직
  - 명 논리학, 논리, 논법, 조리, 이치

- **loose** [lúːs] 루-스
  - 형 매지 않은, 풀린, 헐거운

- **lord** [lɔ́ːrd] 로어드
  - 명 지배자, 주인, 중요 인물, 군주

- **loss** [lɔ́ːs] 로-스
  - 명 잃어버림, 상실, 분실, 손해

- **lot** [lát] 라트
  - 명 제비, 추첨, 몫, 운(명), 많음

- **luck** [lʌ́k] 럭
  - 명 운, 운명, 행운, 성공

- **lump** [lʌmp] 럼프
  명 덩어리, 집합체, 모임

- **lung** [lʌŋ] 렁
  명 〈해부〉 폐, 허파

ENGLISH WORDS DICTIONARY

- **machine** [məʃíːn] 머신-
  명 기계, 기계장치

- **mad** [mæd] 매드
  형 미친, 실성한, 열광적인, 무모한, 성난

- **magazine** [mǽgəzìːn] 매거진-
  명 잡지, 잡지사, 〈군사〉 탄약고

- **main** [méin] 메인
  형 주요한, 주된, 전력을 다한

- **maintain** [meintéin] 메인테인
  타 유지하다, 부양하다, 주장하다

- **maintenance** [méint(ə)nəns] 메인터넌스
  명 유지, 보전, 부양

- **major** [méidʒər] 메이저
  형 큰 쪽의, 주요한

- **male** [méil] 메일
  - 명 남자, 남성, 수컷 형 남자의

- **manage** [mǽnidʒ] 매니지
  - 타 자 관리[경영]하다, 담당하다

- **manner** [mǽnər] 매너
  - 명 방법, 태도, 예의, 예절, 풍습

- **manufacture** [mæn(j)ufǽktʃər] 매뉴팩처
  - 명 제조, 제품 타 제조[제작]하다

- **march** [máːrtʃ] 마ー치
  - 명 행진, 행군, 행진곡 자 행진하다

- **mark** [máːrk] 마ー크
  - 명 표, 기호, 점수 타 표를 붙이다

- **marriage** [mǽridʒ] 매리지
  - 명 결혼, 혼인, 결혼식

- **marry** [mǽri] 매리
  - 타 자 결혼하다, 결혼시키다

- **mass** [mǽs] 매스
  - 명 덩어리, 모임, 집단, 다수, 대량

- **massive** [mǽsiv] 매시브
  - 형 크고 무거운, 큰 덩어리의, 육중한, 큼직한

- **master** [mǽstər] 매스터
  - 명 주인, 대가, 선생 타 지배[숙달]하다

- **match** [mǽtʃ] 매치
  - 명 경쟁상대, 경기 타 …에 필적하다

- **material** [mətí(ə)riəl] 머티(어)리얼
  - 명 원료, 재료 형 물질의, 물질적인

- **maximum** [mǽksəməm] 맥서멈
  - 형 최대의, 최고의 명 최대, 최대량

- **mayor** [méiər] 메이어
  - 명 시장(市長), (지방 자치단체의) 장

- **meal** [míːl] 밀-
  - 명 식사, 식사 시간, 한 끼니(분)

- **meanwhile** [míːn(h)wàil] 민-화일 / 민-와일
  - 부 그 동안[사이]에, 한편으로는

- **measure** [méʒər] 메저
  - 명 측정, 치수 타 자 재다, 측정하다

- **medical** [médikəl] 메디컬
  - 형 의학의, 의술[의료]의

- **medicine** [médəsin] 메더신
  - 명 약, 내복약

- **medium** [míːdiəm] 미-디엄
  - 명 매개물, 매체, 중간 형 중간의

- **melt** [mélt] 멜트
  - 자 타 녹(이)다, 누그러지다

- **member** [mémbər] 멤버
  명 (단체의) 일원, 회원, 사원

- **membership** [mémbərʃip] 멤버쉽
  명 회원[사원·의원]임, (총) 회원수

- **memory** [mém(ə)ri] 메머리
  명 기억, 회상, 추억

- **mental** [méntl] 멘틀
  형 마음의, 정신의, 지능의

- **mention** [ménʃən] 멘션
  타 말하다, 언급하다 명 언급, 진술

- **mercy** [mə́ːrsi] 머-시
  명 자비, 연민, 인정, 행운

- **mere** [míər] 미어
  형 단순한, …에 불과한

- **message** [mésidʒ] 메시지
  명 통신(문), 메시지, 전갈, 서신

- **metal** [métl] 메틀
  명 금속 타 금속을 입히다

- **method** [méθəd] 메서드
  명 방법, 방식, 순서

- **mild** [máild] 마일드
  형 온순한, 점잖은, 온화한

- **military** [mílətèri] 밀러테리
  형 군대의, 군사[군용]의

- **mind** [máind] 마인드
  명 마음, 기억 타자 주의하다

- **minimum** [mínəməm] 미너멈
  명 최소(한), 최소량[액] 형 최소의

- **minister** [mínistər] 미니스터
  명 성직자, 목사, 장관

- **minor** [máinər] 마이너
  형 보다 작은[적은], 중요치 않은

- **mistake** [mistéik] 미스테이크
  타 틀리다, 오해하다 명 잘못, 틀림

- **mix** [míks] 믹스
  타자 섞(이)다, 혼합하다

- **moderate** [mάdərət] 마더럿
  형 알맞은, 적당한, 온건한

- **modern** [mάdərn] 마던
  형 근대의, 현대의, 현대식의, 현대적인

- **modest** [mάdist] 마디스트
  형 겸손한, 알맞은, 온당한

- **moment** [móumənt] 모우먼트
  명 순간, 찰나, 때, 기회, 중요(성)

- **mood** [múːd] 무-드
  명 기분, 감정, 분위기, 무드

- **moral** [mɔ́ːrəl] 모-럴
  명 도덕, 교훈, 품행 형 도덕(상)의

- **moreover** [mɔːróuvər] 모-로우버
  부 게다가, 더욱이, 또한

- **motion** [móuʃən] 모우션
  명 운동, 움직임, 동작, 행동, 동의

- **motorbike** [móutərbàik] 모터바이크
  명 모터바이크, 모터 달린 자전거

- **mud** [mʌd] 머드
  명 진흙, 진창

- **multiply** [mʌ́ltəplài] 멀터플라이
  타 증가시키다, 곱하다, 늘리다

- **murder** [mə́ːrdər] 머-더
  명 살인, 살인사건 타 살해하다

- **muscle** [mʌ́sl] 머슬
  명 근육, 근력, 완력

- **must** [mʌ́st] 머스트
  조 …해야 한다, 반드시 …일 것이다

- **mystery** [místəri] 미스터리
  명 신비, 불가사의, 비밀, 추리소설

- **nail** [néil] 네일
  명 손톱, 발톱, 못

- **narrow** [nǽrou] 내로우
  형 (폭이) 좁은, (범위 등이) 한정된

- **nation** [néiʃən] 네이션
  명 국민, 국가, 민족

- **native** [néitiv] 네이티브
  형 자국의, 고향의 명 토착민, 원주민

- **nature** [néitʃər] 네이처
  명 자연, 천성, 성질, 본질

- **navy** [néivi] 네이비
  명 해군

- **nearby** [nìərbái] 니어바이
  형 가까운 부 가까이로, 가까이에(서)

- **nearly** [níərli] 니어리
  부 거의, 대략, 하마터면 (…할 뻔하여)

- **neat** [níːt] 니-트
  형 산뜻한, 정돈된, 솜씨좋은

- **necessary** [nésəsèri] 네서세리
  - 형 필요한, 없어서는 안 되는

- **necessity** [nisésəti] 니세서티
  - 명 필요, 필요한 것, 필수품, 필연

- **needle** [níːdl] 니-들
  - 명 바늘 타 바늘로 꿰매다

- **negative** [négətiv] 네거티브
  - 형 부정의, 소극적인 명 〈사진〉 음화

- **neglect** [niglékt] 니글렉트
  - 타 게을리하다, 무시하다 명 태만

- **negotiate** [nigóuʃièit] 니고우쉬에이트
  - 타 협상[교섭]하다, 협정하다

- **neighbor** [néibər] 네이버
  - 명 이웃 사람, 이웃 나라

- **neither** [níːðər] 니-더
  - 부 …도 아니고 …도 아니다

- **nephew** [néfjuː] 네퓨-
  - 명 조카, 생질

- **nest** [nést] 네스트
  - 명 둥지, 보금자리, 굴, 피난처

- **net** [nét] 넷
  - 명 그물, 네트, 통신망 타 그물로 잡다

- **nevertheless** [nèvərðəlés] 네버덜레스

부 그럼에도 불구하고, 그렇지만

- **newspaper** [n(j)ú:zpèipər] 뉴-스페이퍼

명 신문, 신문지, 신문사

- **niece** [ní:s] 니-스

명 조카딸, 질녀

- **nobody** [nóubədi] 노우버디

대 아무도 …않다   명 보잘것없는 사람

- **none** [nʌ́n] 넌

대 아무도 …않다, 조금도 …않다

- **noon** [nú:n] 눈-

명 정오, 한낮

- **nor** [nər/nɔ́:r] (약)너/(강)노-

접 …도 …도 않다, …도 또한 …않다

- **normal** [nɔ́:rməl] 노-멀

형 표준의, 규격대로의   명 표준, 기분

- **northern** [nɔ́:rðərn] 노-던

형 북쪽의, 북부의, 북에 있는

- **note** [nóut] 노우트

명 기록, 각서   타 적어두다, 주의하다

- **notice** [nóutis] 노우티스

명 통지, 주의, 예고   타 주의하다

- **notion** [nóuʃən] 노우션
  명 관념, 생각, 개념, 의향, 의지

- **novel** [nάvəl] 나벌
  명 (장편) 소설

- **nuclear** [n(j)ú:kliər] 뉴-클리어
  형 핵[원자력]의 명 핵무기

- **numerous** [n(j)ú:mərəs] 뉴-머러스
  형 다수의, 수많은, 셀 수 없이 많은

- **nut** [nʌt] 넛
  명 나무열매, (호두·밤 등) 견과

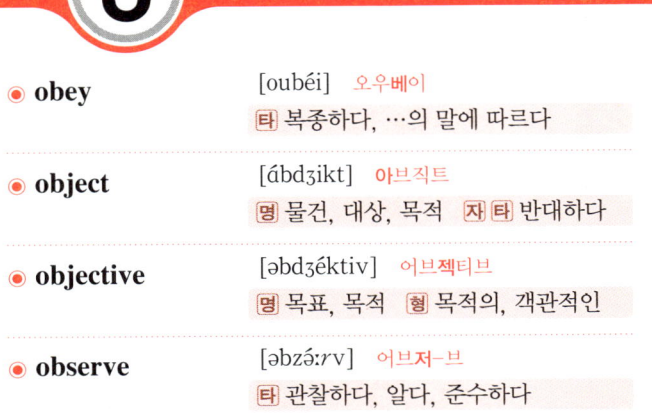

- **obey** [oubéi] 오우베이
  타 복종하다, …의 말에 따르다

- **object** [άbdʒikt] 아브직트
  명 물건, 대상, 목적 자 타 반대하다

- **objective** [əbdʒéktiv] 어브젝티브
  명 목표, 목적 형 목적의, 객관적인

- **observe** [əbzə́:rv] 어브저-브
  타 관찰하다, 알다, 준수하다

- **obtain** [əbtéin] 어브테인
  - 타 획득하다, 손에 넣다

- **obvious** [ábviəs] 아브비어스
  - 형 명백한, 명확한, 분명한

- **occasion** [əkéiʒən] 어케이전
  - 명 (특정한) 경우, 특별한 일, 기회

- **occur** [əkə́:r] 어커-
  - 자 일어나다, 생기다, 머리에 떠오르다

- **ocean** [óuʃən] 오우션
  - 명 대양, 해양

- **odd** [ád] 아드
  - 형 이상한, 기묘한, 기수[홀수]의, 남은

- **offend** [əfénd] 어펜드
  - 타 성나게 하다 자 죄를 범하다

- **offer** [ɔ́:fər] 오-퍼
  - 타 제공[제출]하다, 제안하다

- **official** [əfíʃəl] 어피셜
  - 형 공식의, 공무상의 명 공무원, 관리

- **oil** [ɔ́il] 오일
  - 명 기름, 석유, 유화 그림물감, 유화

- **onto** [ántə] 안터
  - 전 …위로, …위에

- **operate** [ápərèit] 아퍼레이트
  자 작동하다, 수술하다 타 운전하다

- **opinion** [əpínjən] 어피니언
  명 의견, 견해, 생각, 평가, 여론

- **opportunity** [àpərt(j)úːnəti] 아퍼튜-너티
  명 기회, 호기

- **oppose** [əpóuz] 어포우즈
  타 반대하다, 대항하다

- **opposite** [ápəzit] 아퍼짓
  형 반대편[맞은편]의, 정반대의

- **option** [ɔ́pʃən] 옵션
  명 선택, 선택권

- **order** [ɔ́ːrdər] 오-더
  명 타 명령(하다), 주문(하다)

- **ordinary** [ɔ́ːrdənèri] 오-더네리
  형 보통의, 평범한

- **organ** [ɔ́ːrgən] 오-건
  명 오르간, 〈생물〉 기관, 조직

- **organize** [ɔ́ːrgənàiz] 오-거나이즈
  타 조직하다, 편성하다, 결성하다

- **origin** [ɔ́ːrədʒin] 오-러진
  명 기원, 발단, 유래, 태생

- **otherwise** [ʌ́ðərwàiz] 어더와이즈
  - 부 다른 방법으로, 그렇지 않으면

- **ought** [ɔ́ːt] 오-트
  - 조 …해야(만) 하다, …임에 틀림없다

- **outcome** [áutkʌ̀m] 아웃컴
  - 명 결과, 과정, 성과

- **outline** [áutlàin] 아우트라인
  - 명 윤곽, 외형, 개요, 대강

- **output** [áutpùt] 아웃풋
  - 명 생산, 산출, 생산고, 〈컴퓨터〉 출력

- **outstanding** [àutstǽndiŋ] 아웃스탠딩
  - 형 눈에 띄는, 미결제[미해결]의

- **overall** [óuvərɔ̀ːl] 오우버롤-
  - 형 전부의, 총체적인 부 전체로(서)

- **overcome** [òuvərkʌ́m] 오우버컴
  - 타 이기다, 정복하다, 극복하다

- **owe** [óu] 오우
  - 타 빚지고 있다, …의 은혜를 입고 있다

- **own** [óun] 오운
  - 형 자기 자신의, 고유한

ENGLISH WORDS DICTIONARY

- **pace** [péis] 페이스
  명 걸음걸이, 보폭, 보조, 속도

- **pack** [pǽk] 팩
  명 꾸러미, 팩 타 자 꾸리다

- **package** [pǽkidʒ] 패키지
  명 꾸러미, 소포, 짐, 일괄 형 포괄적인

- **pain** [péin] 페인
  명 아픔, 고통, 괴로움, 노력, 수고

- **palace** [pǽləs] 팰러스
  명 궁전, 왕궁, 대저택

- **pale** [péil] 페일
  형 창백한, 핼쑥한, (색이) 엷은

- **panel** [pǽnl] 패늘
  명 토론자단, 강사단, 해답자단, 패널

- **paragraph** [pǽrəgræf] 패러그래프
  명 (문장의) 절, 단락 타 절로 나누다

- **parallel** [pǽrəlèl] 패럴레이
  형 평행의, 나란한, 서로 같은

- **pardon** [páːrdn] 파-든
  명 용서, 특사, 사면 타 용서하다

- **parliament** [páːrləmənt] 팔-러먼트
  명 의회, 국회, 국회의사당

- **part** [páːrt] 파-트
  명 부분, 일부, (책의) 부 타 나누다

- **particular** [pərtíkjulər] 퍼티큘러
  형 특정의, 개개의, 각별한, 까다로운

- **partner** [páːrtnər] 파-트너
  명 동료, 상대, 파트너, 배우자

- **passage** [pǽsidʒ] 패시지
  명 복도, 통로, (문장의) 일절, 한 대목

- **passenger** [pǽsəndʒər] 패선저
  명 승객, 여객, 선객, 탑승객

- **paste** [péist] 페이스트
  명 (붙이는) 풀, (밀가루) 반죽

- **path** [pǽθ] 패스
  명 길, 작은 길, 오솔길, 통로, 행로

- **patient** [péiʃənt] 페이션트
  형 인내심이 강한, 참을성 있는

- **pattern** [pǽtərn] 패턴
  명 무늬, 도안, 형, 모범

- **pause** [pɔːz] 포-즈
  자 중단하다, 잠시 멈추다 명 휴지, 중지

- **peace** [piːs] 피-스
  명 평화, 평온, 태평, 치안, 질서

- **per** [pər] 퍼
  전 …마다, …당, …에 의하여 부 각각

- **perfect** [pə́ːrfikt] 퍼-픽트
  형 결점 없는, 완전한, 더할 나위없는

- **perform** [pərfɔ́ːrm] 퍼폼-
  타 자 이행하다, 맡아하다, 연기하다

- **performance** [pərfɔ́ːrməns] 퍼포-먼스
  명 실행, 이행, 성과, 연주, 상연

- **perhaps** [pərhǽps] 퍼햅스
  부 아마, 어쩌면, 혹시

- **period** [píːəriəd] 피(어)리어드
  명 기간, 시대, (수업) 시간, 마침표

- **permanent** [pə́ːrmənənt] 퍼-머넌트
  형 영구적인, 영속적인, 불변의

- **permission** [pərmíʃən] 퍼미션
  명 허가, 허락, 승낙

- **permit** [pərmít] 퍼밋
  타 자 허락[허가]하다, 여지가 있다

- **perspective** [pərspéktiv] 퍼스펙티브
  명 원근법, 투시 화법, 전망, 견해

- **persuade** [pərswéid] 퍼스웨이드
  타 설득하다, 설득하여 …시키다

- **phase** [féiz] 페이즈
  명 (변화하는 것의) 상(相), 면, 단계

- **philosophy** [filásəfi] 필라서피
  명 철학, 형이상학

- **physical** [fízikəl] 피지컬
  형 신체의, 육체의, 자연의, 물리학의

- **pile** [páil] 파일
  명 쌓아올린 더미, 다수, 대량

- **pilot** [páilət] 파일럿
  명 조종사, 파일럿, 수로 안내인

- **pinch** [píntʃ] 핀치
  타 자 꼬집다, 집다, 죄다 명 꼬집기

- **pitch** [pítʃ] 피치
  명 던지기, 투구 자 타 던지다

- **pity** [píti] 피티
  명 불쌍히 여김, 동정

- **plain** [pléin] 플레인
  형 분명한, 명백한 명 평지, 평원

- **pleasure** [pléʒər] 플레저
  명 기쁨, 즐거움, 만족

- **plenty** [plénti] 플렌티
  명 많음, 대량, 풍부, 충분

- **p.m./P.M.** [píːém] 피-엠
  약 오후

- **poem** [póuim] 포우임
  명 시(詩), 운문

- **poison** [pɔ́izn] 포이즌
  명 독(약), 독물 형 독 있는, 해로운

- **policy** [páləsi] 팔러시
  명 정책, 방침, 방책, 수단

- **polish** [páliʃ] 팔리시
  타 닦다, 윤을 내다 자 닦이다

- **political** [pəlítikəl] 펄리티컬
  형 정치(상)의, 정치적인

- **politics** [pálətiks] 팔러틱스
  명 정치, 정치학

- **pollution** [pəlúːʃən] 펄루-션
  명 오염, 공해, 더러움, 불결

- **popular** [pápjulər] 파퓰러
  형 인기 있는, 유행의, 대중적인

- **population** [pɑ̀pjuléiʃən] 파퓰레이션
  명 인구, 주민, 시민

- **port** [pɔ́ːrt] 포-트
  명 항구, 항구 마을

- **position** [pəzíʃən] 퍼지션
  명 위치, 지위, 태도, 자세, 근무처

- **positive** [pɑ́zətiv] 파저티브
  형 명확한, 적극적인, 긍정의

- **possess** [pəzés] 퍼제스
  타 소유하다, 가지고 있다, 사로잡히다

- **possible** [pɑ́səbl] 파서블
  형 가능한, 있음직한, 어울리는

- **pot** [pɑ́t] 팟
  명 항아리, 단지, (깊은) 냄비

- **potential** [pəténʃəl] 퍼텐셜
  형 가능한, 잠재하는 명 가능성

- **pour** [pɔ́ːr] 포-
  타 따르다, 쏟다 자 넘쳐흐르다

- **poverty** [pɑ́vərti] 파버티
  명 빈곤, 가난, 빈약

- **powder** [páudər] 파우더
  명 가루, 분말

- **power** [páuər] 파워
  명 힘, 능력, 권력

- **powerful** [páuərful] 파워풀
  형 강한, 강력한, 건강한, 세력 있는

- **practical** [præktikəl] 프랙티컬
  형 실제의, 현실적인, 실용적인

- **praise** [préiz] 프레이즈
  명 타 칭찬(하다), 찬미[찬양](하다)

- **pray** [préi] 프레이
  자 빌다, 기원하다, 기도하다

- **precise** [prisáis] 프리사이스
  형 정확한, 명확한, 꼼꼼한

- **predict** [pridíkt] 프리딕트
  타 예언하다, 예보하다

- **prefer** [prifə́:r] 프리퍼-
  타 오히려 …을 좋아하다, …을 택하다

- **premise** [prémis] 프레미스
  명 〈논리〉 전제 자 전제로 하다

- **prepare** [pripéər] 프리페어
  자 타 준비하다, 채비하다

- **presence** [prézns] 프레즌스
  명 존재, 현존, 참석, 면전

- **press** [prés] 프레스
  타 (내리) 누르다, 밀다 명 누름, 신문

- **pressure** [préʃər] 프레셔
  명 압력, 기압, 억압, (정신적) 압박

- **pretend** [priténd] 프리텐드
  타 자 가장하다, …인 체하다

- **prevent** [privént] 프리벤트
  타 막다, 방해하다

- **previous** [príːviəs] 프리-비어스
  형 앞의, 이전의, 사전의

- **price** [práis] 프라이스
  명 가격, 물가, 대가, 희생

- **pride** [práid] 프라이드
  명 긍지, 만족(감), 자존심, 자랑

- **priest** [príːst] 프리-스트
  명 성직자, (카톨릭) 사제

- **primary** [práimeri] 프라이메리
  형 첫째의, 초기의, 주요한

- **prime** [práim] 프라임
  형 최초의, 가장 중요한 명 전성기

- **principal** [prínsəp(ə)l] 프린서펄
  형 주된, 주요한 명 교장, 지배자

- **principle** [prínsəpl] 프린서플
  명 원리, 원칙, 주의, 신조

- **print** [prínt] 프린트
  명 인쇄(물) 타 인쇄[출판]하다

- **prior** [práiər] 프라이어
  형 이전의, 앞(서)의, 사전의

- **priority** [praiɔ́:rəti] 프라이오-러티
  명 (시간·순서적으로) 앞[먼저]임, 상위

- **prison** [prízn] 프리즌
  명 교도소, 감옥

- **private** [práivət] 프라이벗
  형 사립의, 사유의, 사적인, 비밀의

- **prize** [práiz] 프라이즈
  명 상, 포상, 상품

- **probable** [prábəbl] 프라버블
  형 있음직한, 예상되는, 거의 확실한

- **procedure** [prəsí:dʒər] 프러시-저
  명 순서, 진행, 절차

- **proceed** [prəsí:d] 프러시-드
  자 나아가다, 계속하다, 진행하다

- **process** [práses] 프라세스
  명 과정, 진행, 경과, 공정

- **produce** [prəd(j)úːs] 프러듀-스
  타 생산[제작]하다 명 생산물, 제품

- **product** [prádəkt] 프라덕트
  명 산출물, 생산품, 소산, 결과, 성과

- **profession** [prəféʃən] 프러페션
  명 직업, 전문직

- **professor** [prəfésər] 프러페서
  명 (대학) 교수

- **profit** [práfit] 프라핏
  명 이익, 수익, 득

- **progress** [prágrəs] 프라그러스
  명 전진, 진행, 진보 자 전진하다

- **project** [prádʒekt] 프라젝트
  명 계획, 기획 타 계획하다, 발사하다

- **promise** [prámis] 프라미스
  명 약속, 기대 타 자 약속하다

- **promote** [prəmóut] 프러모우트
  타 증진[촉진]하다, 승진[진급]시키다

- **pronounce** [prənáuns] 프러나운스
  타 자 발음[음독]하다, 선언하다

- **proof** [prúːf] 프루-프
  명 증명, 증거, 입증

- **proper** [prápər] 프라퍼
  형 적당한, 적절한, 예의바른, 고유의

- **property** [prápərti] 프라퍼티
  명 재산, 소유물, 성질, 특성

- **proportion** [prəpɔ́ːrʃən] 프러**포**-션
  명 비율, 비, 크기, 균형, 부분

- **propose** [prəpóuz] 프러**포**우즈
  타 자 제안하다, 작정하다, 신청하다

- **prospect** [práspekt] 프라스펙트
  명 전망, 가망, 가능성

- **protect** [prətékt] 프러텍트
  타 보호하다, 수호하다, 막다

- **proud** [práud] 프라우드
  형 거만한, 잘난 체하는, 자랑할 만한

- **prove** [prúːv] 프루-브
  타 증명[입증]하다 자 …임을 알다

- **provide** [prəváid] 프러바이드
  타 자 공급하다, 준비[대비]하다

- **provision** [prəvíʒən] 프러비전
  명 조항, 준비, 식량

- **public** [pʌ́blik] 퍼블릭
  형 공공의, 공중의 명 공중, 대중

| 187 |

- **publish**   [pʌ́bliʃ]   퍼블리시
  - 타 발표[공표]하다, 출판하다

- **punish**   [pʌ́niʃ]   퍼니시
  - 타 벌하다, 응징하다

- **pupil**   [pjúːp(ə)l]   퓨-펄
  - 명 (초등) 학생

- **purchase**   [pə́ːrtʃəs]   퍼-처스
  - 타 사다, 구입하다, 획득하다

- **pure**   [pjúər]   퓨어
  - 형 순수한, 순결한, 맑은, 깨끗한

- **purpose**   [pə́ːrpəs]   퍼-퍼스
  - 명 목적, 목표, 의도

- **pursue**   [pərsúː]   퍼수-
  - 타 쫓다, 추구하다, 종사하다

ENGLISH WORDS DICTIONARY

- **quality**   [kwáləti]   콸러티
  - 명 질, 품질, 특성, 특질

- **quantity**   [kwántəti]   콴터티
  - 명 양, 분량, 수량, 다량, 다수

- **quarter** [kwɔ́:rtər] 쿼-터
  명 4분의 1, 15분 타 4(등)분하다

- **quite** [kwáit] 콰이트
  부 아주, 완전히, 전적으로, 극히

- **quote** [kwóut] 쿼트
  타 자 인용하다, 예로 들다

- **race** [réis] 레이스
  명 경주, 경쟁 자 타 경주하다

- **rail** [réil] 레일
  명 (철도의) 레일, 철도, 가로대

- **raincoat** [réinkòut] 레인코우트
  명 비옷, 레인코트

- **raise** [réiz] 레이즈
  타 올리다, 기르다, 세우다, 모으다

- **range** [réindʒ] 레인지
  명 줄, 열, 연속, 산맥, 범위, 넓이

- **rank** [rǽŋk] 랭크
  명 열, 행렬, 계급, 지위

- **rapid** [rǽpid] 래피드
  형 빠른, 신속한, 재빠른

- **rare** [rɛ́ər] 레어
  형 드문, 진기한, 설익은

- **rate** [réit] 레이트
  명 비율, 율, 요금, 속도, 등급

- **rather** [rǽðər] 래더
  부 오히려, 어느 쪽인가 하면, 얼마간

- **ratio** [réiʃou] 레이쇼우
  명 〈수학〉 비(比), 비율

- **raw** [rɔ́ː] 로-
  형 생[날]것의, 가공하지 않은

- **reach** [ríːtʃ] 리-치
  타 도착[도달]하다, 닿다

- **react** [riǽkt] 리액트
  자 반발하다, 반항하다, 반응하다

- **real** [ríː(ə)l] 리-얼
  형 현실의, 실제의, 진짜의

- **realistic** [rìːəlístik] 리-얼리스틱
  형 현실주의의, 현실적인

- **realize** [ríːəlàiz] 리-얼라이즈
  타 실현하다, 실감하다, 깨닫다

- **reason** [ríːzn] 리-즌
  명 이유, 이성, 도리, 이치

- **reasonable** [ríːz(ə)nəbl] 리-저너블
  형 분별 있는, 온당한, 적당한

- **recall** [rikɔ́ːl] 리콜-
  타 생각해내다, 소환하다   명 회상

- **recent** [ríːsnt] 리-슨트
  형 최근의, 근래의, 근대의

- **recognize** [rékəgnàiz] 레커그나이즈
  타 인정하다, 알아보다, 알아주다

- **recommend** [rèkəménd] 레커멘드
  타 추천[천거]하다, 권하다

- **record** [rékəːrd] 레커드
  명 기록, 이력, 레코드

- **recover** [rikʌ́vər] 리커버
  타 되찾다, 회복하다, 재생시키다

- **reduce** [rid(j)úːs] 리듀-스
  타 줄이다, 축소하다, 바꾸다

- **refer** [rifə́ːr] 리퍼-
  자 지시하다, 언급하다, 참고[참조]하다

- **reference** [réf(ə)rəns] 레퍼런스
  명 참고, 참조, 언급

- **reflect** [riflékt] 리플렉트
  타 자 반사하다, 비추다, 반영하다

- **reform** [ri:fɔ́:rm] 리-폼-
  명 타 개정(하다), 개혁(하다)

- **refuse** [rifjú:s] 리퓨-즈
  타 자 거절[거부]하다, 사퇴하다

- **regard** [rigá:rd] 리가-드
  타 간주하다, 주목하다 명 주의

- **regime** [rəʒí:m] 러짐-
  명 제도, 정체, 체제

- **region** [rí:dʒən] 리-전
  명 지방, 지역, 지대, 영역

- **regret** [rigrét] 리그렛
  명 유감, 후회, 애도 타 후회하다

- **regular** [régjulər] 레귤러
  형 규칙적인, 정례의, 정규의

- **regulation** [règjuléiʃən] 레귤레이션
  명 규칙, 규정, 법규

- **reject** [ridʒékt] 리젝트
  타 거절하다, 불합격시키다, 버리다

- **relate** [riléit] 릴레이트
  타 관계[관련]시키다, 이야기하다

- **relationship** [riléiʃənʃip] 릴레이션십
  명 관련, 관계, 친척 관계

- **relative** [rélətiv] 렐러티브
  명 친척, 인척 형 비교상의

- **release** [rilíːs] 릴리-스
  명 타 석방(하다), 풀어놓다

- **relevant** [réləvənt] 렐러번트
  형 관련 있는, 적절한, 상응하는

- **relief** [rilíːf] 릴리-프
  명 경감, 안심, 위안, 구조

- **relieve** [rilíːv] 릴리-브
  타 완화하다, 누그러뜨리다, 구제하다

- **religion** [rilídʒən] 릴리전
  명 종교, 종파, 신앙(생활)

- **religious** [rilídʒəs] 릴리저스
  형 종교(상)의, 신앙심이 깊은

- **rely** [rilái] 릴라이
  자 의지하다, 신뢰하다

- **remain** [riméin] 리메인
  자 남다, 머무르다, …한 그대로다

- **remark** [rimáːrk] 리마-크
  타 자 주의[주목]하다, 말하다

- **remarkable** [rimáːrkəbl] 리마-커블
  형 주목할 만한, 두드러진

- **remind** [rimáind] 리마인드
  타 생각나게 하다, 일깨우다

- **remove** [rimúːv] 리무-브
  타 옮기다, 벗다 자 이동하다

- **rent** [rént] 렌트
  명 집세, 임대료 타 임대하다

- **repair** [ripéər] 리페어
  타 수리[수선]하다 명 수리(작업)

- **replace** [ripléis] 리플레이스
  타 제자리에 놓다, …을 대신하다

- **reply** [riplái] 리플라이
  명 자 대답(하다), 회답(하다)

- **report** [ripɔ́ːrt] 리포-트
  동 보고[보도]하다 명 보고(서)

- **represent** [rèprizént] 레프리젠트
  타 나타내다, 표현하다, 대표하다

- **representative** [rèprizéntətiv] 레프리젠터티브
  명 대표자, 대리인 형 대표하는

- **republic** [ripʌ́blik] 리퍼블릭
  명 공화국, 공화정체, …사회, …계

- **reputation** [rèpjutéiʃən] 레퓨테이션
  명 평판, 명성, 덕망

- **request** [rikwést] 리퀘스트
  동 명 바라다, 요구(하다), 부탁(하다)

- **require** [rikwáiər] 리콰이어
  타 요구하다, 필요로 하다

- **rescue** [réskjuː] 레스큐-
  명 타 구조(하다), 구출(하다)

- **research** [risə́ːrtʃ] 리서-치
  명 (학술) 연구, 조사 자 연구하다

- **reserve** [rizə́ːrv] 리저-브
  타 저축하다, 예약하다

- **resident** [rézədənt] 레저던트
  형 거주하는, 고유의 명 거주자

- **resist** [rizíst] 리지스트
  타 저항[반항]하다, 참다, 억누르다

- **resistance** [rizístəns] 리지스턴스
  명 저항, 반항, 레지스탕스

- **resolve** [rizálv] 리잘브
  타 결심하다, 결의하다, 해결하다

- **resource** [ríːsɔ̀ːrs] 리-소-스
  명 자원, 물자, (대처하는) 수단

- **respect** [rispékt] 리스펙트
  명 동 존중(하다), 존경(하다)

- **respond** [rispánd] 리스판드
  자 응답[대답]하다, 반응하다

- **response** [rispáns] 리스판스
  명 응답, 대답, 반응

- **responsible** [rispánsəbl] 리스판서블
  형 책임이 있는, 신뢰할 수 있는

- **restore** [ristɔ́:r] 리스토-
  타 되돌려주다, 부활시키다, 회복시키다

- **restrict** [ristríkt] 리스트릭트
  타 제한하다, 한정하다, 금지하다

- **result** [rizʌ́lt] 리절트
  명 결과, 성과 자 결과로서 생기다

- **retain** [ritéin] 리테인
  타 지니다, 보유하다, 유지하다

- **retire** [ritáiər] 리타이어
  자 은퇴하다, 퇴직하다

- **return** [ritə́:rn] 리턴-
  자 되돌아가다 타 돌려주다

- **reveal** [riví:l] 리빌-
  타 드러내다, 누설하다, 나타내다

● **revenue**	[révənjùː] 레버뉴-	명 세입, 소득, 수익, (정기적인) 수입
● **reverse**	[rivə́ːrs] 리버-스	명 반대, 역, 뒤 타 반대로 하다
● **review**	[rivjúː] 리뷰-	타 복습하다, 비평하다 명 비평
● **revolution**	[rèvəlúːʃən] 레벌루-션	명 혁명, 혁명적인 사건
● **reward**	[riwɔ́ːrd] 리워-드	명 보수, 보상금, 사례금
● **rid**	[ríd] 리드	타 없애다, 제거하다, 자유롭게 하다
● **rise**	[ráiz] 라이즈	자 오르다, 일어나다, 증가하다
● **risk**	[rísk] 리스크	명 위험, 모험 타 위태롭게 하다
● **rival**	[ráivəl] 라이벌	명 경쟁자, 적수 형 경쟁하는
● **role**	[róul] 로울	명 (배우의) 배역, 역할, 임무
● **roll**	[róul] 로울	타 굴리다, 감다 명 두루마리, 명부

- **root** [rúːt] 루-트
  명 뿌리, 근원, 근본

- **rope** [róup] 로우프
  명 새끼, 밧줄, 끈, 로프

- **rough** [rʌf] 러프
  형 거칠거칠한, 난폭한, 거친

- **route** [rúːt] 루-트
  명 도로, 길, (일정한) 경로, 노선

- **row** [róu] 로우
  명 열, 줄, 횡렬

- **royal** [rɔ́iəl] 로이얼
  형 왕[여왕]의, 왕실의

- **rub** [rʌb] 러브
  타 문지르다, 비비다, 닦다

- **rubber** [rʌ́bər] 러버
  명 고무, 고무지우개

- **rude** [rúːd] 루-드
  형 버릇없는, 무례한, 거친

- **ruin** [rúːin] 루-인
  명 폐허, 피해, 파멸

- **rule** [rúːl] 룰-
  명 규칙, 규정, 지배, 습관

- **rural** [rú(ə)rəl] 루(어)럴
  형 시골의, 전원의, 농업의

- **rush** [rʌʃ] 러시
  동 돌진하다, 달려들다 명 돌진, 쇄도

- **sacred** [séikrid] 세이크리드
  형 신성한, 성스러운, 종교적인

- **sacrifice** [sǽkrəfàis] 새크러파이스
  명 희생, 희생물 타 희생하다

- **safe** [séif] 세이프
  형 안전한, 세이프의 명 금고

- **safety** [séifti] 세이프티
  명 안전, 무사, 안전성

- **sail** [séil] 세일
  명 돛, 돛단배 자 항해하다

- **sake** [séik] 세이크
  명 위함, 이익, 목적, 원인

- **salary** [sǽl(ə)ri] 샐러리
  명 급료, 봉급

● **sale**	[séil] 세일	명 판매, 매상(고), 특매, 염가판매
● **sample**	[sǽmpl] 샘플	명 견본, 샘플, 표본 형 견본의
● **sand**	[sǽnd] 샌드	명 모래, 모래밭
● **satisfy**	[sǽtisfài] 새티스파이	타 만족시키다, 충족시키다
● **save**	[séiv] 세이브	타 구하다, 모으다, 저축[절약]하다
● **scale**	[skéil] 스케일	명 눈금, 척도, 규모, (지도의) 축적
● **scene**	[síːn] 신-	명 장면, 현장, 무대, 경치, 풍경
● **schedule**	[skédʒuːl] 스케줄-	명 예정, 계획, 일정, 시간표
● **scheme**	[skíːm] 스킴-	명 계획, 안 동 계획하다, 모의하다
● **scientific**	[sàiəntífik] 사이언티픽	형 과학적인, 과학의
● **scold**	[skóuld] 스코울드	타 꾸짖다, 잔소리하다

- **scope** [skóup] 스코우프
  명 범위, 영역, 여지, 기회

- **score** [skɔ́ːr] 스코-
  명 점수, 득점, 성적 타 득점하다

- **screen** [skríːn] 스크린-
  명 칸막이, 스크린, (영화의) 영사막

- **screw** [skrúː] 스크루-
  명 나사, 나사못, 볼트

- **search** [sə́ːrtʃ] 서-치
  동 찾다, 수색하다 명 수색, 조사

- **seaside** [síːsàid] 시-사이드
  명 해안, 해변, 바닷가

- **secret** [síːkrit] 시-크릿
  명 비밀 형 비밀의, 숨기는

- **secretary** [sékrətèri] 세크러테리
  명 비서, 비서관, 서기

- **section** [sékʃən] 섹션
  명 구분, 구획, (책의) 절

- **sector** [séktər] 섹터
  명 〈수학〉 부채꼴, (사회의) 부문, 분야

- **secure** [sikjúər] 시큐어
  형 안전한, 튼튼한 타 안전하게 하다

- **seed** [síːd] 시-드
  명 씨, 종자, 원인, 근원

- **seek** [síːk] 시-크
  타 찾(아내)다, 추구하다, 노력하다

- **seem** [síːm] 심-
  자 …처럼 보이다, …인 것 같다

- **select** [səlékt] 설렉트
  타 선택하다, 고르다   형 고른, 정선한

- **self** [sélf] 셀프
  명 자기, 자신, 개성, 특질, 본성

- **senior** [síːnjər] 시-니어
  형 손위의, 연상의   명 연장자

- **sense** [séns] 센스
  명 감각, 의미, 분별, 판단력, 상식

- **sensitive** [sénsətiv] 센서티브
  형 민감한, 과민한, 섬세한

- **sentence** [séntəns] 센턴스
  명 문장, (형사상의) 선고, 판결

- **separate** [sépərèit] 세퍼레이트
  타 자 분리하다, 가르다, 떼어놓다

- **sequence** [síːkwəns] 시-퀀스
  명 연달아 일어남, 연속, 결과

● series	[sí(ə)ri:z] 시(어)리-즈	
	명 일련, 연속, 시리즈, 연속물	
● serious	[sí(ə)riəs] 시(어)리어스	
	형 진지한, 진정한, 중대한	
● serve	[sə́:rv] 서-브	
	타 자 섬기다, 시중을 들다, 차려내다	
● service	[sə́:rvis] 서-비스	
	명 봉사, 도움, 서비스, 접대	
● session	[séʃən] 세션	
	명 개회중임, 회의, 회기	
● set	[sét] 셋	
	타 두다, 만들다 명 한 세트[벌]	
● settle	[sétl] 세틀	
	동 놓다, 자리잡게 하다, 진정시키다	
● several	[sév(ə)rəl] 세버럴	
	형 대 몇몇(의), 몇 개(의), 각각의	
● severe	[sivíər] 시비어	
	형 엄한, 엄격한, 호된, 심한	
● sex	[séks] 섹스	
	명 성, 성별, 섹스	
● shade	[ʃéid] 셰이드	
	명 그늘, 그늘진 곳, 차양	

- **shadow** [ʃǽdou] 섀도우
  명 그림자, 투영, 영상, 환영

- **shake** [ʃéik] 쉐이크
  타 (뒤)흔들다 자 흔들리다

- **shall** [ʃəl/ʃǽl] (약)셜/(강)섈
  조 …할까요, …하면 좋을까요

- **shallow** [ʃǽlou] 섈로우
  형 얕은, 피상적인, 얄팍한

- **shame** [ʃéim] 셰임
  명 부끄러움, 수치심, 치욕

- **shape** [ʃéip] 셰이프
  명 모양, 모습, 형상

- **share** [ʃéər] 셰어
  명 몫, 할당, 분담 타 분배하다

- **sharp** [ʃáːrp] 샤-프
  형 날카로운, 가파른 부 정각에

- **sheet** [ʃíːt] 시-트
  명 시트, 커버, 홑 이불, …장[매]

- **shelf** [ʃélf] 셸프
  명 선반, 선반 모양의 것

- **shell** [ʃél] 셸
  명 조가비, 껍질, 등딱지

- **shelter** [ʃéltər] 셸터
  명 피난처, 대피소 타 보호하다

- **shift** [ʃíft] 시프트
  타 바꾸다, 옮기다 명 변화, 교대

- **shine** [ʃáin] 샤인
  타 자 빛나다, 번쩍이다 명 빛, 광택

- **shock** [ʃák] 샥
  명 충격, 타격, 쇼크 타 충격을 주다

- **shoot** [ʃúːt] 슈-트
  자 타 쏘다, 발사하다, 차다 명 사격

- **shore** [ʃɔːr] 쇼-
  명 바닷가, 해안, 해변

- **shout** [ʃáut] 샤우트
  자 타 외치다, 고함치다 명 외침

- **shower** [ʃáuər] 샤우어
  명 소나기, 샤워(하기)

- **shut** [ʃʌ́t] 셧
  타 다물다, 감다, 덮다, 접다

- **sight** [sáit] 사이트
  명 시력, 시야, 광경, 명소, 명승지

- **sign** [sáin] 사인
  명 기호, 신호, 간판 타 서명하다

- **signal** [sígnəl] 시그널
  명 신호(기)　타 신호를 보내다

- **significance** [signífikəns] 시그니피컨스
  명 의의, 의미, 중요성

- **significant** [signífikənt] 시그니피컨트
  형 의미 있는, 뜻 깊은, 중요한

- **silence** [sáiləns] 사일런스
  명 침묵, 고요함, 정적, 무소식

- **silent** [sáilənt] 사일런트
  형 침묵하는, 말없는, 잠잠한

- **silk** [sílk] 실크
  명 비단, 명주실, 비단옷

- **silver** [sílvər] 실버
  명 은, 은제품　형 은으로 만든

- **similar** [símələr] 시멀러
  형 유사한, 비슷한, 닮은

- **simple** [símpl] 심플
  형 간단한, 단순한, 간결한, 순진한

- **since** [síns] 신스
  전 부 …한 이래, …한 때부터 내내

- **sincere** [sinsíər] 신시어
  형 성실한, 진실한, 거짓 없는

- **single** [síŋgl] 싱글
  명 형 단 하나[1인용-](의), 독신(의)

- **sink** [síŋk] 싱크
  자 타 가라앉(히)다, 침몰시키다

- **sir** [sər/sə́r] (약)서/(강)서-
  명 〈호칭〉 님, 씨, 귀하, 선생, 각하

- **site** [sáit] 사이트
  명 위치, 장소, 용지, 부지

- **situation** [sìtʃuéiʃən] 시추에이션
  명 상태, 위치, 장소, 입장, 정세

- **skill** [skíl] 스킬
  명 숙련, 기술, 기능

- **skin** [skín] 스킨
  명 피부, 살결, 가죽, 피혁, 껍질

- **slave** [sléiv] 슬레이브
  명 노예 형 노예(제)의

- **slide** [sláid] 슬라이드
  자 미끄러지다 명 미끄럼틀

- **slight** [sláit] 슬라이트
  형 약간의, 사소한, 가벼운

- **slip** [slíp] 슬립
  자 미끄러지다 명 과실, 슬립

- **slope** [slóup] 슬로우프
  명 경사면, 비탈 자 경사지다

- **smoke** [smóuk] 스모우크
  명 연기 통 연기를 내다, 담배피우다

- **smooth** [smúːð] 스무-드
  형 매끄러운, 평탄한, 잔잔한

- **soap** [sóup] 소우프
  명 비누 타 …에 비누칠하다

- **social** [sóuʃəl] 소우셜
  형 사회적인, 사교적인

- **society** [səsáiəti] 서사이어티
  명 사회, 사교(계), 협회, 클럽

- **soil** [sɔil] 소일
  명 흙, 땅, 토양, 경작지

- **soldier** [sóuldʒər] 소울저
  명 군인, (육군) 병사

- **solid** [sálid] 살리드
  형 고체의, 단단한, 견고한

- **solve** [sálv] 살브
  타 풀다, 해답하다, 해결하다

- **somebody** [sʌ́mbàdi] 섬바디
  대 누군가, 어떤 사람

● **somehow**	[sʌ́mhàu] 섬하우	
	부 어떻게 해서든지, 여하튼	
● **someone**	[sʌ́mwʌn] 섬원	
	대 누군가, 어떤 사람	
● **somewhat**	[sʌ́m(h)wat] 섬홧/섬왓	
	부 얼마간, 어느 정도, 약간	
● **somewhere**	[sʌ́m(h)weər] 섬훼어/섬웨어	
	부 어딘가에(서), 어디론가, 대략	
● **sore**	[sɔ́ːr] 소-	
	형 아픈, 욱신욱신 쑤시는, 슬픈	
● **sort**	[sɔ́ːrt] 소-트	
	명 종류, 부류, 성격, 성품	
● **soul**	[sóul] 소울	
	명 영혼, 넋, 정신, 마음	
● **sour**	[sáuər] 사우어	
	형 신, 시큼한, (우유 등이) 시어진	
● **source**	[sɔ́ːrs] 소-스	
	명 원천, 근원, 출처	
● **southern**	[sʌ́ðərn] 서던	
	형 남쪽의, 남방의	
● **space**	[spéis] 스페이스	
	명 공간, 우주, 장소, 간격	

- **spade** [spéid] 스페이드
  - 명 가래, 삽, 한 삽의 분량

- **special** [spéʃəl] 스페셜
  - 형 특별한, 특수한, 전공의, 특정한

- **specific** [spisífik] 스피시픽
  - 형 명확한, 구체적인, 특정한

- **speed** [spíːd] 스피-드
  - 명 속력, 속도 동 서두르다, 질주하다

- **spell** [spél] 스펠
  - 타 철자하다, …의 철자를 쓰다

- **spirit** [spírit] 스피릿
  - 명 정신, 용기, 영혼, 생기, 기분

- **spite** [spáit] 스파이트
  - 명 악의, 심술, 앙심, 원한

- **split** [splít] 스플릿
  - 타 자 쪼개다, 찢다, 분열시키다

- **spoil** [spɔ́il] 스포일
  - 타 망쳐놓다, 해치다, 버릇없게 기르다

- **sport** [spɔ́ːrt] 스포-트
  - 명 스포츠, 운동 경기

- **spot** [spát] 스팟
  - 명 반점, 장소, 지점

- **spread** [spréd] 스프레드
  타 자 펴다, 바르다, 퍼뜨리다

- **stable** [stéibl] 스테이블
  명 마구간, 외양간

- **staff** [stǽf] 스태프
  명 직원, 부원, 스태프 (전체)

- **stage** [stéidʒ] 스테이지
  명 무대, 연극, 단계, 시기

- **stain** [stéin] 스테인
  명 얼룩, 때 타 더럽히다

- **stamp** [stǽmp] 스탬프
  명 우표, 도장 타 우표를 붙이다

- **standard** [stǽndərd] 스탠더드
  명 표준, 기준, 수준, 규격

- **state** [stéit] 스테이트
  명 상태, 형세, 국가, 정부

- **status** [stéitəs] 스테이터스
  명 지위, 신분, 높은 지위

- **steady** [stédi] 스테디
  형 고정된, 확고한, 안정된, 착실한

- **steam** [stíːm] 스팀-
  명 증기, 수증기

- **steel** [stíːl] 스틸-
  명 강철, 강철 제품, 스틸

- **steep** [stíːp] 스티-프
  형 가파른, 경사가 급한, 험(준)한

- **stem** [stém] 스템
  명 줄기, (풀·나무의) 대

- **step** [stép] 스텝
  명 걸음(걸이), 발소리 자 걷다

- **stick** [stík] 스틱
  명 막대기, 나무토막, 지팡이

- **stiff** [stíf] 스티프
  형 뻣뻣한, 딱딱한, 어색한

- **still** [stíl] 스틸
  부 아직도, 더욱, 더 한층, 그럼에도

- **stock** [sták] 스탁
  명 재고(품), 저장, 줄기, 그루터기

- **storm** [stɔ́ːrm] 스톰-
  명 폭풍(우), 큰 비

- **stove** [stóuv] 스토우브
  명 난로, 스토브

- **strange** [stréindʒ] 스트레인지
  형 이상한, 기묘한, 낯선, 생소한

- **strategy** [strǽtədʒi] 스트래터지
  명 전략, 전술, 계략, 술수, 방책

- **stream** [stríːm] 스트림-
  명 시내, 개울, 흐름

- **strength** [stréŋ(k)θ] 스트렝(크)스
  명 힘, 세기, 체력, 지력, 강점

- **stress** [strés] 스트레스
  명 압박, 긴장, 스트레스

- **stretch** [strétʃ] 스트레치
  동 뻗(치)다, 늘이다 명 뻗음

- **strict** [stríkt] 스트릭트
  형 엄격한, 엄한, 엄밀한

- **strike** [stráik] 스트라이크
  동 치다, 부딪치다 명 타격

- **string** [stríŋ] 스트링
  명 줄, 끈, (악기의) 현

- **strip** [stríp] 스트립
  타 벗기다, 없애다 자 옷을 벗다

- **structure** [strʌ́ktʃər] 스트럭처
  명 구조, 기구, 조직, 건(축)물

- **struggle** [strʌ́gl] 스트러글
  자 발버둥 치다, 분투하다

- **stuff** [stʌf] 스터프
  - 명 재료, 자료, 물건 타 채우다

- **stupid** [st(j)úːpid] 스튜-피드
  - 형 어리석은, 바보 같은, 하찮은

- **style** [stáil] 스타일
  - 명 양식, 형, 문체, 유행

- **subject** [sʌ́bdʒikt] 서브직트
  - 명 학과, 과목, 주제, 제목

- **submit** [səbmít] 서브미트
  - 동 복종[종속]시키다, 제출[제시]하다

- **subsequent** [sʌ́bsikwənt] 서브시퀀트
  - 형 다음의, 그 후의, 버금가는

- **substance** [sʌ́bstəns] 서브스턴스
  - 명 물질, 물체, 내용, 실질

- **succeed** [səksíːd] 석시-드
  - 타 자 성공하다, 계속되다, 뒤를 잇다

- **success** [səksés] 석세스
  - 명 성공, 성공한 사람, 대성공

- **successful** [səksésful] 석세스풀
  - 형 성공한, 좋은 결과의, 잘된

- **such** [sətʃ/sʌtʃ] (약)서치/(강)서치
  - 형 그러한, 그런, 이러한, 그렇게

- **sudden** [sʌ́dn] 서든
  형 돌연한, 불시의, 별안간의

- **suffer** [sʌ́fər] 서퍼
  타 경험하다, 견디다 자 괴로워하다

- **sufficient** [səfíʃənt] 서피션트
  형 충분한, 흡족한, …하기에 족한

- **suggest** [sə(g)dʒést] 서(그)제스트
  타 암시하다, 연상시키다, 제안[제의]하다

- **suit** [súːt] 수-트
  명 한 벌(옷), 슈트 타 어울리다

- **sum** [sʌ́m] 섬
  명 합계, 금액

- **summary** [sʌ́məri] 서머리
  명 요약, 개요 형 요약한, 약식의

- **supper** [sʌ́pər] 서퍼
  명 저녁식사

- **supply** [səplái] 서플라이
  타 공급[배달]하다 명 공급(품)

- **support** [səpɔ́ːrt] 서포-트
  타 지탱하다, 부양하다 명 후원

- **suppose** [səpóuz] 서포우즈
  타 추측하다, 가정하다, 상상하다

- **surface** [sə́:rfəs] 서-퍼스
  명 표면, 외면, 외관

- **surround** [səráund] 서라운드
  타 에워싸다, 둘러싸다, 포위하다

- **survey** [sə:rvéi] 서베이
  타 바라보다, 조사하다, 측량하다

- **survive** [sərváiv] 서바이브
  자 타 오래 살다, 살아남다

- **suspect** [səspékt] 서스펙트
  타 의심하다, …은 아닐까 생각하다

- **suspend** [səspénd] 서스펜드
  타 일시 정지하다, 연기하다, 매달다

- **swallow** [swálou] 스왈로우
  타 들이켜다, 삼키다

- **swear** [swéər] 스웨어
  자 타 맹세하다, 선서하다, 서약하다

- **sweep** [swí:p] 스위-프
  타 쓸다, 청소하다

- **swing** [swíŋ] 스윙
  자 흔들리다, 매달리다 명 흔들림

- **switch** [swítʃ] 스위치
  명 스위치 타 켜다, 끄다

- **symbol** [símbəl] 심벌
  명 상징, 심벌, 기호

- **sympathy** [símpəθi] 심퍼시
  명 동정(심), 공감, 동감, 조문

- **system** [sístəm] 시스템
  명 체계, 계통, 시스템

T

- **tail** [téil] 테일
  명 꼬리, 끝, 뒷면

- **tap** [tǽp] 탭
  타 가볍게 두드리다, 두드려서 만들다

- **target** [táːrɡit] 타-깃
  명 과녁, 표적, 목표, 대상

- **task** [tǽsk] 태스크
  명 일, 과제, 임무

- **taste** [téist] 테이스트
  명 맛, 미각 타 맛보다

- **tax** [tǽks] 택스
  명 세금, 세 타 세금을 부과하다

- **tear** [tíər] 티어
  명 눈물, 비애, 비탄

- **tease** [tíːz] 티-즈
  타 괴롭히다, 끓리다 자 졸라대다

- **technical** [téknikəl] 테크니컬
  형 기술의, 공업의, 전문의, 전문적인

- **technique** [tekníːk] 테크니-크
  명 기법, 수법, 기교, 테크닉, 기술

- **technology** [teknálədʒi] 테크날러지
  명 과학 기술, 생산[공업] 기술

- **temperature** [témp(ə)rətʃər] 템퍼러처
  명 온도, 기온, 체온

- **temple** [témpl] 템플
  명 신전, 사원, 절, 성당, 교회당

- **temporary** [témpərèri] 템퍼레리
  형 일시적인, 임시의

- **tend** [ténd] 텐드
  자 …하는 경향이 있다, …으로 향하다

- **tendency** [téndənsi] 텐던시
  명 경향, 풍조, 버릇, 성향

- **tension** [ténʃən] 텐션
  명 긴장, 긴장 상태

- **tent** [tént] 텐트
  - 명 천막, 텐트

- **term** [tə́ːrm] 텀-
  - 명 말, 어(語), 용어, 기간, 학기

- **terrible** [térəbl] 테러블
  - 형 심한, 무서운, 아주 나쁜, 지독한

- **text** [tékst] 텍스트
  - 명 본문, 원문, 원전, (컴퓨터) 문서

- **theme** [θíːm] 심-
  - 명 주제, 제목, 테마, 작문

- **theory** [θíːəri] 시-어리
  - 명 이론, 학설

- **therefore** [ðéərfɔ̀ːr] 데어포-
  - 부 그러므로, 그런 까닭에, 따라서

- **thick** [θík] 식
  - 형 두꺼운, 굵은 부 두껍게, 짙게

- **thief** [θíːf] 시-프
  - 명 도둑, 좀도둑

- **thing** [θíŋ] 싱
  - 명 물건, 사물, 일, 상황, 사정

- **thorough** [θə́ːrou] 서-로우
  - 형 철저한, 완벽한, 완전한

- **though** [ðou] 도우
  - 접 비록 …일지라도, …이지만

- **thread** [θréd] 스레드
  - 명 실, 바느질 실, (가는) 선

- **threat** [θrét] 스렛
  - 명 위협, 협박, 우려, 징조

- **threaten** [θrétn] 스레튼
  - 타 위협[협박]하다, …할 우려가 있다

- **throat** [θróut] 스로우트
  - 명 목구멍, (기물의) 목, 좁은 통로

- **through** [θruː] 스루-
  - 전 통하여, 동안 내내 부 통과하여

- **throughout** [θruːáut] 스루-아웃
  - 부 도처에, 처음부터 끝까지

- **thumb** [θʌ́m] 섬
  - 명 엄지손가락

- **thunder** [θʌ́ndər] 선더
  - 명 우레, 천둥 자 천둥치다

- **thus** [ðʌ́s] 더스
  - 부 이렇게, 그러므로

- **tidy** [táidi] 타이디
  - 형 말쑥한, 단정한, 말끔히 정돈된

- **tight** [táit] 타이트
  형 단단한, 갑갑한, 꼭 끼는

- **till** [t(i)l/tíl] (약) 틸/(강) 틸
  접 전 …까지 (줄곧), …까지 (…않다)

- **tin** [tín] 틴
  명 주석, 양철

- **tiny** [táini] 타이니
  형 조그마한, 아주 작은

- **title** [táitl] 타이틀
  명 표제, 제목, 직함, (경기의) 선수권

- **tongue** [tʌŋ] 텅
  명 혀, 국어, 말

- **tool** [túːl] 툴-
  명 도구, 공구, 연장

- **topic** [tápik] 타픽
  명 화제, 논제, 토픽

- **total** [tóutl] 토우틀
  형 전체의, 완전한 명 합계, 총액

- **tough** [tʌf] 터프
  형 곤란한, 어려운, 강한, 질긴

- **tour** [túər] 투어
  명 여행[관광], 견학 타 자 여행하다

- **toward(s)** [t(w)ɔ́ːrd(z)] 트워-드(즈)
  - 전 …쪽으로, …에 대하여, …가까이

- **tower** [táuər] 타워
  - 명 탑, 타워

- **track** [trǽk] 트랙
  - 명 지나간 자취, (철도) 선로, 트랙

- **trade** [tréid] 트레이드
  - 명 무역, 장사 자 장사[매매]하다

- **tradition** [trədíʃən] 트러디션
  - 명 전통, 관습, 관례, 전설

- **transfer** [trænsfə́ːr] 트랜스퍼-
  - 타 자 옮기다, 갈아타다 명 이전

- **transportation** [trænspərtéiʃən] 트랜스퍼테이션
  - 명 수송, 운송, 수송기관

- **treat** [tríːt] 트리-트
  - 타 취급하다, 다루다, 치료하다

- **trend** [trénd] 트렌드
  - 명 경향, 동향, 유행

- **trick** [trík] 트릭
  - 명 책략, 재주, 비결, 장난

- **trouble** [trʌ́bl] 트러블
  - 명 걱정, 고민 타 걱정시키다

- **trust** [trʌ́st] 트러스트
  명 신뢰, 신용, 신임 타 신뢰하다

- **truth** [trúːθ] 트루-스
  명 진실, 진리, 증명된 사실

- **tube** [t(j)úːb] 튜-브
  명 관, 통, 브라운관, (런던) 지하철

- **tune** [t(j)úːn] 튠-
  명 곡조, 곡, 가락 타 조율하다

- **twice** [twáis] 트와이스
  부 두 번, 2회, 두 배(로)

- **twist** [twíst] 트위스트
  타 비틀다, 꼬다, 감다 명 뒤틀림

- **type** [táip] 타이프
  명 형, 전형, 활자 자 타자기로 치다

- **typical** [típikəl] 티피컬
  형 전형적인, 대표적인, 특유의

ENGLISH WORDS DICTIONARY

- **ultimate** [ʌ́ltəmit] 얼터밋
  형 최후의, 근본적인, 가장 먼

- **uniform** [júːnəfɔːrm] 유-너폼-
  명 제복, 유니폼

- **union** [júːnjən] 유-니언
  명 결합, 연합, 협회, 연맹

- **unique** [juːníːk] 유-니-크
  형 유일(무이)한, 독특한, 진기한

- **unit** [júːnit] 유-닛
  명 단일체, 구성단위, 〈물리〉 단위

- **unite** [juːnáit] 유-나이트
  타 자 결합하다, 단결하다, 결혼하다

- **universe** [júːnəvəːrs] 유-너버-스
  명 우주, 전 세계, 전 인류

- **university** [jùːnəvəːrsəti] 유-너버-서티
  명 대학(교), 종합대학교

- **unless** [ənlés] 언레스
  접 만약…하지 않으면, …이 아니면

- **upon** [əpán] 어판
  전 …위에

- **upper** [ʌ́pər] 어퍼
  형 위쪽의, 상부의, 상류의

- **upset** [ʌ̀psét] 업셋
  타 뒤집어엎다, 망쳐버리다, 어지럽히다

- **urban** [ə́ːrbən] 어-번
  형 도시의, 도시에 사는, 도회적인

- **urge** [ə́ːrdʒ] 어-지
  타 재촉하다, 촉구하다

- **urgent** [ə́ːrdʒənt] 어-전트
  형 긴급한, 절박한, 재촉이 성화 같은

- **useful** [júːsful] 유-스풀
  형 쓸모 있는, 유용한, 편리한

- **usual** [júːʒuəl] 유-주얼
  형 보통[일상]의, 평소의

ENGLISH WORDS DICTIONARY

- **valid** [vǽlid] 밸리드
  형 타당한, 근거가 확실한, 유효한

- **valley** [vǽli] 밸리
  명 골짜기, 계곡, (큰 강의) 유역

- **valuable** [vǽljuəbl] 밸류어블
  형 귀중한, 고가의 명 귀중품

- **value** [vǽljuː] 밸류-
  명 가치, 가격, 평가 타 평가하다

- **variety** [vəráiəti] 버라이어티
  명 변화, 다양(성), 종류

- **various** [vé(ə)riəs] 베(어)리어스
  형 가지각색의, 여러 가지의

- **vary** [vé(ə)ri] 베(어)리
  자 변하다, 다르다 타 바꾸다

- **vast** [vǽst] 배스트
  형 광대[거대]한, 막대한

- **vehicle** [víː(h)ikl] 비-히클/비-이클
  명 운반기구, 탈것, 매개물, 전달수단

- **version** [və́ːrʒən] 버-전
  명 번역(서), (입장의) 설명, 각색, 개작

- **via** [váiə] 바이어
  전 …을 경유하여, …을 거쳐

- **victim** [víktəm] 빅텀
  명 희생자, 피해자, 이재민

- **victory** [víktəri] 빅터리
  명 승리, 전승, 정복

- **view** [vjúː] 뷰-
  명 전망, 광경, 시야, 경치, 견해

- **village** [vílidʒ] 빌리지
  명 마을, 촌락, 마을 사람

- **violence** [váiələns] 바이얼런스
  - 명 격렬함, 맹렬함, 폭력, 난폭

- **violent** [váiələnt] 바이얼런트
  - 형 격렬한, 맹렬한, 난폭한

- **virtual** [vǝ́:rtʃuəl] 버-추얼
  - 형 사실상의, 가상의

- **virtue** [vǝ́:rtʃu:] 버-추-
  - 명 미덕, 장점, (약의) 효능

- **vision** [víʒən] 비전
  - 명 시력, 시각, 상상력, 환상, 환영

- **visual** [víʒuəl] 비주얼
  - 형 시각의[에 의한] 명 시각 정보

- **volume** [váljum] 발륨
  - 명 책, 서적, 음향, 볼륨, 대량, 부피

- **voluntary** [váləntèri] 발런테리
  - 형 자발적인, 자진하여 하는

- **vote** [vóut] 보우트
  - 명 투표, 투표권 자 투표하다

ENGLISH WORDS DICTIONARY

- **wage** [wéidʒ] 웨이지
  명 임금, 노임, 급료 형 임금의

- **waist** [wéist] 웨이스트
  명 허리, 허리둘레, (옷의) 허리통

- **wander** [wάndər] 완더
  자 타 돌아다니다, 방랑하다, 길을 잃다

- **war** [wɔ́:r] 워-
  명 전쟁, 싸움, 투쟁 자 전쟁하다

- **warn** [wɔ́:rn] 원-
  타 경고하다, 주의하다, …에게 통지하다

- **waste** [wéist] 웨이스트
  타 낭비[허비]하다 명 낭비, 쓰레기

- **wave** [wéiv] 웨이브
  명 파도, 물결 자 물결치다

- **wealth** [wélθ] 웰스
  명 부, 재산, 풍부, 부유, 부자

- **weapon** [wépən] 웨펀
  명 무기, 공격수단 타 무장하다

● **wedding**	[wédiŋ] 웨딩	
	몡 결혼식, 혼례 휑 결혼의	

● **weekend**	[wíːkènd] 위-크엔드
	명 주말, 주말 휴가[파티]

● **weep**	[wíːp] 위-프
	자 눈물을 흘리다, 울다

● **weigh**	[wéi] 웨이
	타 자 무게를 달다, 심사숙고하다

● **welfare**	[wélfèər] 웰페어
	명 복지, 복리, 복지[후생] 사업

● **western**	[wéstərn] 웨스턴
	형 서쪽의, 서양의, 서유럽의

● **whatever**	[(h)wàtévər] 화테버/와테버
	대 (…하는) 것[일]은 무엇이든지

● **wheel**	[(h)wíːl] 휠-/윌-
	명 바퀴, 수레바퀴, 핸들, 선회

● **whenever**	[(h)wènévər] 훼네버/웨네버
	접 …할 때는 언제나, …할 때마다

● **whereas**	[(h)wèəræz] 훼어래즈/웨어래즈
	접 …에 반하여, 그런데

● **whether**	[(h)wéðər] 훼더/웨더
	접 …인지 어떤지, …이든지 아니든지

- **while** [(h)wáil] 화일/와일
  접 …하는 동안, 한편 명 동안

- **whisper** [(h)wíspər] 휘스퍼/위스퍼
  자 속삭이다, 귀엣말하다 명 속삭임

- **whistle** [(h)wísl] 휘슬/위슬
  명 휘파람, 기적, 경적, 호루라기

- **whole** [hóul] 호울
  형 전체의, 모든 명 전체, 전부

- **widespread** [wáidsprèd] 와이드스프레드
  형 널리 보급된, 넓게 펼쳐진

- **wild** [wáild] 와일드
  형 야생의, 황폐한, 거친, 난폭한

- **willing** [wíliŋ] 윌링
  형 기꺼이 …하는, 자발적인

- **wine** [wáin] 와인
  명 포도주, 와인 형 와인색의

- **wing** [wíŋ] 윙
  명 (새·곤충·비행기 등의) 날개

- **wire** [wáiər] 와이어
  명 철사, 전선, 전보

- **wise** [wáiz] 와이즈
  형 현명한, 분별 있는, 신중한, 박식한

- **within** [wiðín] 위딘
  전 (장소·시간 등) …이내에[의]

- **without** [wiðáut] 위다웃
  전 …없이, …이 없다면, …하지 않고

- **witness** [wítnəs] 위트너스
  명 목격자, 증인 타 목격하다

- **wonder** [wʌ́ndər] 원더
  명 경이, 놀라움 자 놀라다

- **wooden** [wúdn] 우든
  형 나무의, 나무로 만든[된]

- **wool** [wúl] 울
  명 양털, 털실, 모직물

- **worship** [wə́ːrʃip] 워-십
  명 예배, 숭배 타 숭배[존경]하다

- **worth** [wə́ːrθ] 워-스
  명 가치, 진가 형 …의 가치가 있는

- **wound** [wúːnd] 운-드
  타 상처 입히다, 해치다 명 부상

- **wrap** [rǽp] 랩
  타 (감)싸다, 포장하다 명 싸개, 포장지

- **wrist** [ríst] 리스트
  명 손목, 손목 관절, 손재주

ENGLISH WORDS DICTIONARY

- **yard**　　　[já:rd]　야-드
  　　　　　　명 안마당, 뜰, (학교의) 구내

- **yet**　　　　[jét]　옛
  　　　　　　부 아직 …않다, 아직(도), 이미

- **yield**　　　[jí:ld]　일-드
  　　　　　　타 산출하다, 낳다, 양보하다　명 산출

- **youth**　　　[jú:θ]　유-스
  　　　　　　명 젊음, 청년 (시절), 젊은이

Part 2

진짜 어휘력을 키우는
핵심 중요단어

ENGLISH WORDS DICTIONARY

- **abbey**
  [ǽbi] 애비
  명 대수도[수녀]원, 사원, 대성당

- **ability**
  [əbíləti] 어빌러티
  명 능력, 재능, 기량

- **absolutely**
  [ǽbsəlùːtli] 앱설루-틀리
  부 완전히, 절대적으로, 물론

- **accent**
  [ǽksent] 액센트
  명 악센트, 강조, 어투 타 강조하다

- **accomplish**
  [əkάmpliʃ] 어캄플리시
  타 이루다, 완성하다, 성취하다, 끝마치다

- **according**
  [əkɔ́ːrdiŋ] 어코-딩
  부 …에 의하면, …에 따라서, …에 맞게

- **accustomed**
  [əkʌ́stəmd] 어커스텀드
  형 (…에) 익숙한, 길든, 여느 때와 다름 없는

- **achievement**
  [ətʃíːvmənt] 어치-브먼트
  명 성취, 성공, 달성, 업적

- **action**
  [ǽkʃən] 액션
  명 활동, 행동, (기계의) 작동, 작용

- **activity** [æktívəti] 액티버티
  명 활동, 활약, 활발, 활기

- **actor** [æktər] 액터
  명 (남자) 배우, (사건의) 관여자, 관계자

- **actually** [æktʃuəli] 액추얼리
  부 실제로, 사실은, 현실적으로

- **addition** [ədíʃən] 어디션
  명 부가(물), 증축, 〈수학〉 덧셈

- **additional** [ədíʃənəl] 어디셔널
  형 추가의, 부가적인, 보충의

- **adjective** [ædʒiktiv] 애직티브
  명 〈문법〉 형용사 형 형용사의[적인]

- **administration** [ədmìnəstréiʃən] 어드미니스트레이션
  명 관리, 경영, 행정

- **admission** [ədmíʃən] 어드미션
  명 입장, 입회, 입학, 입장료

- **adverb** [ædvə:rb] 애드버-브
  명 〈문법〉 부사 형 부사의

- **affection** [əfékʃən] 어펙션
  명 애정, 사랑, 감동, 감정, 영향, 작용

- **agreement** [əgríːmənt] 어그리-먼트
  명 일치, 동의, 협정, 계약

⦿ **alarm**	[əlá:rm] 얼람- 몡 놀람, 공포, 경보, 경보기[장치], 자명종
⦿ **amateur**	[ǽmətʃùər] 애머츄어 몡 아마추어, 비전문가 혱 아마추어의
⦿ **amazing**	[əméiziŋ] 어메이징 혱 놀랄 만한, 굉장한, 대단히, 매우
⦿ **ambitious**	[æmbíʃəs] 앰비셔스 혱 대망을 품은, 야심적인, 사나운, 활발한
⦿ **ancestor**	[ǽnsestər] 앤세스터 몡 선조, 조상 [생물] 시조, 원종, 원형
⦿ **angrily**	[ǽŋgrəli] 앵그러리 븟 화가 나서, 노하여, 성나서
⦿ **ankle**	[ǽŋkl] 앵클 몡 발목 (관절), (네발 짐승의) 복사뼈
⦿ **announcement**	[ənáunsmənt] 어나운스먼트 몡 발표, 공표, 공고, 고시, (결혼식 등의) 청첩장
⦿ **announcer**	[ənáunsər] 어나운서 몡 아나운서, 고지자, 발표자
⦿ **antique**	[æntí:k] 앤티-크 혱 고미술의, 골동의 몡 골동품, 고미술품
⦿ **anxiously**	[ǽŋ(k)ʃəsli] 앵셔슬리 븟 근심[걱정]하여, 걱정스럽게

● **anytime**	[énitàim] 에니타임 튄 언제든지, 언제나, 반드시, 예외 없이
● **apology**	[əpálədʒi] 어팔러지 명 사과, 사죄, 변명
● **apostrophe**	[əpástrəfi] 어파스트러피 명 〈문법〉 아포스트로피('), 생략부호
● **apparently**	[əpǽrəntli] 어패런틀리 튄 외관상으로는, 분명히, 명백하게
● **appetite**	[ǽpətàit] 애퍼타이트 명 식욕, (생리적·정신적) 욕망, 욕구
● **applaud**	[əplɔ́ːd] 어프러-드 자 타 박수치다, 박수를 보내다, 칭찬하다
● **application**	[ǽpləkéiʃən] 애플리케이션 명 신청, 지원, 신청서, 원서
● **appointment**	[əpɔ́intmənt] 어포인트먼트 명 약속, 예약, 지정, 임명
● **approval**	[əprúːvəl] 어프루-벌 명 인정, 찬성, 동의, 인가, (정식) 승인
● **apt**	[ǽpt] 애프트 형 적절한, 적당한, …하기 쉬운, 재주 있는
● **architecture**	[áːrkətèktʃər] 아-커텍춰 명 건축(술), 건축학, 건축물, 건축 양식

⦿ **argument**	[áːrgjumənt] 아-규먼트 명 의논, 말다툼, 언쟁, 주장
⦿ **arithmetic**	[əríθmətík] 어리쓰머틱 명 산수, 산술, 셈, 산수책 형 산수의
⦿ **arouse**	[əráuz] 어라우즈 타 자극하다, 불러일으키다
⦿ **arrangement**	[əréindʒmənt] 어레인지먼트 명 정리, 배열, 협정, 준비
⦿ **arrival**	[əráivəl] 어라이벌 명 도착, 도달, 도착자[물], 입항
⦿ **assign**	[əsáin] 어사인 타 할당하다, 지정하다, 임명하다
⦿ **assignment**	[əsáinmənt] 어사인먼트 명 할당, 과제, 지정
⦿ **assistant**	[əsístənt] 어시스턴트 명 조수, 보조자 형 보조의
⦿ **association**	[əsòusiéiʃən] 어소우시에이션 명 회, 협회, 조합, 연합, 교제, 제휴
⦿ **assure**	[əʃúər] 어슈어 타 보증하다, 확신시키다
⦿ **astonish**	[əstániʃ] 어스타니쉬 타 (깜짝) 놀라게 하다

- **astonishment** [əstániʃmənt] 어스타니쉬먼트
  명 놀람, 경악, 놀랄 만한 일[물건]

- **atom** [ǽtəm] 애텀
  명 〈물리·화학〉 원자, 미립자

- **attention** [əténʃən] 어텐션
  명 주의, 배려, 돌봄, 친절

- **attraction** [ətrǽkʃən] 어트랙션
  명 끌어당김, 흡인, 매력, 인기거리

- **attribute** [ətríbjuːt] 어트리뷰-트
  타 …에 귀속[귀착]시키다 명 속성, 특성

- **automatically** [ɔ̀ːtəmǽtikəli] 오-터매티컬리
  부 자동(적)으로, 기계적으로, 무의식적으로

- **await** [əwéit] 어웨이트
  타 기다리다, 대기하다, 준비되어 있다

- **awfully** [ɔ́ːfəli] 오-퍼리
  부 무섭게, 굉장하게, 대단히

ENGLISH WORDS DICTIONARY

- **badge** [bædʒ] 배쥐
  명 기장(記章), 배지, 표, 상징, 명찰

⊙ **badly**	[bǽdli] 배들리 튀 나쁘게, 서툴게, 심하게, 몹시
⊙ **bald**	[bɔ́:ld] 볼드 형 대머리의, 벗어진, 잎이 없는
⊙ **bare**	[béər] 베어 형 벌거벗은, 노출한, 속이 빈, 꾸미지 않은
⊙ **bargain**	[bá:rgən] 바-건 명 싼 물건, 특매품, 매매계약
⊙ **bark**	[bá:rk] 바-크 자 짖다, 고함치다 명 짖는 소리
⊙ **barn**	[bá:rn] 바-안 명 (농가의) 헛간, 광, 외양간
⊙ **basement**	[béismənt] 베이스먼트 명 지하실, (구조물의) 최하부
⊙ **bathe**	[béið] 베이드 타 물에 담그다, 물로 씻다 자 목욕하다
⊙ **battlefield**	[bǽtlfi:ld] 배틀필-드 명 싸움터, 전장, 투쟁의 장, 논쟁점
⊙ **bear**	[béər] 베어 타 (아이를) 낳다, (열매를) 맺다, 참다
⊙ **beard**	[bíərd] 비어드 명 턱수염

● beautifully	[bjú:tifuli] 뷰-티풀리 **부** 아름답게, 훌륭하게, 솜씨 있게
● bedside	[bédsàid] 베드사이드 **명** 침대 옆, (환자의) 머리맡
● beginning	[bigíniŋ] 비기닝 **명** 처음, 최초, 시작, 초기
● being	[bí:iŋ] 비-잉 **명** 존재, 인간, 생물
● bent	[bént] 벤트 **형** 구부러진, 굽은, (어떤 방향으로) 향한
● besides	[bisáidz] 비사이즈 **전** …이외에도, …을 제외하고 **부** 그 밖에, 게다가
● best	[bést] 베스트 **형** 가장 좋은 **부** 가장 잘 **명** 최상, 전력
● best-known	[béstnóun] 베스트노운 **형** 가장 잘 알려진
● betray	[bitréi] 비트레이 **타** 배반하다, 누설하다, 드러내다, 보이다
● better	[bétər] 베터 **형** 더 좋은, 보다 나은 **부** 보다 좋게, 더욱
● bind	[báind] 바인드 **타** 묶다, 매다, 둘러 감다, 감다

⦿ biography	[baiágrəfi] 바이아그러피
	명 전기(傳記), 일대기

⦿ blessing	[blésiŋ] 블레싱
	명 축복, 은총, 은혜, 〈구어〉 찬성, 찬의

⦿ blond	[blɔ́nd] 블론드
	형 금발의 명 금발인 사람

⦿ bloom	[blú:m] 블룸-
	명 꽃, 꽃이 핌, 한창 자 꽃이 피다

⦿ blow	[blóu] 블로우
	명 강타, 구타, (정신적) 타격, 충격

⦿ blunt	[blʌ́nt] 블런트
	형 무딘, 둔한, 퉁명스러운 명 굵은 바늘

⦿ boast	[bóust] 보우스트
	자 자랑하다, 뽐내다 명 자랑(거리)

⦿ boastful	[bóustfəl] 보우스트펄
	형 거만한, 자랑하는, 허풍을 떠는

⦿ bold	[bóuld] 보울드
	형 대담한, 뻔뻔스러운

⦿ boom	[bú:m] 붐-
	자타 쿵하고 울리다, 경기가 좋아지다

⦿ bore	[bɔ́:r] 볼-
	타 따분하게 하다, 싫증나게 하다

◉ **born**	[bɔ́:rn] 본- 형 타고난, 천성의, 태생의
◉ **bosom**	[búzəm] 부점 명 가슴, 가슴속(의 생각), (의복의) 품
◉ **bough**	[báu] 바우 명 큰 가지
◉ **bounce**	[báuns] 바운스 자 (공 등이) 튀다 타 (공을) 튀게 하다
◉ **bound**	[báund] 바운드 자 튀어오르다, 뛰(어오르)다 명 튐, 도약
◉ **boundary**	[báundəri] 바운더리 명 경계(선), 국경선, 한계
◉ **bow**	[báu] 바우 자 절하다 타 (머리를) 숙이다 명 절, 인사
◉ **boyfriend**	[bɔ́ifrènd] 보이프렌드 명 남자 친구
◉ **boyhood**	[bɔ́ihùd] 보이후드 명 소년 시절, 소년기, 소년사회
◉ **boyish**	[bɔ́iiʃ] 보이쉬 형 소년 (시대)의, 소년 같은, 순진한
◉ **bracelet**	[bréislit] 브레이슬리트 명 팔찌, 수갑(handcuffs)

⊙ **breathe**	[bríːð] 브리-드 자 숨을 쉬다, 호흡하다 타 호흡하다
⊙ **breed**	[bríːd] 브리-드 타 자 (새끼를) 낳다, 양육하다, 사육하다
⊙ **breeze**	[bríːz] 브리-즈 명 미풍, 산들바람
⊙ **bride**	[bráid] 브라이드 명 신부, 새색시
⊙ **briefly**	[bríːfli] 브리-플리 부 짧게, 간결히, 간단히 (말해서)
⊙ **brightly**	[bráitli] 브라이틀리 부 밝게, 빛나게, 명랑하게, 선명하게
⊙ **broken**	[bróukən] 브로우컨 형 부서진, 깨진, 부러진, 고장난
⊙ **bubble**	[bʌ́bl] 버블 명 거품, 기포, 야심, 환상
⊙ **bullet**	[búlət] 불럿 명 총탄, 탄환, 탄약통
⊙ **bundle**	[bʌ́ndl] 번들 명 다발, 꾸러미, (운반을 위한) 포장, 소포
⊙ **bureau**	[bjúːrou] 뷰(어)로우 명 〈미〉 (관청의) 국, 부, 안내소, 접수처

- **burglar** [bə́ːrɡlər] 버-글러
  명 (주거 침입) 강도

- **burnt** [bə́ːrnt] 번-트
  형 (불)탄, 불에 덴, 눌은

- **businessman** [bíznəsmæn] 비즈너스맨
  명 실업가, 사업가, 실무가

- **buyer** [báiər] 바이어
  명 사는 사람, 소비자, 바이어

- **buzz** [bʌ́z] 버즈
  명 윙윙거리는 소리 자 윙윙거리다

C

ENGLISH WORDS DICTIONARY

- **cabin** [kǽbin] 캐빈
  명 오두막집, 〈항해〉 객실, 선실

- **calmly** [káːmli] 캄-리
  부 고요히, 조용하게, 침착하게

- **camera** [kǽmərə] 캐머러
  명 사진기, 카메라

- **campaign** [kæmpéin] 캠페인
  명 (사회적·정치적) 운동, 캠페인

⦿ **campus**	[kǽmpəs] 캠퍼스	
	명 교정, 학내, 캠퍼스	
⦿ **can**	[kən/kǽn] (약) 컨/(강) 캔	
	조 …할 수 있다, …해도 좋다, …해야 한다	
⦿ **canal**	[kənǽl] 커낼	
	명 운하, 인공 수로	
⦿ **candle**	[kǽndl] 캔들	
	명 양초, 등불	
⦿ **cannot**	[kænát] 캐낫	
	조 …할 수 없다, …일 리가 없다	
⦿ **canvas**	[kǽnvəs] 캔버스	
	명 캔버스, 화포(畫布)	
⦿ **capture**	[kǽptʃər] 캡처	
	명 생포, 포획(물) 타 사로잡다, 생포하다	
⦿ **carefully**	[kéərfuli] 케어풀리	
	부 주의 깊게, 신중히, 검소하게	
⦿ **careless**	[kéərlis] 케어리스	
	형 부주의한, 경솔한, 무관심한	
⦿ **carelessly**	[kéərlisli] 케어리슬리	
	부 부주의하게, 경솔하게, 무심코, 태평하게	
⦿ **carpenter**	[káːrpəntər] 카-펀터	
	명 목수, 목공, 대목	

- **cartoon** [kɑːrtúːn] 카-툰-
  명 시사 풍자만화, (신문의) 연속만화

- **carve** [káːrv] 카-브
  타 새기다, 조각하다, 새겨 넣다

- **cassette** [kəsét] 커셋
  명 카세트 (테이프), 필름통, 작은 상자

- **casual** [kǽʒuəl] 캐주얼
  형 우연한, 무심함, (의복 등) 평상복의

- **catalog/catalogue** [kǽtəlɔ̀ːg] 캐털로-그
  명 목록, 카탈로그, 일람표

- **cave** [kéiv] 케이브
  명 동굴, 지하 저장실

- **celebration** [sèləbréiʃən] 셀러브레이션
  명 축하, 축하행사, 축전, 제전

- **central** [séntrəl] 센트럴
  형 중앙의, 중심(부)의, 중심적인

- **certainly** [sə́ːrtnli] 서-튼리
  부 확실히, 틀림없이, 〈대답〉 알았습니다

- **chairman** [tʃéərmən] 체어먼
  명 의장, 사회자, 위원장

- **champion** [tʃǽmpiən] 챔피언
  명 우승자, 선수권 보유자

⊙ **championship**	[tʃǽmpiənʃìp] 챔피언쉽	명 선수권, 우승, 패권
⊙ **channel**	[tʃǽnl] 채늘	명 수로(水路), 해협, 〈통신〉 채널
⊙ **charming**	[tʃáːrmiŋ] 차-밍	형 매력적인, 아름다운, 호감이 가는, 예쁜
⊙ **chat**	[tʃǽt] 챗	자 잡담하다 명 잡담, 한담
⊙ **cheat**	[tʃíːt] 치-트	타 속이다, 속여서 빼앗다 자 부정을 하다
⊙ **cheerful**	[tʃíərful] 치어풀	형 기분 좋은, 기운찬, 즐거운, 쾌활한
⊙ **chemist**	[kémist] 캐미스트	명 화학자, 〈영〉 약사, 약국
⊙ **chew**	[tʃúː] 추-	동 (음식물을) 씹다, (문제를) 곰곰이 생각하다
⊙ **chick**	[tʃík] 칙	명 병아리, 새의 새끼
⊙ **chiefly**	[tʃíːfli] 치-플리	부 주로, 대개, 거의
⊙ **childhood**	[tʃáildhùd] 차일드후드	명 유년 시절, 어릴 때

- **chimpanzee** [tʃìmpænzí:] 침팬지-
  명 〈동물〉 침팬지

- **Christian** [krístʃən] 크리스천
  형 〈종교〉 기독교(도)의 명 기독교도

- **citizen** [sítəzn] 시터즌
  명 시민, 국민, 공민, 주민

- **civilization** [sìvəlizéiʃən] 시벌리제이션
  명 문명, 문명사회

- **civilize** [sívəlàiz] 시벌라이즈
  타 문명화하다, 교화하다

- **civilized** [sívəlàizd] 시벌라이즈드
  형 개화된, 문명화한, 예의바른, 품의 있는

- **clap** [klǽp] 클랩
  타 치다, 탁치다 자 박수치다 명 박수

- **classify** [klǽsəfài] 클래서파이
  타 분류하다, 유별하다

- **classmate** [klǽsmèit] 클래스메이트
  명 동급생, 학급 친구

- **clearly** [klíərli] 클리어리
  부 확실히, 똑똑히, 분명히

- **cliff** [klíf] 클리프
  명 (해안의) 낭떠러지, 벼랑, 절벽

- **cling** [klíŋ] 클링
  자 착 달라붙다, 매달리다

- **clinic** [klínik] 클리닉
  명 진료소, 개인[전문] 병원, 클리닉

- **close** [klóus] 클로우스
  형 가까운, 빽빽한, 정밀한 부 밀접하여

- **closely** [klóusli] 클로우슬리
  부 꼭, 접근하여, 면밀히, 상세히, 빽빽하게

- **closet** [klázit] 클라짓
  명 벽장, 작은방

- **clothe** [klóuð] 클로우드
  타 옷을 입다, 덮다, 싸다, 입히다

- **clothing** [klóuðiŋ] 클로우딩
  명 의류, 의복

- **cloudy** [kláudi] 클라우디
  형 흐린, 구름이 낀

- **clue** [klú:] 클루-
  명 실마리, 단서

- **coach** [kóutʃ] 코우취
  명 네 바퀴 달린 마차, 역마차, (열차의) 객차

- **coeducation** [kòuedʒukéiʃən] 코우에쥬케이션
  명 남녀 공학

- **coffee break** [kɔ́:fi bréik] 코-피 브레이크
  명 〈미〉 차 마시는 시간, 휴식시간

- **collection** [kəlékʃən] 컬렉션
  명 수집, 수집물, 소장품

- **collector** [kəléktər] 컬렉터
  명 수집가, 채집자, 수금원

- **colony** [káləni] 칼러니
  명 식민지, 거류민, 거류지(구)

- **colored** [kʌ́lərd] 컬러드
  형 채색된, …색의, 유색(인종)의

- **colorful** [kʌ́lərfəl] 컬러펄
  형 다채로운, 화려한

- **comb** [kóum] 코움
  명 (머리를 빗는) 빗, (닭의) 볏 타 빗으로 빗다

- **combat** [kəmbǽt] 컴배트
  명 전투, 투쟁, 격투

- **combination** [kàmbənéiʃən] 캄버네이션
  명 결합(체), 짝맞춤, 단체, 연합

- **comedy** [kámədi] 카머디
  명 희극, 코미디

- **comic** [kámik] 카믹
  형 희극의, 만화의

◉ **coming**	[kʌ́miŋ] 커밍 형 오는, 다가오는, 다음의
◉ **commercial**	[kəmə́:rʃəl] 커머-셜 형 상업(상)의, 영리적인 명 광고[상업]방송
◉ **commonly**	[kámənli] 카먼리 부 일반적으로, 보통으로
◉ **communication**	[kəmjù:nəkéiʃən] 커뮤-너케이션 명 전달, 통신, 교통 수단, 통신 기관
◉ **communism**	[kámjunìzm] 카뮤니즘 명 공산주의
◉ **communist**	[kámjunist] 카뮤니스트 명 공산주의자 형 공산주의의
◉ **companion**	[kəmpǽnjən] 컴패니언 명 동료, 친구, 동반자
◉ **comparative**	[kəmpǽrətiv] 컴패러티브 형 비교의, 상대적인, 〈문법〉 비교급의
◉ **competition**	[kàmpətíʃən] 캄퍼티션 명 경쟁, 시합, 경기
◉ **completely**	[kəmplí:tli] 컴플리-틀리 부 완전히, 철저히, 온통
◉ **complicated**	[kámpləkèitid] 캄플러케이티드 형 복잡한, 복잡하게 얽힌

- **composition** [kàmpəzíʃən] 캄퍼지션
  명 작문, 작품, 구성, 조립

- **comprehend** [kàmprihénd] 캄프리헨드
  타 이해하다, 파악하다, 포함[함축]하다

- **comprehension** [kàmprihénʃən] 캄프리헨션
  명 이해, 이해력, 포함, 포괄성

- **compulsory** [kəmpʌ́lsəri] 컴펄서리
  형 강제적인, 의무적인

- **conceive** [kənsíːv] 컨시-브
  타 마음속에 품다, 상상하다

- **concentration** [kànsəntréiʃən] 칸선트레이션
  명 집중, 집중력, 집결

- **concerned** [kənsə́ːrnd] 컨선-드
  형 걱정(염려)스러운, 관계하고 있는

- **concerning** [kənsə́ːrniŋ] 컨서-닝
  전 …에 관하여

- **conductor** [kəndʌ́ktər] 컨덕터
  명 안내자, 가이드, (기차의) 차장, 지휘자

- **confess** [kənfés] 컨페스
  타 자백[인정]하다 자 고백[참회]하다

- **confusion** [kənfjúːʒən] 컨퓨-전
  명 혼란, 난잡한 상태, 당혹

- **congratulation** [kəngrætʃuléiʃən] 컨그래출레이션
  명 축하, 축사

- **conjunction** [kəndʒʎŋkʃən] 컨정션
  명 결합, 연결, 접속, 〈문법〉 접속사

- **connection** [kənékʃən] 커넥션
  명 관계, 유대, 연락, 연고, 관련, 연결, 결합

- **conquer** [káŋkər] 캉커
  타 정복하다, 이겨내다, 극복하다

- **conqueror** [káŋkərər] 캉커러
  명 정복자, (최종적인) 전승자

- **consideration** [kənsìdəréiʃən] 컨시더레이션
  명 잘 생각하기, 고려, 배려

- **constitute** [kánstət(j)ùːt] 칸스티튜-트
  타 구성하다, 제정하다, 임명[선정]하다

- **construction** [kənstrʎkʃən] 컨스트럭션
  명 건조, 건설, 건축물

- **consult** [kənsʎlt] 컨설트
  타 상담하다, 진찰받다, 찾아보다

- **content** [kəntént] 컨텐트
  형 만족하고 있는   타 만족시키다

- **continent** [kántənənt] 칸터넌트
  명 대륙, 유럽 대륙

⊙ **contrary**	[kántreri] 칸트레리 형 반대의, 역의 명 반대, 역
⊙ **contribution**	[kàntrəbjúːʃən] 칸트러뷰-션 명 기부, 공헌, 기고
⊙ **controversy**	[kántrəvə̀ːrsi] 칸트러버-시 명 논쟁, 논의, 언쟁
⊙ **conventional**	[kənvénʃ(ə)nəl] 컨벤셔널 형 인습적인, 틀에 박힌
⊙ **cooking**	[kúkiŋ] 쿠킹 명 요리, 요리법
⊙ **cooperate**	[kouápərèit] 코우아퍼레이트 자 협력하다, 협동하다, 서로 돕다
⊙ **cooperation**	[kouàpəréiʃən] 코우아퍼레이션 명 협력, 협동, 〈경제〉 협동조합
⊙ **corporation**	[kɔ̀ːrpəréiʃən] 코-퍼레이션 명 사단법인, 법인, 유한회사
⊙ **correctly**	[kəréktli] 커렉틀리 부 올바르게, 정확하게
⊙ **correspond**	[kɔ̀ːrəspánd] 코-러스판드 자 일치하다, 조화하다, 교신하다
⊙ **cosmos**	[kázməs] 카즈머스 명 우주, 질서, 〈식물〉 코스모스

⦿ **costume**	[kást(j)u:m] 카스튬- 몡 (특정한) 복장, 옷차림
⦿ **could**	[kúd] 쿠드 조 …할 수 있었다, …할 수 있을 텐데
⦿ **counselor**	[káuns(ə)lər] 카운설러 몡 상담자, 조언자, 카운슬러
⦿ **countless**	[káuntlis] 카운틀리스 형 셀 수 없는, 무수한
⦿ **courageous**	[kəréidʒəs] 커레이저스 형 용감한, 용기 있는
⦿ **courtesy**	[kə́:rtəsi] 커-터시 몡 예의 (바름), 정중함, 호의
⦿ **coward**	[káuərd] 카우어드 몡 겁쟁이, 비겁한 사람
⦿ **crane**	[kréin] 크레인 몡 기중기, 크레인, 〈조류〉 학
⦿ **crawl**	[krɔ́:l] 크롤- 자 기(어가)다, 서행하다, 우글거리다
⦿ **crayon**	[kréiɑn] 크레이안 몡 크레용, 크레용 그림
⦿ **cream**	[krí:m] 크림- 몡 크림, 크림 과자

- **creation** [kriéiʃən] 크리에이션
  명 창조물, 창작물

- **creative** [kriéitiv] 크리에이티브
  형 창조[독창]적인, 창조력이 있는

- **credible** [krédəbl] 크레더블
  형 신용할 수 있는, 확실한

- **creek** [kríːk] 크리-크
  명 시내, 개울

- **crew** [krúː] 크루-
  명 탑승원, 승무원

- **cricket** [kríkit] 크리킷
  명 〈곤충〉 귀뚜라미

- **critical** [krítikəl] 크리티컬
  형 비판적인, 위기의, 비평의

- **crocodile** [krákədàil] 크라커다일
  명 〈동물〉 악어, 크로코다일

- **crossing** [krɔ́ːsiŋ] 크로-싱
  명 횡단, (강의) 합류점, 교차점, 건널목

- **crossroad** [krɔ́ːsròud] 크로-스로우드
  명 십자로, 교차로, 네거리

- **crowded** [kráudid] 크라우디드
  형 혼잡한, 밀집한, 만원의

- **cucumber** [kjú:kʌmbər] 큐-컴버
  명 〈식물〉 오이

- **cultivate** [kʌ́ltəvèit] 컬터베이트
  타 경작하다, 재배하다, 연마하다

- **cultural** [kʌ́ltʃərəl] 컬처럴
  형 문화의, 문화적인, 교양의

- **cunning** [kʌ́niŋ] 커닝
  형 교활한, 간사한, 잔꾀가 많은

- **curiosity** [kjù(ə)riásəti] 큐(어)리아서티
  명 호기심, 진기한 물건

- **curl** [kə́:rl] 컬-
  타 자 (머리털을) 곱슬곱슬하게 하다, 꼬다

- **cycle** [sáikl] 사이클
  명 순환(기), 주기, 자전거(bicycle)

ENGLISH WORDS DICTIONARY

- **daily** [déili] 데일리
  형 매일의, 일상의 부 매일, 날마다

- **dangerously** [déindʒ(ə)rəsli] 데인저러슬리
  부 위험하게, 위태롭게

- **darkness** [dáːrknəs] 다-크너스
  명 어둠, 암흑, 무지

- **dash** [dǽʃ] 대시
  자 돌진하다, 충돌하다 타 내던지다 명 돌진, 충돌

- **dawn** [dɔ́ːn] 돈-
  명 새벽, 동틀녘 자 날이 새다, 밝아지다

- **daydream** [déidrìːm] 데이드림-
  명 공상, 백일몽

- **deadly** [dédli] 데들리
  형 치명적인 부 죽은 듯이, 몹시

- **dearly** [díərli] 디얼리
  부 깊이, 진정으로

- **decay** [dikéi] 디케이
  자 부패하다, (이가) 썩다, 쇠(퇴)하다 명 부식

- **deceive** [disíːv] 디시-브
  타 속이다, 기만하다

- **deck** [dék] 덱
  명 〈항해〉 갑판, (버스 등의) 바닥, 층

- **declaration** [dèkləréiʃən] 데클러레이션
  명 선언, 포고, 공표, 통고

- **decorate** [dékərèit] 데커레이트
  타 장식하다, 꾸미다, …에게 훈장을 주다

● decrease	[díːkriːs] 디-크리-스	명 감소, 축소, 감소량[액]
● deed	[díːd] 디-드	명 행동, 행위, 실행
● deeply	[díːpli] 디-플리	부 깊게, 깊이, 철저히, 심하게
● definition	[dèfəníʃən] 데퍼니션	명 정의, 말뜻, 선명도
● delegate	[déligèit] 델리게이트	명 (회의 따위에 파견된) 대표자, 사절
● delightful	[diláitfəl] 딜라이트펄	형 즐거운, 매우 기쁜, 귀염성 있는
● demonstration	[dèmənstréiʃən] 데먼스트레이션	명 증명, 실물 설명, 시위운동[데모]
● depart	[dipáːrt] 디파-트	자 출발하다, 떠나다, 벗어나다
● departure	[dipáːrtʃər] 디파-처	명 출발, 떠남
● deposit	[dipázit] 디파지트	타 예금하다, 맡기다 명 예금
● depressed	[diprést] 디프레스트	형 의기소침한, 우울한, 낙담한

◉ **descend**	[disénd] 디센드 타 자 …을 내려가다, (아래로) 경사지다
◉ **description**	[diskrípʃən] 디스크립션 명 묘사, 기술, 설명(서)
◉ **design**	[dizáin] 디자인 명 디자인, 설계, 구상 타 자 디자인[설계]하다
◉ **desirable**	[dizái(ə)rəbl] 디자이(어)러블 형 바람직한, 합당한
◉ **despair**	[dispéər] 디스페어 명 절망, 자포자기 자 절망[단념]하다
◉ **desperate**	[déspərət] 데스퍼럿 형 절망적인, 자포자기의
◉ **destruction**	[distrʌ́kʃən] 디스트럭션 명 파괴, 파기, 절멸, 멸망
◉ **determination**	[ditə̀ːrmənéiʃən] 디터-머네이션 명 결심, 결단력, 결정
◉ **development**	[divéləpmənt] 디벨럽먼트 명 발전, 발달, 발육, 개발
◉ **devil**	[dévəl] 데벌 명 악마, (악덕·투지의) 화신 타 괴롭히다
◉ **devise**	[diváiz] 디바이즈 타 고안하다, 생각해내다, 발명하다

● **diary**	[dái(ə)ri] 다이(어)리 명 일기, 일기장
● **dictation**	[diktéiʃən] 딕테이션 명 구술, 받아쓰기, 받아쓰기 시험
● **differ**	[dífər] 디퍼 자 다르다, 틀리다, 의견을 달리하다
● **digest**	[daidʒést] 다이제스트 타 (음식을) 소화하다, 의견을 달리하다
● **diligent**	[dílədʒənt] 딜러전트 형 근면한, 부지런한
● **dim**	[dím] 딤 형 어둑한, 희미한
● **dip**	[díp] 딥 타 담그다, (양초를) 만들다
● **diplomat**	[dípləmæt] 디플러매트 명 외교관, 외교가
● **direction**	[dirékʃən] 디렉션 명 방향, 지시, 지도, 감독, 관리, 사용법
● **directly**	[diréktli] 디렉틀리 부 똑바로, 직접적으로, 머지않아
● **director**	[diréktər] 디렉터 명 지도자, 관리자, 감독, 연출자

◉ **disagree**	[dìsəgríː] 디서그리-	재 일치하지 않다, 의견을 달리하다
◉ **disappointed**	[dìsəpɔ́intid] 디서포인티드	형 실망한, 낙담한
◉ **disappointment**	[dìsəpɔ́intmənt] 디서포인트먼트	명 실망, 기대에 어긋남
◉ **discharge**	[distʃɑ́ːrdʒ] 디스차-지	타 (총을) 발사하다, 해고하다, 짐을 내리다
◉ **discontinue**	[dìskəntínjuː] 디스컨티뉴-	타 자 그만두다, 끝나다, 중지[중단]하다
◉ **discourage**	[diskə́ːridʒ] 디스커-리지	타 용기를 잃게 하다, 낙담시키다
◉ **discovery**	[diskʌ́v(ə)ri] 디스커버리	명 발견, 발견물
◉ **disguise**	[disgáiz] 디스가이즈	타 변장[위장]시키다, 숨기다 명 변장, 가장
◉ **disgusting**	[disgʌ́stiŋ] 디스거스팅	형 메스꺼운, 역겨운, 아니꼬운
◉ **dishonest**	[disánist] 디사니스트	형 부정직한, 부정한
◉ **dislike**	[disláik] 디스라이크	타 싫어하다 명 싫어함, 혐오

⊙ disobey	[dìsəbéi] 디서베이 타 (명령을) 따르지 않다, 복종하지 않다
⊙ disorder	[disɔ́ːrdər] 디소-더 명 무질서, 혼란
⊙ dispute	[dispjúːt] 디스퓨-트 자 논쟁하다 타 논[토의]하다 명 논쟁
⊙ distant	[díst(ə)nt] 디스턴트 형 (시간·거리·관계 등이) 먼, 떨어진
⊙ distinction	[distíŋ(k)ʃən] 디스팅(크)션 명 구별, 차별, 특징
⊙ distinguished	[distíŋgwiʃt] 디스팅귀쉿 형 저명한, 두드러진, 현저한, 뛰어난
⊙ distress	[distrés] 디스트레스 명 고통, 비탄 타 괴롭히다, 고민하게 하다
⊙ distribution	[dìstrəbjúːʃən] 디스트러뷰-션 명 분배, 배급, 분포
⊙ dive	[dáiv] 다이브 자 뛰어들다, 뛰어내리다
⊙ doing	[dúːiŋ] 두-잉 명 하기, 행위, 행동
⊙ done	[dʌ́n] 던 형 끝난, 마친, (음식이) 익은

- **donkey** [dáŋki] 덩키
  명 〈동물〉 당나귀, 〈구어〉 바보, 얼뜨기

- **dormitory** [dɔ́ːrmətɔ̀ːri] 도-머토-리
  명 기숙사, 합숙소

- **dot** [dát] 다트
  명 점, 점처럼 작은 것 타 점을 찍다

- **doubtful** [dáutful] 다우트풀
  형 의심을 품고 있는, 의심스러운, 확실치 않은

- **downstairs** [dáunstéərz] 다운스테어즈
  부 아래층으로[에], 1층으로 명 아래층, 1층

- **downward(s)** [dáunwərd(z)] 다운워드(즈)
  형 부 아래쪽의[으로], 아래로 향하여

- **dozen** [dʌ́zn] 더즌
  명 다스, 타(打), 12개 형 다스의, 12의

- **drag** [drǽg] 드래그
  타 끌다, 질질 끌다, 끌고 가다

- **drama** [drάːmə] 드라-머
  명 극, 희곡, 연극

- **drawing** [drɔ́ːiŋ] 드로-잉
  명 그림, 스케치, 제도

- **dreadful** [drédfəl] 드레드펄
  형 (대단히) 무서운, 아주 지독한

● **drill**	[dríl] 드릴 타 훈련하다, 구멍을 뚫다 명 훈련, 송곳
● **driver**	[dráivər] 드라이버 명 운전자, 운전기사
● **driving**	[dráiviŋ] 드라이빙 명 운전 하기, 조종
● **drown**	[dráun] 드라운 타 자 물에 빠지게 하다, 물에 빠져 죽다
● **drunken**	[dráŋkən] 드렁컨 형 술취한, 만취한
● **dumb**	[dʌ́m] 덤 형 말을 못하는, 벙어리의
● **dusty**	[dʌ́sti] 더스티 형 먼지투성이의, 먼지가 많은
● **dwarf**	[dwɔ́ːrf] 드워-프 명 난장이 형 자그마한, 소형의
● **dying**	[dáiiŋ] 다이잉 형 죽어가는, 임종의 명 사망, 죽음

ENGLISH WORDS DICTIONARY

- **earlier**
 [ə́:rliər] 어-리어
 <u>부</u> 이전에, 보다 빨리 <u>형</u> 보다 빠른

- **earnest**
 [ə́:rnist] 어-니스트
 <u>형</u> 열심인, 진지한

- **earnestly**
 [ə́:rnistli] 어-니스틀리
 <u>부</u> 진지하게, 진정으로

- **earthquake**
 [ə́:rθkwèik] 어-스퀘이크
 <u>명</u> 지진, (사회·정치적) 대변동

- **easily**
 [í:zəli] 이-절리
 <u>부</u> 쉽게, 수월하게

- **echo**
 [ékou] 에코우
 <u>명</u> 메아리, 산울림 <u>자</u> 반향하다

- **economical**
 [è:kənámikəl] 에커나미컬
 <u>형</u> 경제적인, 절약하는

- **edition**
 [idíʃən] 이디션
 <u>명</u> (책, 신문 등의) 판(版)

- **editor**
 [édətər] 에더터
 <u>명</u> 편집자, 감수자, 주필

- **education** [èdʒukéiʃən] 에쥬케이션
  명 교육, 훈련

- **educational** [èdʒukéiʃ(ə)nəl] 에쥬케이셔널
  형 교육상의, 교육적인

- **elbow** [élbou] 엘보우
  명 팔꿈치

- **elder** [éldər] 엘더
  형 손위의, 연상의 명 연장자

- **eldest** [éldist] 엘디스트
  형 가장 나이 많은, 제일 손위의

- **election** [ilékʃən] 일렉션
  명 선거, 선정, 선임, 당선

- **electrical** [iléktrikəl] 일렉트리컬
  형 전기의, 전기에 관한

- **electricity** [ilèktrísəti] 일렉트리서티
  명 전기, 전류, (공급) 전력

- **elegant** [éligənt] 엘리건트
  형 품위 있는, 우아한

- **elementary school** [èləméntəri skùːl] 엘러멘터리 스쿨-
  명 〈미〉 초등학교

- **elementary** [èləméntəri] 엘러멘터리
  형 초보의, 기본이 되는, 기초의

◉ embarrass	[imbǽrəs] 임배러스	타 당황하게 하다, 난처하게 하다
◉ emigrate	[éməgrèit] 에머그레이트	자 타 이주하다, 이민가다, 이민시키다
◉ emotional	[imóuʃ(ə)nəl] 이모우셔널	형 감정의, 감정적인, 정에 약한
◉ emperor	[émp(ə)rər] 엠퍼러	명 황제, 제왕
◉ employer	[implɔ́iər] 임플로이어	명 고용주, 사용자
◉ employment	[implɔ́imənt] 임플로이먼트	명 고용, 일, 직업
◉ endeavor	[indévər] 인데버	명 노력, 시도 자 노력하다
◉ ending	[éndiŋ] 엔딩	명 종결, 종료, 결말, 최후
◉ endless	[éndlis] 엔들리스	형 끝이 없는, 무한의
◉ endure	[ind(j)úər] 인쥬어	타 자 참다, 견디다, 지속하다
◉ engage	[ingéidʒ] 인게이지	타 종사시키다, 약속하다 자 종사하다

● **engaged**	[ingéidʒd] 인게이지드	
	혱 종사하는, 약혼한, 약혼 중인	

- **engaged** [ingéidʒd] 인게이지드
  혱 종사하는, 약혼한, 약혼 중인

- **engagement** [ingéidʒmənt] 인게이지먼트
  명 약혼, 약속

- **enjoyable** [indʒɔ́iəbl] 인조이어블
  혱 재미있는, 즐거운, 유쾌한

- **enjoyment** [indʒɔ́imənt] 인조이먼트
  명 즐거움, 기쁨

- **enterprise** [éntərpràiz] 엔터프라이즈
  명 기업, 회사, 사업, 기획

- **entertainment** [èntərtéinmənt] 엔터테인먼트
  명 환대, 오락, 연예, 접대

- **enthusiasm** [inθ(j)ú:ziæzm] 인수-지애즘
  명 열광, 열중

- **enthusiastic** [inθ(j)ù:ziǽstik] 인슈-지애스틱
  혱 열렬한, 열광적인, 열심인

- **entirely** [intáiərli] 인타이어리
  부 아주, 완전히, 전혀, 전적으로

- **entry** [éntri] 엔트리
  명 들어가기, 입장, 참가

- **envy** [énvi] 엔비
  명 질투, 부러움, 샘, 선망 타 부러워하다

◉ **equally**	[íːkwəli] 이-퀄리	
	튀 똑같이, 평등하게, 균등[균일]하게	
◉ **equator**	[ikwéitər] 이퀘이터	
	명 (지구의) 적도	
◉ **equipment**	[ikwípmənt] 이퀴프먼트	
	명 설비, 비품, 장비	
◉ **erase**	[iréis] 이레이스	
	타 지우다, 문질러 지우다, 지워버리다	
◉ **erect**	[irékt] 이렉트	
	형 똑바로 선, 직립한 타 똑바로 세우다	
◉ **errand**	[érənd] 에런드	
	명 심부름, 용건	
◉ **especially**	[ispéʃ(ə)li] 이스페셜리	
	튀 특(별)히, 각별히, 유달리	
◉ **essence**	[ésns] 에슨스	
	명 (사물의) 본질, 정수정, 엑스	
◉ **establishment**	[istǽbliʃmənt] 이스태블리시먼트	
	명 (학교·기업 등의) 설립, 확립	
◉ **etc.**	[etsétərə] 엣세터러	
	약 …따위, 기타, …등등 (et cetera)	
◉ **eternal**	[itə́ːrnl] 이터-늘	
	형 영원한, 영구한, 불변의	

- **etiquette** [étikit] 에티킷
  명 예의 범절, 에티켓

- **European** [jùərəpíːən] 유(어)러피-언
  형 유럽의, 유럽 사람의 명 유럽 사람

- **eve** [íːv] 이-브
  명 전날 밤, 전날

- **everyday** [évridèi] 에브리데이
  형 매일의, 일상적인

- **exactly** [igzǽk(t)li] 이그잭(틀)리
  부 그렇소, 정확하게, 꼭, 바로

- **examination** [igzæmənéiʃən] 이그재머네이션
  명 시험, 검사, 조사 (단축형 exam)

- **excel** [iksél] 익셀
  자 타 능가하다, …보다 낫다, 탁월하다

- **exception** [iksépʃən] 익셉션
  명 예외, 이례, 제외, 〈법〉이의 신청

- **excited** [iksáitid] 익사이티드
  형 흥분한, 자극받은, 활발한

- **excitement** [iksáitmənt] 익사이트먼트
  명 흥분 (상태), 자극, 소란

- **exclaim** [ikskléim] 익스클레임
  자 타 (큰 소리로) 외치다

● **exclamation**	[èkskləméiʃən] 엑스클러메이션 몡 감탄, 외침, 〈문법〉 감탄사
● **exhaust**	[igzɔ́ːst] 이그조-스트 타 다 써버리다, 고갈시키다, 피폐시키다
● **exhibition**	[èksəbíʃən] 엑서비션 몡 전시, 진열, 전시회
● **exit**	[éɡzit] 에그짓 몡 출구, (고속도로의) 유출 램프
● **expectation**	[èkspektéiʃən] 엑스펙테이션 몡 예상, 기대, 〈통계〉 기대값
● **explanation**	[èksplənéiʃən] 엑스플러네이션 몡 설명, 해석, 해명, 변명
● **explorer**	[iksplɔ́ːrər] 익스플로-러 몡 탐험가
● **explosion**	[iksplóuʒən] 익스플로우전 몡 폭발, 폭발음, 급격한 증가
● **extinguish**	[ikstíŋgwiʃ] 익스팅귀쉬 타 (불·빛 따위를) 끄다
● **extraordinary**	[ikstrɔ́ːrdənèri] 익스트로-더네리 혱 이상한, 비상한, 임시의, 특명의
● **extremely**	[ikstríːmli] 익스트림-리 부 극단적으로, 극도로, 대단히, 과격하게

- **eyebrow**   [áibràu] 아이브라우
  명 눈썹

- **eyelid**   [áilìd] 아이리드
  명 눈꺼풀

- **eyesight**   [áisàit] 아이사이트
  명 시력, 시각, 시야

ENGLISH WORDS DICTIONARY

- **fable**   [féibl] 페이블
  명 우화, 꾸며낸 이야기

- **faculty**   [fǽkəlti] 패컬티
  명 (타고난) 재능, 능력, (대학의) 학부, 교직원

- **fade**   [féid] 페이드
  자 (빛깔이) 바래다, (꽃이) 시들다

- **fairly**   [féərli] 페어리
  부 공평하게, 상당히, 꽤, 어지간히

- **fairy**   [fé(ə)ri] 페어리
  명 요정 형 요정의, 요정 같은, 가공의

- **fairy tale**   [fé(ə)ri tèil] 페어리 테일
  명 옛날 이야기, 동화

- **faithful** [féiθfəl] 페이스펄
  - 형 충실한, 성실한, 사실대로의

- **faithfully** [féiθfəli] 페이스펄리
  - 부 충실[성실]하게

- **fallen** [fɔ́:lən] 폴-런
  - 형 떨어진, 타락한, 쓰러진

- **fame** [féim] 페임
  - 명 명성, 명예, 명망, 평판, 세평

- **fantastic** [fæntǽstik] 팬태스틱
  - 형 공상적인, 환상적인, 별난, 멋진

- **faraway** [fá:rəwèi] 파-러웨이
  - 형 먼, 먼 곳의, 멍한

- **farewell** [fèərwél] 페어웰
  - 명 작별, 송별 감 안녕!, 잘 가시오!

- **farmer** [fá:rmər] 파-머
  - 명 농부, 농장주인

- **farmyard** [fá:rmjà:rd] 팜-야드
  - 명 농장 구내, 농가의 마당

- **farther** [fá:rðər] 파-더
  - 형 더욱 먼, 더 저쪽의 부 더 멀리, 더욱 저편에

- **farthest** [fá:rðist] 파-디스트
  - 형 가장 먼 부 가장 멀리

⦿ **fascinate**	[fǽsənèit] 패서네이트 타 마음을 홀리다, 매혹하다
⦿ **fashion**	[fǽʃən] 패션 명 유행, 하는 식, 방법, 양식, 풍
⦿ **fashionable**	[fǽʃ(ə)nəbl] 패셔너블 형 유행의, 유행하는
⦿ **fast food**	[fǽst fúːd] 패스트 푸-드 명 〈미〉 즉석[간이] 음식
⦿ **fatal**	[féitl] 페이틀 형 치명적인, 중대한, 운명의, 결정[숙명]적인
⦿ **fate**	[féit] 페이트 명 운명, 숙명, 죽음, 파멸
⦿ **favorable**	[féiv(ə)rəbl] 페이버러블 형 호의를 보이는, 찬성하는 (BE favourable)
⦿ **fearful**	[fíərfəl] 피어펄 형 무서운, 염려하는
⦿ **feast**	[fíːst] 피-스트 명 축하연, 잔치, 축제, 연회
⦿ **February**	[fébruèri] 페브루에리 명 2월
⦿ **feeble**	[fíːbl] 피-블 형 (몸이) 약한, 허약한, (빛이) 희미한

● feeler	[fíːlər] 피-일러 명 느끼는 사람, 〈동물〉 촉각, 촉수
● feeling	[fíːliŋ] 필-링 명 촉감, 감각, 감정, 기분
● fiction	[fíkʃən] 픽션 명 소설, 허구, 상상, 가설
● fighting	[fáitiŋ] 파이팅 명 전투, 싸움 형 싸우는, 전투의, 투지 있는
● file	[fáil] 파일 명 서류철, 파일 타 철하다, 정리하다
● finally	[fáinəli] 파이널리 부 최후로, 마침내, 최종적으로
● financial	[finǽnʃəl] 파이낸셜 형 재정(상)의, 재무의, 금융(상)의
● financing	[finǽnsiŋ] 파이낸싱 명 자금 조달, 융자, 조달 자금
● fire engine	[fáiər èndʒin] 파이어 엔진 명 소방차, 소방 펌프
● fireman	[fáiərmən] 파이어먼 명 소방관, 소방수, 소방 대원
● fireworks	[fáiərwəːrks] 파이어워-크스 명 〈복수로〉 불꽃

● firmly	[fə́ːrmli] 펌-리 부 단단하게, 굳게
● first	[fə́ːrst] 퍼-스트 형 첫 번째[최초]의 부 첫 번째[최초]로
● first name	[fə́ːrst nèim] 퍼-스트 네임 명 〈성(姓)과 대비한〉 이름
● fist	[físt] 피스트 명 주먹 타 주먹으로 치다[때리다]
● flamingo	[fləmíŋgou] 플러밍고우 명 〈동물〉 홍학
● flock	[flák] 플락 명 (양·토끼·새 등의) 떼, 무리, 군중
● fluent	[flúːənt] 플루-언트 형 유창한, (말이) 물 흐르듯하는
● fluently	[flúːəntli] 플루-언틀리 부 유창하게, 거침없이
● fog	[fɔ́ːg] 포-그 명 안개, 농무, 자욱한 연기
● foggy	[fɔ́ːgi] 포-기 형 안개 낀, 안개가 자욱한, 희미한, 흐릿한
● folk	[fóuk] 포우크 명 사람들, 여러분 형 민간[민중]의

- **following** [fálouiŋ] 팔로우잉

혱 다음의, 그 뒤에 오는

- **footstep** [fútstèp] 풋스텝

몡 걸음걸이, 발소리, 발자국

- **forbid** [fərbíd] 퍼비드

탸 금(지)하다, 허락[용납]하지 않다

- **forecast** [fɔ́ːrkæ̀st] 포-캐스트

몡 예상, 예보 탸 예상[예측]하다

- **forefinger** [fɔ́ːrfìŋɡər] 포-핑거

몡 집게손가락

- **forehead** [fɔ́ːrid] 포-리드

몡 이마, (물건의) 앞부분

- **foreigner** [fɔ́ːrinər] 포-리너

몡 외국 사람, 외국인

- **foretell** [fɔːrtél] 포-텔

탸 예언하다, 예고[예시]하다

- **forever** [fərévər] 퍼레버

븜 영원[영구]히, 언제나

- **formerly** [fɔ́ːrmərli] 포-머리

븜 이전에, 옛날에

- **fortunately** [fɔ́ːrtʃ(u)nətli] 포-추너틀리

븜 다행히(도), 운 좋게(도)

● **foundation**	[faundéiʃən] 파운데이션	
	명 기초, 토대, 설립, 근거	

● **foundation** [faundéiʃən] 파운데이션
명 기초, 토대, 설립, 근거

● **frankly** [frǽŋkli] 프랭클리
부 솔직히, 숨김없이

● **freely** [frí:li] 프릴-리
부 자유로이, 마음대로, 너그럽게

● **frequently** [frí:kwəntli] 프리-퀀틀리
부 자주, 빈번히

● **freshman** [fréʃmən] 프레쉬먼
명 신입생, 1학년생

● **friction** [fríkʃən] 프릭션
명 마찰, 알력

● **Friday** [fráidèi] 프라이데이
명 금요일

● **friendly** [fréndli] 프렌들리
형 친한, 친절한, 붙임성 있는, 우호적인

● **frontier** [frʌntíər] 프런티어
명 국경, 국경 지방

● **frost** [fró:st] 프로-스트
명 서리, 서릿발

● **frown** [fráun] 프라운
자 눈살을 찌푸리다 명 찌푸린 얼굴[표정]

- **fully**
  [fúli] 풀리
  ⦁ 충분히, 가득히, 꼬박

- **further**
  [fə́:rðər] 퍼-더
  ⦁ 그 위에, 게다가, 더욱이 형 그 이상의

- **furthest**
  [fə́:rðist] 퍼-디스트
  ⦁ 가장 멀리 형 가장 먼

- **game**
  [géim] 게임
  명 놀이, 경기, 게임, 시합 자 내기하다

- **gaze**
  [géiz] 게이즈
  자 응시하다, 똑바로 바라보다

- **generally**
  [dʒén(ə)rəli] 제너럴리
  ⦁ 일반적으로, 대개, 대체로

- **genius**
  [dʒí:njəs] 지-니어스
  명 천재, 비범한 재능, 소질

- **gently**
  [dʒéntli] 젠틀리
  ⦁ 상냥하게, 조용히

- **genuine**
  [dʒénjuin] 제뉴인
  형 진짜의, 진품의, 성실한, 순수한

◉ **geography**	[dʒiágrəfi] 지아그러피	
	몡 지리, 지리학	
◉ **gerund**	[dʒérənd] 제런드	
	몡 〈문법〉 동명사	
◉ **gesture**	[dʒéstʃər] 제스처	
	몡 몸짓, 손짓, 동작, 제스처	
◉ **glance**	[glǽns] 글랜스	
	자 힐끗 보다 몡 힐끗 봄, 일견	
◉ **glide**	[gláid] 글라이드	
	자 미끄러지다, 공중을 활주하다	
◉ **glory**	[glɔ́ːri] 글로-리	
	몡 영광, 명예, 영화, 장관	
◉ **goodness**	[gúdnis] 굿니스	
	몡 선량, 착함, 덕행, 친절, 우수, 양호	
◉ **goodwill**	[gúdwil] 굿윌	
	몡 친절, 호의, 후의, 친선	
◉ **gossip**	[gásəp] 가섭	
	몡 잡담, 추문, 험담, 남의 뒷말	
◉ **government**	[gʌ́vər(n)mənt] 거번먼트	
	몡 정치, 통치, 지배, 정부, 내각	
◉ **governor**	[gʌ́v(ər)nər] 거버너	
	몡 주지사, 총독, 장관, 총재	

● **graceful**	[gréisfəl] 그레이스펄 형 우아한, 품위 있는
● **gradually**	[grǽdʒuəli] 그래주얼리 부 점차적으로, 서서히
● **graduate**	[grǽdʒuət] 그래주엇 명 졸업생 자 졸업하다 타 졸업시키다
● **grasp**	[grǽsp] 그래스프 타 붙잡다, 이해하다 자 붙잡으려고 하다
● **greatly**	[gréitli] 그레이틀리 부 크게, 대단히, 위대하게
● **greedy**	[gríːdi] 그리-디 형 탐욕스러운, 게걸스러운
● **greet**	[gríːt] 그리-트 타 인사하다, 맞이하다, 영접하다
● **greeting**	[gríːtiŋ] 그리-팅 명 인사, 인사말, 인사장, 환영
● **grieve**	[gríːv] 그리-브 타 자 (깊이) 슬퍼하게 하다[슬퍼하다]
● **grip**	[gríp] 그립 타 단단히 붙잡다 명 꽉 쥐기, 손잡이
● **grocer**	[gróusər] 그로우서 명 식료품 상인, 식료 잡화상

- **grumble** [grʌ́mbl] 그럼블
  자 투덜거리다, 불평하다 명 불평, 투덜거림

- **guilt** [gílt] 길트
  명 유죄, 죄가 있음

- **guy** [gái] 가이
  명 남자, 사람, 녀석, 놈

- **gym/gymnasium** [dʒím]/[dʒimnéiziəm] 짐/짐네이지엄
  명 체육관, (학과의) 체육

- **had** [hǽd] 해드
  조 …하고 있었다, 가졌다

- **halfway** [hǽfwèi] 해-프웨이
  형 중도의, 중간의 부 중도에서, 불충분하게

- **handful** [hǽndfùl] 핸드풀
  명 한줌, 소량, 소수

- **handwriting** [hǽndràitiŋ] 핸드라이팅
  명 (손으로) 쓴 것, 필적

- **handy** [hǽndi] 핸디
  형 다루기 쉬운, 편리한, 솜씨 좋은

● **happening**	[hǽpniŋ] 해프닝 명 (일어난) 일, 사건
● **happily**	[hǽpili] 해필리 부 행복하게, 즐겁게, 운 좋게
● **happiness**	[hǽpinəs] 해피너스 명 행복, 행운
● **harmony**	[háːrməni] 하-머니 명 조화, 일치, 화합, 화음
● **harsh**	[háːrʃ] 하-시 형 거친, 가혹한, 귀에 거슬리는
● **harvest**	[háːrvist] 하-비스트 명 수확, 수확기, 수확물 타 거두어들이다
● **haste**	[héist] 헤이스트 명 빠름, 성급함, 조급함, 서두름
● **hasten**	[héisn] 헤이슨 타 재촉하다 자 서두르다
● **headline**	[hédlàin] 헤드라인 명 (신문 기사의) 큰 표제
● **headquarters**	[hédkwɔ́ːrtərz] 헤드쿼-터즈 명 본부, (군대) 사령부, 본사
● **heap**	[híːp] 히-프 명 (쌓아올린) 더미, 다수, 다량

● **hearing**	[hí(ə)riŋ] 히(어)링 명 청각, 청력, 듣기, 청취(력)
● **heavily**	[hévili] 헤빌리 부 무겁게, 힘겹게, 몹시, 짙게
● **heel**	[hí:l] 힐- 명 (발) 뒤꿈치, 뒤축
● **helpful**	[hélpful] 헬프풀 형 도움이 되는, 유용한
● **helpless**	[hélpləs] 헬플러스 형 무력한, 도움이 없는
● **hero**	[hí:rou] 히-로우 명 영웅, 용사, (소설·극 등의) 주인공
● **hidden**	[hídn] 히든 형 감추어진, 숨겨진, 비밀의
● **higher**	[háiər] 하이어 형 고등한, 보다 높은 부 보다 높게
● **high school**	[hái skù:l] 하이 스쿨- 명 〈미〉 하이스쿨, 고등학교
● **hike**	[háik] 하이크 자 도보 여행[하이킹]하다 명 도보 여행
● **hint**	[hínt] 힌트 명 힌트, 암시

● **historic**	[histɔ́:rik] 히스**토**-릭 형 역사에 남을 만한, 역사에 기록될 만한
● **historical**	[histɔ́:rikəl] 히스**토**-리컬 형 역사(상)의, 역사적인
● **homeroom**	[hóumrù:m] 호움룸- 명 〈교육〉 홈룸, 홈룸 시간
● **hometown**	[hóumtàun] 호움타운 명 고향의 도시, 살아서 정든 도시
● **honesty**	[ánisti] 아니스티 명 정직, 성실, 공정, 공평
● **honey**	[hʌ́ni] 허니 명 벌꿀, 꿀, 귀여운 사람, 〈호칭〉 여보
● **honorable**	[án(ə)rəbl] 아너러블 형 명예로운, 존경할 만한, 훌륭한
● **hop**	[háp] 합 자 뛰다, 깡충 뛰다 명 한 발로 뛰기
● **hopeful**	[hóupful] 호우프풀 형 희망이 있는, 전도 유망한
● **hopeless**	[hóupləs] 호우플러스 형 희망 없는, 가망 없는, 절망적인
● **horrible**	[hɔ́:rəbl] 호-러블 형 무서운, 끔찍한

⊙ **hostile**	[hástl] 하스틀	
	형 적의, 적국의, 적의 있는, 적대하는	

⊙ **hostility**	[hɑstíləti] 하스틸러티
	명 적의, 적개심, 적대행위

⊙ **housewife**	[háuswàif] 하우스와이프
	명 (전업) 주부

⊙ **housework**	[háuswə̀ːrk] 하우스워-크
	명 집안일, 가사

⊙ **humanity**	[hjuːmǽnəti] 휴-매너티
	명 인간성, 인류, 인간

⊙ **humble**	[hʌ́mbl] 험블
	형 겸손한, 비천한, 보잘것없는

⊙ **humor**	[(h)júːmər] 휴-머 / 유-머
	명 유머, 익살, 기분, 기질

⊙ **humorous**	[(h)júːmərəs] 휴-머러스 / 유-머러스
	형 익살맞은, 유머러스한

⊙ **hunger**	[hʌ́ŋgər] 헝거
	명 공복, 배고픔

⊙ **hunting**	[hʌ́ntiŋ] 헌팅
	명 사냥, 수렵 형 사냥의, 수렵용의

⊙ **hurray**	[huréi] 후레이
	감 만세 (=hurrah)

- **hydrogen** [háidrədʒən] 하이드러전
  명 〈화학〉 수소 (기호 H)

- **hymn** [hím] 힘
  명 찬송가 자 찬송가를 부르다

- **icy** [áisi] 아이시
  형 얼음의, 얼음 같은, 쌀쌀한

- **identification** [aidèntəfikéiʃən] 아이덴터피케이션
  명 동일, 신분 증명

- **idiom** [ídiəm] 이디엄
  명 숙어, 관용구

- **idle** [áidl] 아이들
  형 게으른, 한가한, 쓸데없는 타 빈둥거리고 있다

- **ignorant** [ígnərənt] 이그너런트
  형 무식한, 무지한

- **illustration** [ìləstréiʃən] 일러스트레이션
  명 (책의) 삽화, 도해

- **imagination** [imædʒənéiʃən] 이매저네이션
  명 상상(력), 상상의 산물

● **imitate**	[ímətèit] 이머테이트	
	타 흉내내다, 모방하다, 모조하다	
● **immediately**	[imí:diətli] 이미-디어틀리	
	부 곧, 즉시, 직접적으로	
● **impatient**	[impéiʃənt] 임페이션트	
	형 성급한, 참을성 없는, 몹시 …하고 싶어하는	
● **imperative**	[impérətiv] 임페러티브	
	형 명령적인, 〈문법〉 명령법의	
● **impolite**	[ìmpəláit] 임펄라이트	
	형 버릇 없는, 무례한	
● **impress**	[imprés] 임프레스	
	타 감명을 주다, 인상을 주다	
● **impressive**	[imprésiv] 임프레시브	
	형 인상에 남는, 감동적인	
● **improvement**	[imprú:vmənt] 임프루-브먼트	
	명 개량, 개선, 향상, 진보	
● **impulse**	[ímpʌls] 임펄스	
	명 (마음의) 충동, 충격, 추진(력)	
● **incline**	[inkláin] 인클라인	
	타 …하는 경향이 있다 자 기울다	
● **including**	[inklú:diŋ] 인클루-딩	
	전 …을 포함하여, …을 넣어서	

- **inconvenient** [ìnkənvíːnjənt] 인컨비-니언트
  형 불편한, 부자유스러운

- **indirect** [ìndirékt] 인디렉트
  형 간접의, 우회적인, 에두른

- **indoor** [índɔːr] 인도-
  형 실내의, 옥내의

- **industrial** [indʌ́striəl] 인더스트리얼
  형 공업의, 산업의

- **industrious** [indʌ́striəs] 인더스트리어스
  형 근면한, 부지런한

- **inferior** [infí(ə)riər] 인피(어)리어
  형 하급의, 열등한 명 하급자

- **infinitive** [infínətiv] 인피너티브
  명 〈문법〉 부정사

- **information** [ìnfərméiʃən] 인퍼메이션
  명 정보, 지식, 안내소, 안내원

- **inhabitant** [inhǽbitənt] 인해비턴트
  명 주민, 거주자

- **inherit** [inhérit] 인헤리트
  타 자 상속하다, 상속을 받다

- **injure** [índʒər] 인저
  타 상처를 입히다, (감정 등을) 해치다

◉ **inn**	[ín] 인 명 여인숙, 여관
◉ **innocent**	[ínəsənt] 이너선트 형 결백한, 순진한, 때 묻지 않은
◉ **inquire**	[inkwáiər] 인콰이어 타 묻다, 문의하다, 조사하다
◉ **inspect**	[inspékt] 인스펙트 타 검사하다, 시찰하다
◉ **install**	[instɔ́ːl] 인스톨- 타 장치하다, 취임하다, 임명하다
◉ **instinct**	[ínstiŋ(k)t] 인스팅트 명 본능, 타고난 재능, 직관, 직감
◉ **instruction**	[instrʌ́kʃən] 인스트럭션 명 가르침, 교훈, 훈령, 지시
◉ **intellectual**	[ìntəléktʃuəl] 인털렉추얼 형 지성의, 지적인 명 지식인
◉ **intelligent**	[intélədʒənt] 인텔러전트 형 지능이 높은, 머리가 좋은, 이지적인, 총명한
◉ **intense**	[inténs] 인텐스 형 강렬한, 격렬한, 맹렬한
◉ **intensive**	[inténsiv] 인텐시브 형 집중적인, 철저한, 강한, 격렬한

● **intention**	[inténʃən] 인텐션	
	명 의향, 의지, 의도	
● **interested**	[íntəristid] 인터리스티드	
	형 흥미를 가지고 있는, 관심이 있는	
● **interfere**	[intərfíər] 인터피어	
	자 방해하다, 간섭하다, 참견하다, 해치다	
● **intonation**	[intənéiʃən] 인터네이션	
	명 인토네이션, (소리의) 억양	
● **introduction**	[ìntrədʌ́kʃən] 인트러덕션	
	명 소개, 서론, 머리말, 입문(서)	
● **invade**	[invéid] 인베이드	
	타 쳐들어가다, 침략하다	
● **invention**	[invénʃən] 인벤션	
	명 발명, 발명품	
● **investigation**	[invèstəgéiʃən] 인베스터게이션	
	명 조사, 연구, 연구 논문, 조사 보고	
● **invitation**	[ìnvətéiʃən] 인버테이션	
	명 초대, 안내, 초대장	
● **irregular**	[irégjulər] 이레귤러	
	형 불규칙한, 부정기의	
● **irritate**	[írətèit] 이러테이트	
	타 화나게 하다, 초조하게 하다	

- **Islam** [islá:m] 이슬람-
  명 〈종교〉 이슬람교(도), 이슬람 문화

- **isolate** [áisəlèit] 아이설레이트
  타 고립시키다, 격리[분리]시키다

- **isolation** [áisəlèiʃən] 아이설레이션
  명 고립(감), 격리, 분리

- **ivory** [áiv(ə)ri] 아이버리
  명 상아, 상아색 형 상아로 된[만든]

- **ivy** [áivi] 아이비
  명 담쟁이덩굴 형 학원의, 학구적인

- **jail** [dʒéil] 제일
  명 교도소, 감옥, 구치소

- **jam** [dʒǽm] 잼
  타 쑤셔 넣다, 막다 명 꽉 들어참, 혼잡

- **January** [dʒǽnjuèri] 재뉴에리
  명 1월

- **jaw** [dʒɔ́:] 죠-
  명 턱, (동물의) 입, 〈구어〉 수다

● **jealous**	[dʒéləs] 젤러스 형 샘[질투] 많은, 시샘하는
● **jet**	[dʒét] 젯 명 분출, 분사, 제트 비행기
● **jog**	[dʒág] 자그 자 조깅하다 타 살짝 밀다
● **jokebook**	[dʒóukbùk] 조우크북 명 재담집, 소화집(笑話集)
● **journalist**	[dʒə́:rnəlist] 저-널리스트 명 저널리스트, 보도 기자
● **joyful**	[dʒɔ́ifəl] 조이펄 형 기쁜, 기쁨에 찬, 반가운, 즐거운
● **joyous**	[dʒɔ́iəs] 조이어스 형 기쁨에 넘친, 즐거운
● **judgment**	[dʒʌ́dʒmənt] 저지먼트 명 재판, 판결, 판단, 판단력
● **July**	[dʒulái] 줄라이 명 7월
● **jumper**	[dʒʌ́mpər] 점퍼 명 점퍼, 작업용 상의, 뛰는 사람, 도약 선수
● **June**	[dʒú:n] 준- 명 6월

- **junior high (school)** [dʒúːnjər hái (skùːl)] 주-니어 하이 (스쿨-)
  명 〈미〉 중학교

- **jury** [dʒú(ə)ri] 주(어)리
  명 배심, 배심원단

- **justification** [dʒÀstəfikéiʃən] 저스터피케이션
  명 정당화, (정당하다고 하는) 변명

- **justify** [dʒÁstəfài] 저스터파이
  타 옳다고 하다, 정당화하다

- **justly** [dʒÁstli] 저스틀리
  부 바르게, 정당하게, 공정하게

ENGLISH WORDS DICTIONARY

- **keenly** [kíːnli] 킨-리
  부 날카롭게, 심하게, 열심히

- **keeping** [kíːpiŋ] 키-핑
  명 조화, 일치, 보유, 보관

- **killer** [kílər] 킬러
  명 죽이는 사람[것], 살인마

- **kind** [káind] 카인드
  명 종류, (동·식물의) 종, 본질

- **kindly** [káindli] 카인들리
  부 친절하게, 상냥하게 형 친절한, 상냥한

- **kindness** [káin(d)nəs] 카인(드)너스
  명 친절, 친절한 행위

- **kite** [káit] 카이트
  명 연, 솔개 자 솔개처럼 빠르게 날다

- **kitten** [kítn] 키튼
  명 새끼 고양이, 말괄량이

- **kneel** [níːl] 닐-
  자 무릎 꿇다, 무릎을 구부리다

- **knit** [nít] 닛
  타 뜨다, 짜다 자 뜨개질하다

- **knowing** [nóuiŋ] 노우잉
  명 앎, 지식 형 사물을 아는, 아는 체하는

- **known** [nóun] 노운
  형 알려진, 이미 알고 있는

ENGLISH WORDS DICTIONARY

- **lad** [lǽd] 래드
  명 젊은이, 청년, 소년

- **ladder** [lædər] 래더
  명 사닥다리 자 출세하다

- **landing** [lǽndiŋ] 랜딩
  명 착륙, 상륙, 착륙[양륙]장

- **landscape** [lǽndskèip] 랜드스케이프
  명 풍경, 경치, 풍경화

- **lap** [lǽp] 랩
  명 무릎 타 두르다, 겹치게 하다

- **largely** [láːrdʒli] 라-질리
  부 대부분, 주로

- **last** [lǽst] 래스트
  자 계속하다, 견디다, 지속하다

- **lasting** [lǽstiŋ] 래스팅
  형 영속하는, 영구의

- **lately** [léitli] 레이틀리
  부 요즘, 최근

- **later** [léitər] 레이터
  형 더 늦은, 더 뒤의 부 뒤에, 나중에

- **latest** [léitist] 레이티스트
  형 최근의, 최신의, 맨 뒤의, 최후의

- **latter** [lǽtər] 래터
  형 뒤쪽의, 후반의, 후자의

● **laughter**	[lǽftər] 래프터 명 웃음, 웃음 소리
● **launch**	[lɔ́ːntʃ] 론-취 타 자 (배를) 진수시키다, 물에 띄우다
● **lawn**	[lɔ́ːn] 론- 명 잔디, 잔디밭
● **lawyer**	[lɔ́ːjər] 로-여 명 법률가, 변호사
● **leader**	[líːdər] 리-더 명 지도자, 선도자, 리더
● **leading**	[líːdiŋ] 리-딩 형 이끄는, 지도하는, 주요한, 주된, 일류의
● **leak**	[líːk] 리-크 명 샘, 새는 곳[구멍] 자 새다 타 누출시키다
● **leap**	[líːp] 리-프 자 뛰어오르다 타 뛰어넘다 명 도약
● **learned**	[lə́ːrnid] 러-니드 형 학문이 있는, 박식한
● **learning**	[lə́ːrniŋ] 러-닝 명 학문, 공부
● **least**	[líːst] 리-스트 형 가장 작은 부 가장 적게 명 최소

◉ leisure	[líːʒər] 리-저	명 틈, 여가, 한가한 시간
◉ less	[lés] 레스	형 보다 적은 부 보다 적게 대 보다 적은 수
◉ liable	[láiəbl] 라이어블	형 자칫하면 …하는, …하기 쉬운, 책임져야 할
◉ librarian	[laibréəriən] 라이브레어리언	명 도서관원, 사서(司書)
◉ lick	[lík] 릭	타 핥다 자 날름거리다 명 핥기
◉ lie	[lái] 라이	명 거짓말, 속임, 사기 자 거짓말하다
◉ lifetime	[láiftàim] 라이프타임	명 일생, 생애, 수명 형 일생의
◉ light	[láit] 라이트	형 가벼운, 적은, 쉬운, 가벼운
◉ lightly	[láitli] 라이틀리	부 가볍게, 살짝, 경솔하게, 경쾌하게
◉ lightning	[láitniŋ] 라이트닝	명 번개, 번갯불, 전광
◉ like	[láik] 라이크	형 닮은, 같은, 비슷한 전 …같은, …와 닮은

- **likeness** [láiknis] 라이크니스
  명 비슷함, 닮음, 초상화, 닮은 것[사람]

- **listener** [lís(ə)nər] 리서너
  명 경청자, (라디오의) 청취자

- **literal** [lítərəl] 리터럴
  형 문자(상의), 글자 그대로의

- **literary** [lítərèri] 리터레리
  형 문학의, 문예의, 문어의

- **live** [láiv] 라이브
  형 살아 있는, 생방송의, 실황의

- **lively** [láivli] 라이블리
  형 생기 있는, 활기찬, 활발한

- **living** [líviŋ] 리빙
  형 살아 있는, 생활의 명 생활, 생계

- **lizard** [lízərd] 리저드
  명 〈동물〉 도마뱀

- **loaf** [lóuf] 로우프
  명 (빵의) 덩어리

- **lobby** [lábi] 라비
  명 (호텔·극장 등의) 로비, 홀

- **location** [loukéiʃən] 로우케이션
  명 위치, (특정의) 장소, 야외 촬영(장)

● log	[lɔːg] 로-그 명 통나무, 무기력한 것, 항해일지
● lonely	[lóunli] 로운리 형 외로운, 고독한, 쓸쓸한, 고립한
● long	[lɔːŋ] 롱- 자 간절히 바라다, 사모하다
● lost	[lɔːst] 로-스트 형 잃어버린, 길을 잃은, 없어진, (승부에) 진
● loudly	[láudli] 라우들리 부 큰소리로, 화려하게
● lovely	[lʌ́vli] 러블리 형 사랑스러운, 귀여운, 아름다운, 즐거운
● lover	[lʌ́vər] 러버 명 연인, 애인
● loving	[lʌ́viŋ] 러빙 형 사랑하는, 애정으로 가득 찬
● lower	[lóuər] 로우어 형 더 낮은 타 낮추다 자 낮아지다
● loyal	[lɔ́iəl] 로이얼 형 충성스러운, 성실한
● loyalty	[lɔ́iəlti] 로이얼티 명 충성, 성실, 충실

- **luckless** [lʌ́klis] 러키리스
  형 불운한, 불행의, 재수없는

- **luggage** [lʌ́gidʒ] 러기지
  명 〈영〉 수화물 (=〈미〉 baggage)

- **luxurious** [lʌgʒúəriəs] 럭쥬어리어스
  형 사치스러운, 호화로운

- **luxury** [lʌ́kʃ(ə)ri] 럭셔리
  명 사치, 호사, 사치품, 고급품

- **lying¹** [láiiŋ] 라이잉
  명 드러눕기, 침소 형 드러누워 있는

- **lying²** [láiiŋ] 라이잉
  형 거짓말하는, 거짓의 명 거짓말하기

- **lynch** [líntʃ] 린치
  타 린치를 가하다, 격렬히 비방하다

- **lyric** [lírik] 리리크
  형 서정(시)의, 서정적인 명 서정시

ENGLISH WORDS DICTIONARY

- **machinery** [məʃíːn(ə)ri] 머시-너리
  명 기계류, (기계의) 장치, 조직, 기구

⊙ **madam**	[mǽdəm] 매덤 명 〈호칭〉 아씨, 마님, 부인, 아주머니
⊙ **made**	[méid] 메이드 형 …로 만든, 꾸며낸, 메운, …제의
⊙ **madness**	[mǽdnis] 매드니스 명 광기, 열광, 격노
⊙ **magic**	[mǽdʒik] 매직 명 마술, 마법, 요술 형 마법[요술]의
⊙ **magnet**	[mǽgnit] 매그니트 명 자석, 자철(광)
⊙ **magnetic**	[mægnétik] 매그네틱 형 자석의, 자기의
⊙ **magnificent**	[mægnífəsnt] 매그니퍼슨트 형 장대한, 웅장한, 당당한, 고상한, 훌륭한
⊙ **maid**	[méid] 메이드 명 소녀, 미혼 여성, 하녀, 가정부
⊙ **mailbox**	[méilbɑ̀ks] 메일박스 명 우체통, (개인용) 우편함
⊙ **mainly**	[méinli] 메인리 부 주로, 대개, 대체로, 대부분
⊙ **majesty**	[mǽdʒəsti] 매저스티 명 위엄, 존엄

- **majority** [mədʒɔ́:rəti] 머조-러티
  명 대부분, 대다수, 과반수

- **mammal** [mǽməl] 매멀
  명 포유 동물

- **management** [mǽnidʒmənt] 매니지먼트
  명 경영(진), 운영, 관리

- **manager** [mǽnidʒər] 매니저
  명 지배인, 감독, 경영자, 매니저

- **mankind** [mænkáind] 맨카인드
  명 인간, 인류

- **manmade** [mǽnméid] 맨메이드
  형 인조의, 인공의, 합성의

- **manual** [mǽnjuəl] 매뉴얼
  형 손의, 손으로 하는, 수동의

- **manufacturer** [mæn(j)ufǽktʃ(ə)rər] 매뉴팩처러
  명 제조업자, 제조 회사, 공장주, 제작자

- **maple** [méipl] 메이플
  명 〈식물〉 단풍(잎), 단풍나무

- **March** [má:rtʃ] 마-치
  명 3월

- **margin** [má:rdʒin] 마-진
  명 가장자리, 가, 매매 차익금, 이문

- **marine** [mərí:n] 머린-
  - 형 바다의, 해양의 명 〈미〉 해병대원

- **married** [mǽrid] 매리드
  - 형 결혼한, 기혼의

- **Mars** [má:rz] 마-르즈
  - 명 〈천문〉 화성

- **marvel** [má:rvəl] 마-벌
  - 명 놀라운 일, 경이, 놀라운 사람[물건] 자 놀라다

- **mate** [méit] 메이트
  - 명 배우자의 한 쪽, 짝의 한 쪽, 동료, 친구

- **math** [mǽθ] 매쓰
  - 명 〈미〉 수학 (=mathematics)

- **mature** [mət(j)úər] 머튜어
  - 형 익은, 숙성한, 성숙한

- **may** [mei] 메이
  - 조 …해도 좋다, …인지도 모른다, …할 수도 있다

- **meaning** [mí:niŋ] 미-닝
  - 명 의미, 뜻, 중요성, 의의, 의도

- **means** [mí:nz] 민-즈
  - 명 수단, 방법, 재력, 부

- **measurement** [méʒərmənt] 메저먼트
  - 명 측량, 측정, 양, 치수

◉ **mechanical**	[mikǽnikəl] 미캐니컬 형 기계(상)의, 기계적인
◉ **mechanism**	[mékənìzm] 메커니즘 명 기계 장치[작용], 기구, 구성
◉ **meditate**	[médətèit] 메더테이트 타 자 명상하다, 곰곰이 생각하다
◉ **meeting**	[míːtiŋ] 미-팅 명 모임, 회합, 집회
◉ **melody**	[mélədi] 멜러디 명 멜로디, 〈음악〉 선율
◉ **memorial**	[məmɔ́ːriəl] 머모-리얼 형 기념의 명 기념관, 기념물, 기념비
◉ **memorize**	[méməràiz] 메머라이즈 타 기억하다, 암기하다, 외우다
◉ **mend**	[ménd] 멘드 타 수리[수선]하다, (행실 등을) 고치다, 개량하다
◉ **merely**	[míərli] 미어리 부 단지, 그저, 다만
◉ **merry**	[méri] 메리 형 즐거운, 유쾌한, 명랑한, 쾌활한
◉ **messenger**	[mésəndʒər] 메선저 명 심부름꾼, 사자, 메신저

◉ **microscope**	[máikrəskòup] 마이크러스코우프	명 현미경
◉ **midnight**	[mídnàit] 미드나이트	명 한밤중, 야밤 형 한밤중의, 캄캄한
◉ **might** ¹	[máit] 마이트	명 힘, 세력, 권력, 실력, 완력
◉ **might** ²	[máit] 마이트	조 …할지[일지]도 모른다, …해도 좋다
◉ **mighty**	[máiti] 마이티	형 강력한, 강한, 강대한
◉ **million**	[míljən] 밀리언	명 100만, 다수 형 100만의, 무수한
◉ **mineral**	[mín(ə)rəl] 미너럴	명 광물, 광석 형 광물의
◉ **minority**	[minɔ́:rəti] 미노-러티	명 소수, 소수 민족 형 소수(파)의
◉ **miracle**	[mírəkl] 미러클	명 기적, 불가사의한 사물[사람], 경이
◉ **miserable**	[míz(ə)rəbl] 미저러블	형 비참한, 불쌍한, 가엾은
◉ **misfortune**	[misfɔ́:rtʃən] 미스포-천	명 불행, 불운, 불행한 일, 재난

- **miss** [mís] 미스
  타 놓치다, 못 맞히다, 타지 못하다

- **missile** [mísəl] 미설
  명 미사일, 유도탄

- **mist** [míst] 미스트
  명 안개 자 안개가 끼다

- **mistaken** [mistéikən] 미스테이컨
  형 틀린, 잘못된, 오해한

- **mistress** [místris] 미스트리스
  명 여주인, 주부, 여교사

- **misunderstand** [mìsʌndərstǽnd] 미스언더스탠드
  타 오해하다, 잘못 생각하다

- **mixture** [míkstʃər] 믹스처
  명 혼합, 혼합물

- **moist** [mɔ́ist] 모이스트
  형 축축한, 습기 있는, 눈물 젖은

- **Monday** [mʌ́ndei] 먼데이
  명 월요일

- **monk** [mʌ́ŋk] 멍크
  명 중, 수도사, 수사

- **monster** [mánstər] 만스터
  명 괴물, 기형 동물[식물] 형 거대한

● **monthly**	[mʌ́nθli] 먼슬리 형 매달의, 한 달에 한번의 명 월간지
● **more**	[mɔ́ːr] 모- 형 더 많은[큰] 부 더 많이, 더욱
● **mosquito**	[məskíːtou] 머스키-토우 명 〈곤충〉 모기
● **most**	[móust] 모우스트 형 가장 큰, 대개의 부 가장, 매우 대 최대량
● **mostly**	[móus(t)li] 모우스틀리 부 대개, 대부분, 보통, 주로
● **motive**	[móutiv] 모우티브 명 동기, (행동의) 진의
● **motto**	[mátou] 마토우 명 표어, 좌우명, 모토
● **mount**	[máunt] 마운트 타 오르다, (말 등에) 타다, 설치하다
● **movement**	[múːvmənt] 무-브먼트 명 움직임, 운동, 이동, 행동, 태도
● **Mt.**	[máunt] 마운트 명 …산, 산맥, 언덕 (mountain의 약어)
● **muddy**	[mʌ́di] 머디 형 진흙투성이의, 진창의

- **mysterious** [mistí(ə)riəs] 미스티(어)리어스
  형 신비한, 신비적인, 불가사의한

- **myth** [míθ] 미쓰
  명 신화, 전설

ENGLISH WORDS DICTIONARY

- **naked** [néikid] 네이키드
  형 벌거벗은, 노출된, 적나라한

- **namely** [néimli] 네이믈리
  부 즉, 다시 말해서

- **nap** [nǽp] 냅
  명 선잠, 낮잠, 졸음 자 잠깐 졸다, 방심하다

- **narration** [næréiʃən] 내레이션
  명 이야기(함), 서술

- **narrator** [nǽreitər] 내레이터
  명 이야기하는 사람, 나레이터

- **national** [nǽʃ(ə)nəl] 내셔널
  형 국민의, 국가의 명 동포, 교포

- **nationality** [næ̀ʃənǽləti] 내셔낼러티
  명 국적, 국민의 한 사람임, 국가

● natural	[nǽtʃ(u)rəl] 내추럴	형 자연의, 천연의, 당연한
● naturally	[nǽtʃ(u)rəli] 내추럴리	부 자연히, 본래, 물론
● naval	[néivəl] 네이벌	형 해군의, 군함의
● necessarily	[nèsəsérəli] 네서세럴리	부 반드시, 물론, 필연적으로
● neighborhood	[néibərhùd] 네이버후드	명 이웃, 근처, 이웃 사람들
● nerve	[nə́ːrv] 너-브	명 신경, 신경과민
● nervous	[nə́ːrvəs] 너-버스	형 신경질의, 초조해 하는
● newly	[n(j)úːli] 뉴-리	부 새로이, 다시, 최근에, 요즈음
● news	[n(j)úːz] 뉴-즈	명 뉴스, 보도, 가사, 소식
● nicely	[náisli] 나이슬리	부 좋게, 훌륭하게, 제대로, 잘
● nickname	[níknèim] 닉네임	명 별명, 애칭

noble	[nóubl] 노우블	형 고귀한, 고결한, 귀족의
nod	[nád] 나드	자 끄덕이다, 졸다 명 끄덕임, 묵례, 졸음
noddle	[nádl] 나들	타 자 흔들다, 끄덕이다
noisy	[nɔ́izi] 노이지	형 시끄러운, 소란한[떠들석한]
nominate	[nάmənèit] 나머네이트	타 지명하다, 추천하다, 임명하다
nomination	[nὰmənéiʃən] 나머네이션	명 지명, 추천(권), 임명(권)
nonsense	[nάnsens] 난센스	명 무의미한 말, 난센스, 바보 같은 짓
North Pole	[nɔ́:rθ póul] 노스 포울	명 (지구의) 북극
noticeable	[nóutisəbl] 노우티서블	형 눈에 띄는, 두드러진, 현저한
noun	[náun] 나운	명 〈문법〉 명사
novelist	[nάvəlist] 나벌리스트	명 소설가, 장편 소설가

- **November** [nouvémbər] 노우벰버
  명 11월

- **novel** [nάvəl] 나벌
  형 새로운, 신기한, 잘 알려져 있지 않은

- **nowadays** [náuədeiz] 나우어데이즈
  부 〈구어〉 오늘날에는, 요즘에는

- **nowhere** [nóu(h)wèər] 노우훼어 / 노우웨어
  부 아무데도 …없다

- **nymph** [nímf] 님프
  명 님프, 요정

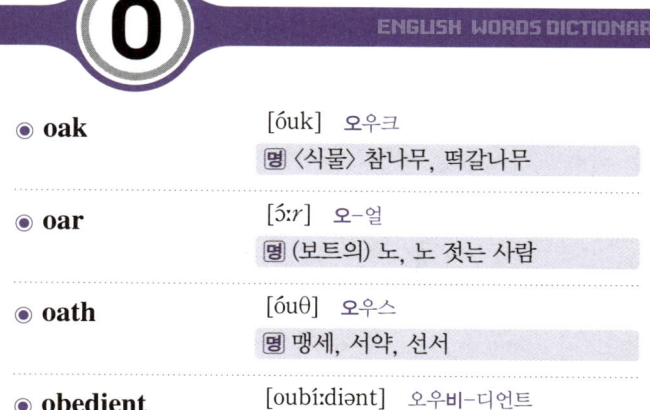

- **oak** [óuk] 오우크
  명 〈식물〉 참나무, 떡갈나무

- **oar** [ɔ́ːr] 오-얼
  명 (보트의) 노, 노 젓는 사람

- **oath** [óuθ] 오우스
  명 맹세, 서약, 선서

- **obedient** [oubíːdiənt] 오우비-디언트
  형 순종하는, 충실한, 순한

● **objection**	[əbdʒékʃən] 어브젝션	명 반대, 이의, 이론, 불복
● **oblige**	[əbláidʒ] 어블라이지	타 할 수 없이 …하다, …에게 고맙게 여기다
● **observation**	[àbsərvéiʃən] 아브서베이션	명 관찰, 관측, 의견
● **obviously**	[ábviəsli] 아브비어슬리	부 명백히, 분명히, 두드러지게
● **occasionally**	[əkéiʒ(ə)nəli] 어케이저널리	부 이따금, 가끔, 때때로
● **occupation**	[àkjupéiʃən] 아큐페이션	명 직업, 점유, 점령
● **occupy**	[ákjupài] 아큐파이	타 차지하다, 점령[점거]하다
● **occurrence**	[əkə́:rəns] 어커-런스	명 (사건의) 발생, 사건
● **October**	[ɑktóubər] 악토우버	명 10월
● **offense**	[əféns] 어펜스	명 죄, 위반, 공격
● **omit**	[oumít] 오우미트	타 제외하다, 생략하다, 빠뜨리다

◉ onward	[ánwərd] 안워드 형 전방으로의, 전진하는 부 앞으로
◉ opening	[óup(ə)niŋ] 오우퍼닝 명 열기, 개방, 개시 형 시작[개시]의
◉ operation	[àpəréiʃən] 아퍼레이션 명 작용, 운전, 시행, 조작, 수술
◉ opponent	[əpóunənt] 어포우넌트 명 적수, 반대자, 상대 형 적대하는
◉ oral	[ɔ́:rəl] 오-럴 형 구두의, 구술의, 입의 부 구두로
◉ orbit	[ɔ́:rbit] 오-빗 명 〈천문〉 (인공위성의) 궤도
◉ organization	[ɔ̀:rgənizéiʃən] 오-거니제이션 명 조직, 구성, 단체, 협회
◉ Orient	[ɔ́:riənt] 오-리언트 명 동양 타 동쪽으로 향하게 하다
◉ Oriental	[ɔ̀:riéntl] 오-리엔틀 형 동양의, 동양 문명의
◉ original	[ərídʒ(ə)nəl] 어리저널 형 최초의, 본래의, 독창적인 명 원형
◉ originally	[ərídʒ(ə)nəli] 어리저널리 부 본래, 처음에, 독창적으로

- **outdoor** [áutdɔ̀ːr] 아웃도-
  형 집 밖의, 야외의, 옥외의

- **outdoors** [àutdɔ́ːrz] 아웃도-즈
  부 집 밖에서, 야외에서

- **outer** [áutər] 아우터
  형 바깥(쪽)의, 외부의, 외면의

- **outward** [áutwərd] 아웃워드
  형 외부의, 바깥쪽의 부 외부로, 바깥쪽으로

- **oval** [óuvəl] 오우벌
  형 달걀 모양의, 타원형의

- **overeat** [òuvəríːt] 오우버리-트
  자 과식하다, 너무 많이 먹다

- **overhead** [òuvərhéd] 오우버헤드
  부 머리 위에, 머리 위로

- **overhear** [òuvərhíər] 오우버히어
  타 우연히 듣다, 엿듣다

- **overlook** [òuvərlúk] 오우버룩
  타 내려다 보다, 빠뜨리다, 간과하다

- **overnight** [òuvərnáit] 오우버나이트
  부 밤새, 전날 밤중에 형 밤을 새는, 전날 밤의

- **overseas** [òuvərsíːz] 오우버시-즈
  형 해외의, 외국의 부 해외로[에서], 외국으로

⦿ overtake	[òuvərtéik] 오우버테이크	
	타 따라잡다, 추월하다, 닥치다, 덮치다	
⦿ overtop	[òuvərtáp] 오우버탑	
	타 …보다 높이 솟다, 넘어서다, 능가하다	
⦿ overwork	[òuvərwə́:rk] 오우버워-크	
	타 자 과로하다, 너무 일을 많이 하다 명 과로	
⦿ owing	[óuiŋ] 오우잉	
	형 …때문에, …덕택에, 아직 갚지 않은	
⦿ owner	[óunər] 오우너	
	명 소유(권)자, 임자, 선주	
⦿ ownership	[óunərʃip] 오우너쉽	
	명 소유권, 주인의식, 주인정신	
⦿ oxygen	[ɑ́ksidʒən] 악시전	
	명 〈화학〉 산소	

ENGLISH WORDS DICTIONARY

⦿ pacific	[pəsífik] 퍼시픽	
	형 평화스러운, 온순한, 태평한	
⦿ Pacific Ocean	[pəsífik óuʃən] 퍼시픽 오우션	
	명 태평양	

● **painful**	[péinful] 페인풀	
	형 아픈, 괴로운, 힘드는	

● **painting** [péintiŋ] 페인팅
명 그림, 회화, 그림 그리기

● **pal** [pǽl] 팰
명 친한 친구, 단짝

● **palm** [páːm] 팜-
명 손바닥 타 손안에 감추다

● **panic** [pǽnik] 패닉
명 (경제) 공황, 공포, 당황, 혼란

● **parade** [pəréid] 퍼레이드
명 행렬, 퍼레이드, 행진 자 행진하다

● **parcel** [páːrsl] 파-슬
명 꾸러미, 소포, 짐

● **participate** [pərtísəpèit] 퍼티서페이트
자 참가하다, 관여[관계]하다

● **participle** [páːrtəsìpl] 파-터시플
명 〈문법〉 분사

● **particularly** [pərtíkjulərli] 퍼티큘러리
부 특히, 각별히, 상세히

● **partly** [páːrtli] 파-틀리
부 부분적으로, 일부분은, 얼마간

◉ part-time	[pá:rttàim] 파-트타임	형 파트 타임의, 비상근의
◉ passerby	[pǽsərbài] 패서바이	명 통행인, 지나가는 사람
◉ passion	[pǽʃən] 패션	명 정열, 열정, 열애, 열광
◉ passive	[pǽsiv] 패시브	형 수동적인, 수동의
◉ passport	[pǽspɔ̀:rt] 패스포-트	명 여권, 패스포트
◉ pat	[pǽt] 팻	타 가볍게 두드리다, 쓰다듬다
◉ patience	[péiʃəns] 페이션스	명 인내(력), 참을성, 끈기
◉ patriot	[péitriət] 페이트리어트	명 애국자, 우국지사
◉ payment	[péimənt] 페이먼트	명 지불, 납입, 불입, 보상, 지불[불입]금액
◉ peaceful	[pí:sful] 피-스풀	형 평화로운, 평화적인, 조용한
◉ peacefully	[pí:sfuli] 피-스풀리	부 평화롭게, 평온하게, 조용하게

- **peak** [píːk] 피-크
  몡 뾰족한 끝, 산꼭대기, 절정 혱 최고의

- **pearl** [pə́ːrl] 펄-
  몡 진주 혱 진주의

- **peasant** [péznt] 페즌트
  몡 농부, 소작인

- **pebble** [pébl] 페블
  몡 조약돌, 자갈

- **peculiar** [pikjúːljər] 피큘-리어
  혱 기묘한, 독특한, 특이한, 특유한, 고유의

- **peel** [píːl] 필-
  탸 쟈 껍질을 벗기다, 껍질이 벗겨지다

- **peep** [píːp] 핍-
  쟈 엿보다, 들여다보다, 나타나다 몡 들여다봄, 나타남

- **peer** [píər] 피어
  몡 동등한 사람, 동료, 귀족(의 일원)

- **pen** [pén] 펜
  몡 펜, 펜촉, 문체

- **perceive** [pərsíːv] 퍼시-브
  탸 지각하다, 감지하다, 파악하다, 이해하다

- **perfectly** [pə́ːrfiktli] 퍼-픽틀리
  븟 완전하게, 완벽하게

● **personal**	[pə́ːrs(ə)nəl] 퍼-서널	

형 개인의, 개인적인, 사적인, 본인[자신]의

● **personality** [pə̀ːrsənǽləti] 퍼-서낼러티
명 개성, 성격, 인격, 인품

● **personally** [pə́ːrs(ə)nəli] 퍼-서널리
부 몸소, 친히, 인간적으로는

● **phenomenon** [finámənàn] 피나머난
명 현상(現象), 사건, 이상한 물건[일]

● **philosopher** [filásəfər] 필라서퍼
명 철학자, 철인

● **phone call** [fóun kɔ̀ːl] 포운 콜-
명 통화, 전화를 걺, 전화가 걸려옴

● **photography** [fətágrəfi] 퍼타그러피
명 사진술, 사진 촬영

● **phrase** [fréiz] 프레이즈
명 〈문법〉 구(句), 관용구, 말씨

● **physician** [fizíʃən] 피지션
명 내과 의사, 의사, 치료자

● **physics** [fíziks] 피직스
명 물리학, 물리적 현상[특성]

● **pickpocket** [píkpàkit] 픽파킷
명 소매치기 타 소매치기하다

◉ piety	[páiəti] 파이어티	명 신앙심, 경건, 효성, 충성
◉ pillar	[pílər] 필러	명 〈건축〉 기둥 타 기둥으로 장식하다
◉ pine	[páin] 파인	명 〈식물〉 솔, 소나무
◉ pioneer	[pàiəníər] 파이어니어	명 개척자, 선구자
◉ pistol	[pístl] 피스틀	명 권총, 피스톨
◉ pitcher	[pítʃər] 피처	명 물주전자, 〈야구〉 투수
◉ plane	[pléin] 플레인	명 비행기, 면, 평면, 수준, 대패
◉ planet	[plǽnit] 플래닛	명 행성, 유성
◉ playground	[pléigràund] 플레이그라운드	명 운동장, 놀이터
◉ pleasant	[pléznt] 플레즌트	형 즐거운, 기분 좋은, 유쾌한
◉ plentiful	[pléntifəl] 플렌티펄	형 많은, 풍부한, 풍부하게 생기는

● **plot**	[plát] 플랏 명 음모, 줄거리 타 몰래 꾸미다, 계획하다
● **plow**	[pláu] 플라우 명 쟁기, 경작 자타 갈다, 경작하다
● **plural**	[plú(ə)rəl] 플루(어)럴 명 복수, 복수형 형 복수(형)의
● **poet**	[póuit] 포우잇 명 시인
● **poetic**	[pouétik] 포우에틱 형 시의, 시적인
● **poetry**	[póuitri] 포우이트리 명 (문학 형식의) 시, 시가, 운문, 시집
● **pole**	[póul] 포울 명 (남·북) 극, 극지, 막대기, 장대
● **politician**	[pàlətíʃən] 팔러티션 명 정치가, 출세주의자
● **pollute**	[pəlúːt] 펄루-트 타 더럽히다, 오염시키다, 타락시키다
● **pond**	[pánd] 판드 명 못, 연못, 늪
● **porch**	[pɔ́ːrtʃ] 포-취 명 현관, 입구, 포치

- **portable** [pɔ́ːrtəbl] 포-터블
  - 형 들고 다닐 수 있는, 휴대용의

- **porter** [pɔ́ːrtər] 포-터
  - 명 (화물 등의) 운반인, (역의) 짐꾼, 문지기, 수위

- **portion** [pɔ́ːrʃən] 포-션
  - 명 몫, (음식의) 1인분, (일)부분

- **portrait** [pɔ́ːrtrit] 포-트릿
  - 명 초상화, 인물사진

- **pose** [póuz] 포우즈
  - 명 자세, 포즈 자 자세를 취하다, …인 체하다

- **possession** [pəzéʃən] 퍼제션
  - 명 소유, 소유물, 재산

- **possessive** [pəzésiv] 퍼제시브
  - 형 소유의, 〈문법〉 소유격의

- **possibility** [pɑ̀səbíləti] 파서빌러티
  - 명 가능성, 장래성, 가망

- **possibly** [pɑ́səbli] 파서블리
  - 부 어쩌면, 아마, 될 수 있는 한

- **practice** [prǽktis] 프랙티스
  - 타 자 실행하다, 연습하다

- **prairie** [préəri] 프레어리
  - 명 넓은 초원, 목장

● **prayer**	[préiər] 프레이어 명 기도, 기도문, 기도하는 사람
● **preach**	[príːtʃ] 프리-취 타 자 설교하다, 전도하다, 훈계하다
● **precede**	[prisíːd] 프리시-드 타 …을 앞서 가다, 선행하다
● **precious**	[préʃəs] 프레셔스 형 비싼, 귀중한
● **predictable**	[pridíktəbl] 프리딕터블 형 예언[예상, 예측]할 수 있는
● **prediction**	[pridíkʃən] 프리딕션 명 예언하기, 예언, 예보
● **prejudice**	[prédʒudis] 프레주디스 명 편견, 선입관
● **preparation**	[prèpəréiʃən] 프레퍼레이션 명 준비, 각오
● **preposition**	[prèpəzíʃən] 프레퍼지션 명 〈문법〉 전치사
● **present**	[prizént] 프리젠트 타 선물하다, 증정하다, 바치다
● **preserve**	[prizə́ːrv] 프리저-브 타 보존하다, 보호하다, 유지하다

- **primarily** [praimérəli] 프라이메릴리
  📖 첫째로, 처음으로, 주로

- **primary school** [práimeri skù:l] 프라이메리 스쿨-
  📖 〈영〉 초등학교

- **prime minister** [práim mínistər] 프라임 미니스터
  📖 국무총리, 수상

- **primitive** [prímətiv] 프리머티브
  📖 원시의, 원시적인

- **printer** [príntər] 프린터
  📖 인쇄공, 인쇄업자, 인쇄기

- **prisoner** [príz(ə)nər] 프리저너
  📖 죄수, 포로

- **privilege** [prívəlidʒ] 프리벌리지
  📖 특권, 특전, (특별한) 혜택

- **probably** [prábəbli] 프라버블리
  📖 아마(도), 필시, 대개는

- **procession** [prəséʃən] 프러세션
  📖 행렬, 행진, 진행, 전진

- **producer** [prəd(j)ú:sər] 프러듀-서
  📖 생산자, 생산국, 제작자

- **production** [prədʌ́kʃən] 프러덕션
  📖 생산, 생산물, 제작, (예술) 작품

● **professional**	[prəféʃ(ə)nəl] 프러페셔널 형 직업의, 전문직[프로]의 명 전문가
● **progressive**	[prəgrésiv] 프러그레시브 형 진보적인, 전진하는, [문법] 진행형의
● **promising**	[prámisiŋ] 프라미싱 형 유망한, 장래성 있는
● **promotion**	[prəmóuʃən] 프러모우션 명 승진, 촉진
● **prompt**	[prámpt] 프람프트 형 신속한, 즉시의, 즉각적인
● **pronoun**	[próunàun] 프로우나운 명 〈문법〉 대명사
● **pronunciation**	[prənʌ̀nsiéiʃən] 프러넌시에이션 명 발음, 발음법, 발음(기호) 표기
● **properly**	[prápərli] 프라퍼리 부 적절히, 올바르게
● **proposal**	[prəpóuzəl] 프러포우절 명 신청, 제안, 청혼
● **prosperity**	[prɑspérəti] 프라스페러티 명 번영, 번창, 융성, 성공
● **protection**	[prətékʃən] 프러텍션 명 보호, 보호하는 것[사람]

- **protest** [1] [prətést] 프러테스트
  자 항의하다 타 주장[단언]하다

- **protest** [2] [próutest] 프로우테스트
  명 항의, 반대, 단언, 주장

- **proudly** [práudli] 프라우들리
  부 거만하게, 뽐내며, 자랑스럽게

- **proverb** [práve:rb] 프라버-브
  명 속담, 격언, 금언, 교훈

- **publisher** [pʌ́bliʃər] 퍼블리셔
  명 출판업자, 발행인, 출판사

- **puff** [pʌf] 퍼프
  명 훅 불기, 한번 불기 자 타 훅훅 불다

- **pulse** [pʌls] 펄스
  명 맥박, 고동 자 맥이 뛰다

- **punctual** [pʌ́ŋ(k)tʃuəl] 펑(크)추얼
  형 시간[기한]을 잘 지키는

- **punishment** [pʌ́niʃmənt] 퍼니시먼트
  명 벌, 형벌, 처벌, 징계

- **purely** [pjúərli] 퓨어리
  부 전혀, 전적으로

- **purple** [pə́:rpl] 퍼-플
  명 자줏빛 형 자줏빛의

- **purse**　　[pə́:rs]　퍼-스
  명 돈지갑, 돈주머니

- **pursuit**　　[pərsú:t]　퍼슈-트
  명 추적, 추구, 종사, 연구

- **puzzling**　　[pʌ́zliŋ]　퍼징
  형 당황하게 하는, 영문 모를

ENGLISH WORDS DICTIONARY

- **quadrangle**　　[kwɑ́drӕ̀ŋgl]　콰드랭글
  명 네모꼴, 사각형

- **quaint**　　[kwéint]　퀘인트
  형 기묘한, 기발한, 별스러워 흥미를 끄는

- **quake**　　[kwéik]　퀘이크
  자 덜덜 떨다, 흔들리다　명 진동

- **qualify**　　[kwáləfài]　쿨러파이
  타 자 자격을 주다[얻다], 인정하다

- **quarrel**　　[kwɔ́:rəl]　쿼-럴
  명 싸움, 말다툼　자 싸우다, 불평하다

- **quarterly**　　[kwɔ́:rtərli]　쿼-털리
  형 부 한 해 4번의[으로], 사계의

- **quaver** [kwéivər] 퀘이버
  자타 떨리다, 목소리를 떨다, 진동하다

- **queer** [kwíər] 퀴어
  형 기묘한, 이상한, 언짢은

- **query** [kwíəri] 퀴어리
  명 질문, 의문, 물음표 타자 질문하다

- **quest** [kwést] 퀘스트
  명 탐색, 탐구, 추구

- **question mark** [kwéstʃən máːrk] 퀘스천 마크
  명 물음표, 의문점

- **questionable** [kwéstʃənəbl] 퀘스처너블
  형 의심나는, 미심쩍은, 수상쩍은

- **queue** [kjúː] 큐-
  명 줄, 열, 땋은 머리 자 줄을 짓다

- **quicken** [kwíkən] 퀴컨
  타자 빠르게 하다, 활기 띠게 하다

- **quickly** [kwíkli] 퀴클리
  부 빨리, 급히, 곧

- **quicksilver** [kwíksìlvər] 퀵실버
  명 수은, 변덕쟁이 형 수은의, 변덕스러운

- **quietly** [kwáiətli] 콰이어틀리
  부 조용히, 은밀히, 침착하게

- **quit** [kwít] 큇
  타 …을 그만두다, 중지하다, 사직하다

- **quotation** [kwoutéiʃən] 쿼테이션
  명 인용, 인용구, 인용문

- **race** [réis] 레이스
  명 인종, 민족 형 인종의, 인종적인

- **rainfall** [réinfɔ̀ːl] 레인폴-
  명 강우, 강우량

- **rainy** [réini] 레이니
  형 비가 오는, 비가 많은

- **random** [rǽndəm] 랜덤
  형 닥치는 대로의, 되는 대로의

- **rapidly** [rǽpidli] 래피들리
  부 빠르게, 신속히, 순식간에

- **rarely** [réərli] 레어리
  부 드물게, 좀처럼 …하지 않다

- **rat** [rǽt] 랫
  명 쥐, 〈속어〉 배신자 자 쥐를 잡다

- **reaction** [riǽkʃən] 리액션
  명 반작용, 반응, 반발

- **readily** [rédəli] 레덜리
  부 기꺼이, 자진하여, 곧, 바로

- **reading** [ríːdiŋ] 리-딩
  명 읽기, 독서

- **reality** [riǽləti] 리앨러티
  명 진실, 사실, 현실, 실제

- **realization** [rìːəlizéiʃən] 리-얼리제이션
  명 실현, 구현, 실감, 체득

- **reap** [ríːp] 리-프
  타 자 베어들이다, 거둬들이다, 수확하다

- **rear** [ríər] 리어
  명 뒤, 후부 형 뒤의, 후부의

- **recently** [ríːsntli] 리-슨틀리
  부 요사이, 최근에

- **reception** [risépʃən] 리셉션
  명 받아들임, 응접, 접대

- **recognition** [rèkəgníʃən] 레커그니션
  명 알아봄, 인정하기

- **recommendation** [rèkəməndéiʃən] 레커먼데이션
  명 추천, 추천장, 권고

● record	[rikɔ́ːrd] 리코-드 타 기록하다, 녹음[녹화]하다
● recovery	[rikʌ́v(ə)ri] 리커버리 명 회복, 되찾기, 부흥, 완쾌
● rectangle	[réktæŋgl] 렉탱글 명 직사각형
● reduction	[ridʌ́kʃən] 리덕션 명 감소, 축소, 할인
● reflection	[riflékʃən] 리플렉션 명 반사, 반향, 반영, 반성, 숙고
● regional	[ríːdʒ(ə)nəl] 리-저널 형 지방의, 지역적인
● relation	[riléiʃən] 릴레이션 명 관계, 친척, 진술, 언급
● relatively	[rélətivli] 렐러티브리 부 비교적하여, 상대적으로
● reliable	[riláiəbl] 릴라이어블 형 신뢰할 수 있는, 확실한
● remedy	[rémədi] 레머디 명 치료, 구제책, 개선책
● remote	[rimóut] 리모우트 형 먼, 먼 곳의, 외딴

- **removal** [rimúːvəl] 리무-벌
  명 이동, 이전, 제거, 철거, 해임

- **repent** [ripént] 리펜트
  타 자 뉘우치다, 후회하다

- **reporter** [ripɔ́ːrtər] 리포-터
  명 보도기자, 통신원, 보도자

- **reproduce** [rìːprəd(j)úːs] 리-프러듀-스
  타 자 재생하다, 복사하다

- **resemble** [rizémbl] 리젬블
  타 닮다, 공통점이 있다

- **residence** [rézədəns] 레저던스
  명 주거, 저택, 거주

- **resolution** [rèzəlúːʃən] 레절루-션
  명 결심, 결의, 결정, 결단(력)

- **respective** [rispéktiv] 리스펙티브
  형 각각의, 각자의

- **respectively** [rispéktivli] 리스펙티블리
  부 각각, 제각기, 각자, 저마다

- **responsibility** [rispànsəbíləti] 리스판서빌러티
  명 책임, 책무, 의무, 부담

- **rest** [rést] 레스트
  명 나머지, 여분 자 여전히 …이다

⦿ **restful**	[réstfəl] 레스트펄
	형 휴식을 주는, 조용한, 평온한

⦿ **restless**	[réstlis] 레스틀리스
	형 불안한, 잠 못 이루는

⦿ **restrain**	[ristréin] 리스트레인
	타 억제하다, 억누르다, 제지하다

⦿ **restriction**	[ristríkʃən] 리스트릭션
	명 제한, 한정, 구속, 제약

⦿ **resume**	[rizú:m] 리줌-
	타 다시 시작하다, 다시 차지하다

⦿ **revenge**	[rivéndʒ] 리벤지
	명 복수, 앙갚음 타 복수하다, 원수를 갚다

⦿ **revolve**	[riválv] 리발브
	타 자 회전하다, 운행하다, 순환하다

⦿ **ridiculous**	[ridíkjuləs] 리디큘러스
	형 우스운, 어리석은

⦿ **ripe**	[ráip] 라이프
	형 익은, 무르익은, 원숙[숙달]한

⦿ **roadside**	[róudsàid] 로우드사이드
	명 길가, 대로변 형 길가의, 대로변의

⦿ **roar**	[rɔ́:r] 로-
	자 크게 소리지르다, 으르렁거리다 명 으르렁대는 소리

● roast	[róust] 로우스트	타 굽다, 볶다 명 불고기 형 구운
● rob	[ráb] 랍	타 빼앗다, 강탈하다, 훔치다
● robber	[rábər] 라버	명 강도, 도둑
● romantic	[rouméntik] 로우맨틱	형 공상적인, 로맨틱한, 비현실적인
● rosy	[róuzi] 로우지	형 장미빛의, 불그스레한, 유망한
● rotten	[rátn] 라튼	형 썩은, 부패한, 타락한
● roughly	[rʌ́fli] 러플리	부 거칠게, 대충, 대강
● routine	[ruːtíːn] 루-틴-	명 판에 박힌 일, 일상의 일
● rudely	[rúːdli] 루-들리	부 버릇없이, 거칠게
● ruling	[rúːliŋ] 룰-링	명 지배, 통치 형 지배하는
● rumor	[rúːmər] 루-머	명 소문, 풍문 타 …라는 소문이 있다

ENGLISH WORDS DICTIONARY

- **sadly**
  [sǽdli] 새들리
  뷔 슬프게, 슬픈 듯이, 애처롭게

- **safely**
  [séifli] 세이플리
  뷔 안전하게, 무사히, 틀림없이

- **saint**
  [séint] 세인트
  명 성인, 성자, 천사

- **satellite**
  [sǽtəlàit] 새털라이트
  명 위성, 인공위성

- **satisfaction**
  [sæ̀tisfǽkʃən] 새티스팩션
  명 만족, 만족을 주는 것

- **satisfactory**
  [sæ̀tisfǽkt(ə)ri] 새티스팩터리
  형 만족스러운, 충분한, 더할 나위 없는

- **satisfied**
  [sǽtisfàid] 새티스파이드
  형 만족한, 흡족한, 확신한

- **Saturday**
  [sǽtərdèi] 새터데이
  명 토요일

- **saying**
  [séiiŋ] 세잉
  명 말함, 속담, 격언

- **scarcely** [skéərsli] 스케어슬리
  튄 간신히, 겨우, 거의 …없다[않다]

- **scare** [skéər] 스케어
  타 자 겁나게 하다, 놀라다

- **scarlet** [skáːrlit] 스칼-릿
  명 형 주홍색(의), 진홍색(의)

- **scatter** [skǽtər] 스캐터
  타 흩뿌리다, 흩어지게 하다

- **scenery** [síːn(ə)ri] 시-너리
  명 (자연의) 경치, 풍경

- **scent** [sént] 센트
  명 냄새, 향내, 향기

- **scholar** [skálər] 스칼러
  명 학자, 인문학자

- **scholarship** [skálərʃip] 스칼러십
  명 학문, 학식, 장학금

- **school building** [skúːl bìldiŋ] 스쿨- 빌딩
  명 학교 건물

- **schooling** [skúːliŋ] 스쿨-링
  명 학교 교육, 학비, 수업료

- **scratch** [skrǽtʃ] 스크래치
  타 자 할퀴다, 긁다 명 할퀸 자국, 작은 상처

● **scream**	[skríːm] 스크림- 자 소리치다, 비명을 지르다 명 절규, 비명
● **sculpture**	[skʌ́lptʃər] 스컬프처 명 조각, 소소, 조각품
● **seaport**	[síːpɔ̀ːrt] 시-포-트 명 항구, 항구 도시
● **second**	[sékənd] 세컨드 명 (시간·각도의) 초, 순간
● **secondary**	[sékəndèri] 세컨데리 형 제2의, 이차적인, 부차적인
● **security**	[sikjú(ə)rəti] 시큐(어)러티 명 안전, 안심, 안도감
● **seize**	[síːz] 시-즈 타 자 붙잡다, 잡다, 꽉 쥐다, 덮치다
● **seldom**	[séldəm] 셀덤 부 드물게, 좀처럼 …않다
● **selection**	[səlékʃən] 셀렉션 명 선택, 고른 것, 선발
● **selfish**	[sélfiʃ] 셀피시 형 이기적인, 자기 본위의
● **senate**	[sénət] 세넛 명 (미국·캐나다 등의) 상원

- **senator** [sénətər] 세너터
  명 (미국·캐나다 등의) 상원 의원

- **senior high (school)** [síːnjər hái (skùːl)] 시-니어 하이 (스쿨-)
  명 〈미〉 고등학교

- **sensation** [senséiʃən] 센세이션
  명 감각, 지각, 대단한 평판

- **sensible** [sénsəbl] 센서블
  형 분별 있는, 현명한, 느낄 수 있는

- **sentiment** [séntəmənt] 센터먼트
  명 감정, 감상, 의견

- **September** [septémbər] 셉템버
  명 9월

- **seriously** [sí(ə)riəsli] 시(어)리어슬리
  부 진지하게, 진정으로, 중대하게

- **settlement** [sétlmənt] 세틀먼트
  명 정착, 이민, 해결, 결말

- **sew** [sóu] 소우
  타 자 꿰매다, 바느질하다, 깁다

- **sexual** [sékʃuəl] 섹슈얼
  형 성의, 성적인, 남녀의

- **sharpen** [ʃáːrpən] 샤-펀
  타 자 예리하게 하다, 뾰족하게 깎다

- **sharply** [ʃáːrpli] 샤-플리
  - 부 날카롭게, 갑자기, 심하게

- **shave** [ʃéiv] 쉐이브
  - 타 자 면도하다, 밀어 깎다

- **shiny** [ʃáini] 샤이니
  - 형 반짝반짝 빛나는, 번들거리는

- **shiver** [ʃívər] 쉬버
  - 자 (후들후들) 떨다, 추위로 떨다, 전율하다

- **shocking** [ʃákiŋ] 샤킹
  - 형 충격적인, 쇼킹한

- **shortage** [ʃɔ́ːrtidʒ] 쇼-티지
  - 명 부족, 결핍, 부족량

- **shortly** [ʃɔ́ːrtli] 쇼-틀리
  - 부 곧, 짧게, 간단히

- **shot** [ʃát] 샷
  - 명 발포, 발사, 포탄, 탄환

- **should** [ʃúd] 슈드
  - 조 …하여야 한다, …일 것이다, …할 텐데

- **shrug** [ʃrʌ́g] 쉬러그
  - 자 타 (어깨를) 으쓱하다

- **shy** [ʃái] 샤이
  - 형 부끄럼타는, 소심한, 수줍어하는

- **sickness** [síknəs] 시크너스
  명 병, 메스꺼움, 구역질

- **sigh** [sái] 사이
  명 한숨, 탄식 자 한숨쉬다, 탄식하다

- **silently** [sáiləntli] 사일런틀리
  부 조용히, 고요하게

- **silly** [síli] 실리
  형 어리석은, 바보 같은

- **simply** [símpli] 심플리
  부 간단히, 단지, 검소하게

- **simultaneously** [sàiməltéiniəsli] 사이멀테이니어슬리
  부 동시에, 일제히

- **sin** [sín] 신
  명 죄, 죄악, 과실, 잘못, 위반

- **sincerely** [sinsíərli] 신시얼리
  부 진정[충심]으로, 진실로

- **singing** [síŋiŋ] 싱잉
  명 노래(하기), (새 따위의) 우는 소리

- **singular** [síŋgjulər] 싱귤러
  형 남다른, 기묘한, 〈문법〉 단수의

- **skeleton** [skélətn] 스켈러튼
  명 골격, 해골, (건물의) 골조

⦿ **skilled**	[skíld] 스킬드 형 숙련된, 노련한
⦿ **skillful**	[skílfəl] 스킬펄 형 솜씨 좋은, 숙달한, 숙련된
⦿ **skip**	[skíp] 스킵 타 뛰어넘다, 건너뛰다 자 뛰어다니다
⦿ **sleepy**	[slíːpi] 슬리-피 형 졸리는, 졸리는 듯한
⦿ **slice**	[sláis] 슬라이스 명 얇은 조각, 한 조각
⦿ **slightly**	[sláitli] 슬라이틀리 부 약간, 조금, 약하게, 가냘프게
⦿ **slippery**	[slíp(ə)ri] 슬리퍼리 형 (길이) 미끄러운, 믿을 수 없는
⦿ **slowly**	[slóuli] 슬로울리 부 천천히, 느릿느릿
⦿ **small letter**	[smɔ́ːl létər] 스몰- 레터 명 소문자
⦿ **smart**	[smáːrt] 스마-트 형 재치 있는, 빈틈 없는, 맵시 있는
⦿ **smoking**	[smóukiŋ] 스모우킹 명 흡연, 그을음 형 김 나는, 그을리는

● snap	[snǽp] 스냅 자 타 탁 소리가 나다, 덥석 물다 명 스냅사진
● snowball	[snóubɔ̀:l] 스노우볼- 명 눈뭉치, 눈덩이
● snowwhite	[snóu(h)wáit] 스노우하이트 / 스노우와이트 형 눈 같이 흰, 순백의
● snowy	[snóui] 스노위 형 눈이 많은, 눈이 내리는
● sob	[sáb] 사브 자 타 흐느껴 울다 명 흐느껴 우는 소리, 흐느껴 울기
● softly	[sɔ́:ftli] 소-프틀리 부 부드럽게, 살며시, 조용히
● solar	[sóulər] 소울러 형 태양의, 태양에 관한
● sole	[sóul] 소울 형 유일한, 단독의, 독점적인
● solitary	[sálətèri] 살러테리 형 혼자의, 외로운, 쓸쓸한
● solution	[səlú:ʃən] 설루-션 명 해답, 해결, 용해
● someday	[sʌ́mdèi] 섬데이 부 언젠가, 훗날에, 뒷날, 후일

⊙ **sometime**	[sʌ́mtàim] 섬타임
	부 언젠가, 머지 않아 형 이전의

⊙ **sorrow**	[sárou] 사로우
	명 슬픔, 비애, 불행

⊙ **sorrowful**	[sáro(u)fəl] 사로(우)펄
	형 슬퍼하는, 슬픔에 잠긴

⊙ **sound**	[sáund] 사운드
	형 건전한, 건강한, 충분한

⊙ **soundly**	[sáundli] 사운들리
	부 건전하게, 충분히

⊙ **sow**	[sóu] 소우
	타 자 (씨를) 뿌리다, 유포하다

⊙ **span**	[spǽn] 스팬
	명 한 뼘, 짧은 시간

⊙ **spare**	[spéər] 스페어
	형 여분[예비]의, 검소한 타 나눠주다, 아끼다

⊙ **speaker**	[spíːkər] 스피-커
	명 말하는 사람, 강연자, 연설자, 스피커

⊙ **spear**	[spíər] 스피어
	명 창, 투창 타 창으로 찌르다

⊙ **specialize**	[spéʃəlàiz] 스페셜라이즈
	자 전문으로 하다, 전공하다

● **specially**	[spéʃəli] 스페셜리 🖣 특별히, 각별히, 모처럼, 임시로
● **species**	[spíːʃiːz] 스피-쉬-즈 명 〈생물〉 (분류상의) 종, 종류
● **specifically**	[spisífikəli] 스피시피컬리 🖣 특히, 명확하게
● **specify**	[spésəfài] 스페서파이 타 일일이 열거하다, 명기하다
● **spectacle**	[spéktəkl] 스펙터클 명 광경, 구경거리
● **speedy**	[spíːdi] 스피-디 형 재빠른, 빠른, 즉시의, 즉석의
● **spelling**	[spéliŋ] 스펠링 명 (낱말의) 철자(법)
● **sphere**	[sfíər] 스피어 명 구, 천체, 지구의(地球儀)
● **spicy**	[spáisi] 스파이시 형 양념을 넣은, 향료를 친, 향기로운
● **spill**	[spíl] 스필 타 엎지르다, 흘리다 자 넘쳐흐르다
● **spin**	[spín] 스핀 타 (실을) 잣다, (팽이를) 돌리다 자 뱅뱅 돌다

⦿ **spiritual**	[spíritʃuəl] 스피리추얼 형 정신적인, 숭고한, 종교상의
⦿ **spit**	[spít] 스핏 자 타 (침을) 뱉다, 발화시키다, 내뱉다
⦿ **splash**	[splǽʃ] 스플래쉬 타 자 튀기다, 텀벙하는 소리를 내다 명 튀기기
⦿ **splendid**	[spléndid] 스플렌디드 형 빛나는, 화려한, 멋진
⦿ **spoken**	[spóukən] 스포우컨 형 입으로 말하는, 구어의
⦿ **springtime**	[spríŋtàim] 스프링타임 명 봄, 봄철
⦿ **sprinkle**	[spríŋkl] 스프링클 타 (물·가루 등을) 끼얹다, 흩뿌리다, (꽃에) 물을 주다
⦿ **squeeze**	[skwíːz] 스퀴-즈 타 짜내다, 꼭 쥐다, 쑤셔 넣다, 밀어 넣다
⦿ **stalk**	[stɔ́ːk] 스토-크 명 〈식물〉 줄기, 대, 잎자루
⦿ **stare**	[stéər] 스테어 자 타 응시하다, 빤히 보다
⦿ **startle**	[stáːrtl] 스타-틀 타 자 깜짝 놀라다, 깜짝 놀라게 하다

⊙ starve	[stá:rv] 스탈-브	자 타 굶다, 굶어 죽[게 하]다
⊙ statement	[stéitmənt] 스테이트먼트	명 진술, 성명(서)
⊙ statue	[stǽtʃu:] 스태추-	명 상(像), 조각상
⊙ steadily	[stédəli] 스테덜리	부 착실하게, 꾸준히
⊙ steak	[stéik] 스테이크	명 두툼하게 썰어 낸 고기 조각, 불고기
⊙ steal	[stí:l] 스틸-	타 훔치다 자 도둑질하다
⊙ sticky	[stíki] 스티키	형 끈적거리는, 들러붙는
⊙ still	[stíl] 스틸	형 조용한, 소리 없는
⊙ sting	[stíŋ] 스팅	명 침, 찌름, 찔린 상처 타 찌르다, 쏘다
⊙ stir	[stə́:r] 스터-	타 휘젓다, 뒤섞다, 움직이다, 감동시키다
⊙ storied	[stɔ́:rid] 스토-리드	형 …층의, …층으로 된

◉ **stormy**	[stɔ́ːrmi] 스토-미	
	형 폭풍의, 폭풍우의	
◉ **storybook**	[stɔ́ːribùk] 스토-리북	
	명 이야기책, 동화책	
◉ **strain**	[stréin] 스트레인	
	타 잡아당기다, 긴장시키다 명 팽팽함, 긴장	
◉ **stranger**	[stréindʒər] 스트레인저	
	명 모르는[낯선] 사람	
◉ **strengthen**	[stréŋ(k)θən] 스트렝(크)선	
	타 자 강하게 하다, 튼튼하게 하다	
◉ **stripe**	[stráip] 스트라입	
	명 줄무늬, 줄	
◉ **stroke**	[stróuk] 스트로우크	
	명 한 번 치기, 일격	
◉ **stubborn**	[stʌ́bərn] 스터번	
	형 완고한, 고집 센, 완강한	
◉ **studio**	[st(j)úːdiou] 스튜-디오우	
	명 작업장, 화실(畫室), 촬영실, 방송실	
◉ **substantial**	[səbstǽnʃəl] 서브스탠셜	
	형 상당한, 실속[내용] 있는, 견고한	
◉ **substitute**	[sʌ́bstət(j)ùːt] 서브스터튜-트	
	타 대체[대용]하다 명 대리인, 대용품	

- **suburb** [sΛ́bəːrb] 서버-브
  명 교외, 시외, 근교, 부근

- **successfully** [səksésfuli] 석세스풀리
  부 성공적으로, 훌륭하게, 운 좋게

- **succession** [səkséʃən] 석세션
  명 연속, 계승, 상속

- **suddenly** [sΛ́dnli] 서든리
  부 갑자기, 불시에, 느닷없이

- **suggestion** [sə(g)dʒéstʃən] 서(그)제스천
  명 제안, 암시, 연상 (작용)

- **suitable** [súːtəbl] 수-터블
  형 적당한, 어울리는, 알맞은

- **summit** [sΛ́mit] 서밋
  명 정상, 꼭대기, 절정

- **Sunday** [sΛ́ndèi] 선데이
  명 일요일

- **sunlight** [sΛ́nlàit] 선라이트
  명 일광, 햇빛

- **sunny** [sΛ́ni] 서니
  형 양지바른, 유쾌한, 행복한

- **sunset** [sΛ́nsèt] 선셋
  명 해넘이, 일몰, 해질녘

⊙ **sunshine**	[sʌ́nʃàin] 선샤인 명 햇빛, 일광, 양지
⊙ **super**	[súːpər] 수-퍼 형 훌륭한, 최고의 명 〈미〉 슈퍼마켓
⊙ **superficial**	[sùːpərfíʃəl] 수-퍼피셜 형 표면적인, 피상적인
⊙ **superior**	[supí(ə)riər] 수피(어)리어 형 뛰어난, 보다 위의, 우수한, 초월한
⊙ **superstition**	[sùːpərstíʃən] 수-퍼스티션 명 미신, 미신적 습관[행위]
⊙ **supplement**	[sʌ́pləmənt] 서플러먼트 명 부록, 보충, 추가
⊙ **supposing**	[səpóuziŋ] 서포우징 접 만약 …(이)라면
⊙ **supreme**	[suprí:m] 수프림- 형 최고의, 최상의, 극도의, 최후의
⊙ **surely**	[ʃúərli] 슈어리 부 틀림없이, 확실히, 설마
⊙ **surgeon**	[sə́rdʒən] 서전 명 외과 의사
⊙ **surprised**	[sərpráizd] 서프라이즈드 형 놀란

- **survival** [sərváivəl] 서바이벌
  명 생존, 잔존, 유물

- **suspicion** [səspíʃən] 서스피션
  명 의심, 혐의, 미심스런 생각

- **swarm** [swɔ́ːrm] 스웜-
  명 (벌·벌레 따위의) 떼, 무리, 다수 자 떼를 짓다

- **sweat** [swét] 스웨트
  명 땀 자 땀나다, 땀을 흘리다

- **swell** [swél] 스웰
  자 부풀다, 증가하다 타 부풀게 하다

- **swift** [swíft] 스위프트
  형 빠른, 눈 깜짝할 사이의

- **swiftly** [swíftli] 스위프틀리
  부 재빠르게, 빨리

- **sympathetic** [sìmpəθétik] 심퍼세틱
  형 동정심[인정] 있는, 호의적인

ENGLISH WORDS DICTIONARY

- **tackle** [tǽkl] 태클
  명 연장, 도구, 태클 타 …에 달려들다

◉ **tadpole**	[tǽdpòul] 태드포울 명 〈동물〉 올챙이
◉ **tale**	[téil] 테일 명 설화, 이야기, 거짓말, 소문
◉ **talent**	[tǽlənt] 탤런트 명 재주, 재능, 연예인
◉ **tame**	[téim] 테임 형 길들인, 온순한 타 길들이다, 복종시키다
◉ **teacher**	[tíːtʃər] 티-처 명 선생님, 교사
◉ **teaching**	[tíːtʃiŋ] 티-칭 명 교수, 수업, 가르치기
◉ **teamwork**	[tíːmwə̀ːrk] 팀-워-크 명 공동 작업, 팀워크
◉ **teenager**	[tíːnèidʒər] 틴-에이저 명 10대의 소년[소녀]
◉ **temper**	[témpər] 템퍼 명 기분, 기길, 천성
◉ **temptation**	[tem(p)téiʃən] 템프테이션 명 유혹, 유혹하는 것
◉ **tender**	[téndər] 텐더 형 연한, 부드러운, 상냥한

● **tense**	[téns] 텐스 명 〈문법〉 (동사의) 시제
● **terminal**	[tə́ːrmənl] 터-머늘 형 끝의, 종점의, 학기말의 명 종점, 종착역
● **territory**	[térətɔ̀ːri] 테러토-리 명 영토, 영지, 지역, 범위
● **terror**	[térər] 테러 명 공포, 두려운 것
● **thankful**	[θǽŋkfəl] 생크펄 형 감사하는, 고맙게 여기는, 감사의
● **thigh**	[θái] 사이 명 넓적다리, 허벅다리
● **thinking**	[θíŋkiŋ] 싱킹 명 생각(하기), 사고, 판단, 의견
● **thirst**	[θə́ːrst] 서-스트 명 목마름, 갈증, 열망, 갈망
● **thorn**	[θɔ́ːrn] 손- 명 가시, 가시가 돋친 식물
● **thoroughly**	[θə́ːrouli] 서-로울리 부 완전하게, 철저하게
● **those**	[ðóuz] 도우즈 대 그것[사람]들은 형 저것[그것]들의

- **thought** [θɔ́ːt] 소-트
  명 생각, 의견, 생각하기, 사고

- **thoughtful** [θɔ́ːtful] 소-트풀
  형 생각에 잠긴, 사려 깊은, 인정 있는

- **thousand** [θáuznd] 사우즌드
  명 천, 천 명[개] 형 천의, 천 명[개]의, 수천의

- **thrill** [θríl] 스릴
  명 오싹함, 스릴, 전율 타 자 오싹하다, 전율시키다

- **Thursday** [θə́ːrzdèi] 서-즈데이
  명 목요일

- **tide** [táid] 타이드
  명 조수, 조류, 형세

- **tightly** [táitli] 타이틀리
  부 단단히, 팽팽하게

- **timely** [táimli] 타임리
  형 때에 알맞은, 시기 적절한

- **timid** [tímid] 티미드
  형 수줍어하는, 겁 많은, 주저하는

- **tire** [táiər] 타이어
  타 피곤하게 하다 자 지치다, 싫증나다

- **tone** [tóun] 토운
  명 음색, 음조, 음, 목소리, 어조, 색조

- **toss** [tɔ́ːs] 토-스
  - 타 던져 올리다, 던지다 자 동요하다, 뒹굴다

- **trace** [tréis] 트레이스
  - 명 자취, 발자국 타 밟아가다, 긋다

- **trademark** [tréidmàːrk] 트레이드마-크
  - 명 (등록) 상표 타 …에 상표를 붙이다

- **traditional** [trədíʃ(ə)nəl] 트러디셔널
  - 형 전통적인, 전설의

- **tragedy** [trǽdʒədi] 트래저디
  - 명 비극(적인 사건)

- **trail** [tréil] 트레일
  - 타 끌다, 추적하다 명 지나간 자국

- **trainer** [tréinər] 트레이너
  - 명 훈련하는 사람, 트레이너

- **training** [tréiniŋ] 트레이닝
  - 명 훈련, 연습, 트레이닝

- **translate** [trænsléit] 트랜슬레이트
  - 타 해석하다, 번역하다

- **translation** [trænsléiʃən] 트랜슬레이션
  - 명 번역, 번역본

- **transport** [trænspɔ́ːrt] 트랜스포-트
  - 타 수송[운송]하다 명 수송, 운송

● trap	[træp] 트랩	명 올가미, 덫, 함정, 계략
● trash	[træʃ] 트래시	명 쓰레기, 찌꺼기, 폐물
● treasure	[tréʒər] 트레저	명 보물, 귀중품 타 소중히 하다, 간수하다
● treatment	[tríːtmənt] 트리-트먼트	명 취급, 대우, 치료, 치료법
● treaty	[tríːti] 트리-티	명 조약, 협정, 조약문
● tremble	[trémbl] 트렘블	자 떨리다, 흔들리다, 몹시 걱정하다
● tremendous	[triméndəs] 트리멘더스	형 거대한, 굉장한, 무서운
● trial	[tráiəl] 트라이얼	명 시도, 시험, 시련, 재판
● tribe	[tráib] 트라이브	명 종족, 부족, (동물·식물의) 족
● trim	[trím] 트림	형 가지런한, 깔끔한 타 정돈하다, 장식하다
● triumph	[tráiəmf] 트라이엄프	명 승리, 개선, 대성공

- **troop** [trú:p] 트루-프
  명 무리, 떼, 일단, 군대, 부대

- **tropical** [trápikəl] 트라피컬
  형 열대(지방)의, 열대산의

- **trousers** [tráuzərz] 트라우저즈
  명 (남자의) 바지

- **truly** [trú:li] 트룰-리
  부 진짜로, 참으로, 정확하게, 거짓 없이

- **tub** [tʌb] 텁
  명 통, 물통, 욕조

- **Tuesday** [t(j)ú:zdèi] 튜-즈데이
  명 화요일

- **tug** [tʌg] 터그
  타 자 세게 당기다, 끌다 명 힘껏 당김

- **turning** [tə́:rniŋ] 터-닝
  명 회전, 방향 전환, 모퉁이

- **turtle** [tə́:rtl] 터-틀
  명 〈동물〉 바다거북

- **tutor** [t(j)ú:tər] 튜-터
  명 가정 교사

- **twig** [twíg] 트위그
  명 잔가지, 작은 가지

- **twilight** [twáilàit] 트와이라이트
  명 어스레한 빛, 황혼, 여명

- **twin** [twín] 트윈
  명 쌍둥이, 짝 형 쌍둥이의, 한 쌍의

- **twinkle** [twíŋkl] 트윙클
  자 타 빛나다, 반짝이다 명 반짝거림

- **typhoon** [taifúːn] 타이푼-
  명 태풍

- **tyranny** [tírəni] 티러니
  명 전제 정치, 폭정

- **tyrant** [táirənt] 타이런트
  명 폭군, 전제 군주, 압제자

ENGLISH WORDS DICTIONARY

- **unable** [ʌnéibl] 언에이블
  형 …할 수 없는, 무력한, 약한

- **uncertain** [ʌnsə́ːrtn] 언서-튼
  형 불확실한, 분명치 않은, 의심스러운

- **unconscious** [ʌnkánʃəs] 언칸셔스
  형 모르는, 의식[정신]을 잃은, 무의식의

● **underground**	[ʌ́ndərgràund] 언더그라운드	명 지하도 형 지하의, 지하에 있는
● **underline**	[ʌ́ndərlàin] 언더라인	타 …에 밑줄을 긋다 명 밑줄, 언더라인
● **underneath**	[ʌ̀ndərníːθ] 언더니-스	부 아래에, 밑면에 전 …의 밑[아래]에
● **understanding**	[ʌ̀ndərstǽndiŋ] 언더스탠딩	명 이해, 납득, 이해력
● **undertake**	[ʌ̀ndərtéik] 언더테이크	타 떠맡다, 착수하다, 시작하다
● **underwater**	[ʌ̀ndərwɔ́ːtər] 언더워-터	형 수중의 명 수중, 심해
● **uneasy**	[ʌníːzi] 언이-지	형 불안한, 걱정되는, 어색한, 거북한
● **unequal**	[ʌníːkwəl] 언이-퀄	형 같지[동등하지] 않은, 감당 못하는
● **unexpected**	[ʌ̀nikspéktid] 언익스펙티드	형 의외의, 뜻하지 않은, 예기치 않은
● **unfair**	[ʌ̀nféər] 언페어	형 불공평한, 부당한, 부정한
● **unfamiliar**	[ʌ̀nfəmíljər] 언퍼밀리어	형 잘 모르는, 익숙하지 않은

● **unfortunate**	[ʌnfɔ́ːrtʃənət] 언포-처너트 형 불운한, 불행한, 불길한, 부적당한
● **unfortunately**	[ʌnfɔ́ːrtʃ(u)nətli] 언포-추너틀리 부 불행하게, 운 나쁘게, 공교롭게
● **unhappy**	[ʌnhǽpi] 언해피 형 불행한, 불운한, 공교로운
● **unhealthy**	[ʌnhélθi] 언헬시 형 건강하지 않은, 건강에 해로운
● **united**	[juːnáitid] 유-나이티드 형 결합된, 연합한
● **unity**	[júːnəti] 유-너티 명 단일성, 통일, 일치
● **universal**	[jùːnəvə́ːrsl] 유-너버-슬 형 우주의, 전 세계의, 세계 공통의
● **unkind**	[ʌnkáind] 언카인드 형 불친절한, 무정한
● **unknown**	[ʌnnóun] 언노운 형 알려지지 않은, 알 수 없는, 미지의
● **unlike**	[ʌnláik] 언라이크 형 같지 않은, 다른 전 …을 닮지 않고
● **unlikely**	[ʌnláikli] 언라이클리 형 있음직하지 않은, 생각지도 못한

- **unload** [ʌnlóud] 언로우드
  자 타 짐을 내리다[부리다]

- **unlock** [ʌnlák] 언락
  자 타 자물쇠를 열다, (비밀을) 터놓다

- **unlucky** [ʌnlʌ́ki] 언러키
  형 불행한, 불운한, 재수 없는

- **unnecessary** [ʌnnésəseri] 언네서세리
  형 불필요한, 쓸데없는, 무익한

- **unpleasant** [ʌnpléznt] 언플레즌트
  형 불쾌한, 비위에 거슬리는

- **untie** [ʌntái] 언타이
  타 (매듭을) 풀다, 끄르다, 해방하다

- **unusual** [ʌnjúːʒuəl] 언유-주얼
  형 이상한, 보통이 아닌, 드문, 유별난

- **uphold** [ʌphóuld] 업호울드
  타 지지하다, 옹호하다, …에 찬성하다

- **upright** [ʌ́pràit] 업라이트
  형 똑바로 선, 올바른 부 똑바로, 꼿꼿이

- **upside** [ʌ́psàid] 업사이드
  명 위쪽, 윗면, 상부

- **uptodate** [ʌ̀ptədéit] 업터데이트
  형 최신의, 근대의, 현대적인

- **upward**　[ʌ́pwərd]　업워드
  - 형 위로 향한 부 위를 향해서, 위쪽으로

- **used**　[júːzd]　유-즈드
  - 형 사용된, 중고의, 써서 낡은

- **useless**　[júːslis]　유-슬리스
  - 형 쓸모없는, 무용한

- **usually**　[júːʒuəli]　유-주얼리
  - 부 보통, 통례적으로, 평소

- **utmost**　[ʌ́tmòust]　어트모우스트
  - 형 최대한의, 극도의 명 최대한도

- **utter¹**　[ʌ́tər]　어터
  - 형 전적인, 완전한, 무조건의, 단호한

- **utter²**　[ʌ́tər]　어터
  - 타 자 발언하다, 말하다

- **utterance**　[ʌ́tərəns]　어터런스
  - 명 발언, 입 밖에 냄, 발표력, 말씨

ENGLISH WORDS DICTIONARY

- **vacancy**　[véikənsi]　베이컨시
  - 명 공허, 여지, 결원, 공석, 방심(상태)

● vacant	[véikənt] 베이컨트	형 빈, 비어있는, 공허한, 결원인, 한가한
● vacuum	[vǽkjuəm] 배큐엄	명 진공, 진공실, 빈곳, 공허, 공백
● vain	[véin] 베인	형 헛된, 무익한, 몹시 뽐내는
● vanish	[vǽniʃ] 배니시	자 사라지다, 자취를 감추다
● verb	[vɚ́ːrb] 버-브	명 〈문법〉 동사
● vertical	[vɚ́ːrtikəl] 버-티컬	형 수직의, 곧추선, 정점[절정]의
● veteran	[vét(ə)rən] 베터런	명 노련가, 베테랑, 퇴역군인
● vigor	[vígər] 비거	명 활력, 정력, 원기, 활기
● villager	[vílidʒər] 빌리저	명 시골 사람, 마을 사람
● vine	[váin] 바인	명 덩굴, 포도나무
● violate	[váiəlèit] 바이얼레잇	타 위반하다, 침범하다, 모독하다

● **violet**	[váiəlit] 바이얼릿 명 제비꽃, 보랏빛
● **visible**	[vízəbl] 비저블 형 눈에 보이는, 명백한, 뚜렷한
● **visitor**	[vízitər] 비지터 명 방문자, 관광객
● **vital**	[váitl] 바이틀 형 매우 중요한, 필수적인, 생명의
● **viva**	[víːvə] 비-버 감 만세! 명 만세 소리
● **vivid**	[vívid] 비비드 형 발랄한, 힘찬, 밝은, 선명한
● **vocal**	[vóukəl] 보우컬 형 목소리의, 음성에 관한
● **volcano**	[vɑlkéinou] 발케이노우 명 화산, 분화구
● **volunteer**	[vàləntíər] 발런티어 명 지원자, 자원 봉사자 타 자발적으로 하다
● **voter**	[vóutər] 보우터 명 투표자, 선거인, 유권자
● **vouch**	[váutʃ] 바우취 자 타 보증[보장]하다, 단언하다

- **vowel** [váuəl] 바우얼
  명 〈음성〉 모음, 모음자 형 모음의

- **voyage** [vɔ́iidʒ] 보이이지
  명 항해, 항행 자타 항해하다

- **vulgar** [vʌ́lgər] 벌거
  형 저속한, 상스러운, 통속적인

ENGLISH WORDS DICTIONARY

- **wade** [wéid] 웨이드
  자타 걸어서 건너다, 고생하며 나아가다

- **wag** [wǽg] 왜그
  타자 (꼬리 등을) 흔들다, 흔들거리다

- **wail** [wéil] 웨일
  타자 슬피 울부짖다 명 울부짖는 소리, 통곡

- **walnut** [wɔ́:lnʌ̀t] 월-넛
  명 〈식물〉 호두, 호두나무

- **warfare** [wɔ́:rfèər] 워-페어
  명 전쟁, 교전 상태, 전투, 투쟁

- **warming** [wɔ́:rmiŋ] 워-밍
  명 따뜻하게 함, 따뜻해짐, 가온

warming-up	[wɔ́ːrmiŋʌ́p] 워-밍업	형 준비 운동의, 워밍업의
warmth	[wɔ́ːrmθ] 웜-스	명 따뜻함, 온기, 온정, 열심
warning	[wɔ́ːrniŋ] 워-닝	명 경고, 경계, 주의
waterfall	[wɔ́ːtərfɔ̀ːl] 워-터폴-	명 폭포, 폭포수
weakness	[wíːknəs] 위-크너스	명 약함, 허약, 박약, 약점
wealthy	[wélθi] 웰시	형 부자인, 부유한, 풍부한
weary	[wí(ə)ri] 위어리	형 지친, 피곤한, 싫증이 난
weathercock	[wéðərkɑ̀k] 웨더칵	명 바람개비, 풍향계 타 풍향계를 달다
weave	[wíːv] 위-브	타 자 (실·직물을) 짜다, (바구니를) 엮어 짜다
Wednesday	[wénzdèi] 웬즈데이	명 수요일
weekday	[wíːkdèi] 위-크데이	명 평일, 주일(週日) 형 평일의

● **weekly**	[wíːkli] 위-클리 혱 매주의, 주 1회의 튄 매주 명 주간지
● **well**	[wél] 웰 명 우물, 샘, 광천, 근원 자 타 분출하다
● **well-known**	[wélnóun] 웰노운 혱 유명한, 잘 알려진
● **whale**	[(h)wéil] 훼일/ 웨일 명 고래 자 고래잡이에 종사하다
● **wherever**	[(h)wèərévər] 훼어레버/웨어레버 접 …하는 곳은 어디라도, 어디에 …하든지
● **whichever**	[(h)witʃévər] 휘치에버/위치에버 대 어느 것이든지, 어느 쪽을 하든지 혱 어느 것의 …이든지
● **whip**	[(h)wíp] 휩/윕 명 채찍, 회초리, 매 타 채찍질하다
● **whoever**	[huːévər] 후-에버 대 누구나, 누가 …하더라도
● **wicked**	[wíkid] 위키드 혱 악한, 사악한, 심술궂은
● **widely**	[wáidli] 와이들리 튄 널리, 넓게, 크게, 몹시
● **widow**	[wídou] 위도우 명 미망인, 과부

◉ **width**	[wídθ] 위스 몡 폭, 가로, 넓이
◉ **wildly**	[wáildli] 와일들리 부 거칠게, 난폭하게, 야생적으로
◉ **willingly**	[wíliŋli] 윌링리 부 기꺼이, 자진해서, 흔쾌히
◉ **wind**	[wáind] 와인드 타 감다, 돌리다 자 꾸불거리다
◉ **windy**	[wíndi] 윈디 형 바람이 부는, 바람이 강한
◉ **wink**	[wíŋk] 윙크 자 눈을 깜박이다, 윙크하다 몡 눈짓, 윙크
◉ **winner**	[wínər] 위너 몡 승리자, 우승자, 수상자
◉ **wipe**	[wáip] 와이프 타 닦다, 훔치다, 북북 문지르다
◉ **wireless**	[wáiərlis] 와이얼리스 몡 무선 전신, 라디오 형 무선의
◉ **wisdom**	[wízdəm] 위즈덤 몡 지혜, 현명함, 학문, 지식
◉ **wit**	[wít] 윗 몡 기지, 재치, 위트

◉ **witch**	[wítʃ] 위치 명 마녀, 여자 마법사, 무당
◉ **wonderfully**	[wʌ́ndərfəli] 원더펄리 부 놀랄만하게, 훌륭하게
◉ **woodcutter**	[wúdkʌ̀tər] 우드커터 명 나무꾼, 목판 조각가
◉ **woodpecker**	[wúdpèkər] 우드페커- 명 〈조류〉 딱따구리
◉ **worker**	[wə́ːrkər] 워-커 명 일[공부]하는 사람, 노동자
◉ **workman**	[wə́ːrkmən] 워-크먼 명 노동자, 장인, 직공
◉ **worm**	[wə́ːrm] 웜- 명 벌레
◉ **worse**	[wə́ːrs] 워-스 형 더 나쁜, 악화된 부 더욱 나쁘게
◉ **worst**	[wə́ːrst] 워-스트 형 가장 나쁜, 최악의 부 가장 나쁘게 명 최악
◉ **worthwhile**	[wə́ːrθ(h)wáil] 워-스화일/워-스와일 형 …할 보람이 [가치가] 있는
◉ **worthy**	[wə́ːrði] 워-디 형 가치가 있는, 값어치가 있는

- **would** [wúd] 우드
  조 …할[일] 것이다, (기어코) …하려고 했다

- **wow** [wáu] 와우
  감 (경탄·기쁨·고통 등) 야!, 와!

- **wreck** [rék] 렉
  타 난파시키다 명 난파, 조난

- **writing** [ráitiŋ] 라이팅
  명 쓰기, 집필, 작품, 저작

- **wrongly** [rɔ́ːŋli] 롱-리
  부 부정하게, 부당하게, 잘못하여

- **wry** [rái] 라이
  형 찡그린, 비틀어진, 비딱한, 어뚱한

ENGLISH WORDS DICTIONARY

- **Xmas** [krísməs] 크리스마스
  명 크리스마스, 성탄절

- **X-radiation** [éksreidièiʃən] 엑스레이디에이션
  명 엑스선 방사

- **X ray** [éksrèi] 엑스레이
  명 엑스선, 뢴트겐선, X선 사진[검사]

- **X-ray** [éksrèi] 엑스레이
  형 엑스선의 타 X선 사진을 찍다

- **yawn** [jɔ́ːn] 욘-
  명 하품 자 하품하다

- **yea** [jéi] 예이
  부 그렇다, 그렇지, 참으로 명 긍정, 찬성

- **yearly** [jíərli] 이어리
  형 매년의, 연 1회의, 1년간의 부 일 년에 한번, 매년

- **yearn** [jə́ːrn] 연-
  자 동경하다, 그리워하다, 갈망하다

- **yell** [jél] 옐
  자 타 큰소리를 지르다 명 고함소리, 외침

- **yoke** [jóuk] 요우크
  명 멍에, 속박 타 멍에를 씌우다

- **yokefellow** [jóukfèlou] 요우크펠로우
  명 함께 일하는 사람, 동료, 배우자

- **yonder** [jándər] 얀더
  형 부 저곳에[의], 저쪽에[의]

- **youngster** [jʌ́ŋstər] 영스터
  명 젊은이, 어린이, 소년

- **youthful** [júːθfəl] 유-스펄
  형 젊은, 팔팔한, 젊은이의, 청년다운

ENGLISH WORDS DICTIONARY

- **zap** [zǽp] 잽
  타 해치우다, 공격하다 명 힘, 공격

- **zeal** [zíːl] 지-일
  명 열심, 열성, 열의, 열중

- **zealous** [zéləs] 젤러스
  형 열심인, 열광적인, 열망하여

- **zenith** [zíːniθ] 지-니스
  명 천정(天頂), 정점, 절정, 최고조

- **zest** [zést] 제스트
  명 열정, 강한 흥미, 강한 풍미, 묘미

- **zinc** [zíŋk] 징크
  명 〈화학〉아연 타 아연을 입히다

- **zodiac** [zóudiæ̀k] 조우디액
  명 황도대(黃道帶), 12궁(宮), 일주(一周)

● **zoological**	[zòuəládʒikəl] 조우얼라지컬	
	형 동물학(상)의, 동물에 관한	
● **zoom**	[zú:m] 줌-	
	명 급상승, 〈사진〉 줌 렌즈 자 타 급등하다	
● **zyme**	[záim] 자임	
	명 효소	

ENGLISH WORDS DICTIONARY

- **acorn** [éikɔ:ɾn] 에이콘-
  명 도토리

- **actress** [ǽktrəs] 액트러스
  명 여배우

- **advertisement** [ǽdvərtáizmənt] 애드버타이즈먼트
  명 광고, 선전, 고지, 통지 (단축형 ad)

- **airline** [éərlàin] 에어라인
  명 정기 항공(로), 항공 회사

- **airmail** [éərmèil] 에어메일
  명 항공 우편(물) 형 항공 우편의

- **airport bus** [éərpɔ̀:rt bʌ́s] 에어포-트 버스
  명 공항 버스

- **album** [ǽlbəm] 앨범
  명 앨범, 사진첩, CD 세트[선집]

- **alcohol** [ǽlkəhɔ̀:l] 앨커홀-
  명 알코올, 알코올 음료, 술

- **alphabet** [ǽlfəbèt] 앨퍼벳
  명 알파벳, 자모(字母)

● **ambulance**	[ǽmbjuləns] 앰뷸런스 명 구급차, (이동식) 야전 병원
● **anchor**	[ǽŋkər] 앵커 명 뉴스 캐스터, 앵커맨[우먼]
● **angel**	[éindʒəl] 에인절 명 천사, 사자(使者)
● **Antarctica**	[æntá:rktikə] 앤트악-티커 명 남극 대륙
● **antenna**	[ænténə] 앤테너 명 (라디오·TV) 안테나, (동물의) 촉각
● **apron**	[éiprən] 에이프런 명 에이프런, 턱받이, 앞치마
● **arcade**	[a:rkéid] 아-케이드 명 아케이드, 지붕이 있는 가로[상가]
● **arch**	[á:rtʃ] 아-치 명 〈건축〉 아치, 아치형 건조물
● **aspirin**	[ǽspərin] 애스퍼린 명 〈약학〉 아스피린, 아스피린 정제
● **automobile**	[ɔ́:təmoubì:l] 오-터모우빌- 명 〈미〉 자동차 형 자동차의, 자동의
● **ax/axe**	[ǽks] 액스 명 도끼 타 도끼로 자르다

ENGLISH WORDS DICTIONARY

- **baby sitter**   [béibi sìtər] 베이비 시터
  명 아기를 봐주는 사람

- **badminton**   [bǽdmintn] 배드민튼
  명 〈스포츠〉 배드민튼

- **baker**   [béikər] 베이커
  명 빵 굽는 사람, 제빵업자

- **barley**   [báːrli] 바-리
  명 〈식물〉 보리, 대맥

- **basin**   [béisn] 베이슨
  명 대야, 세면기, (강의) 유역, 분지

- **bean**   [bíːn] 빈-
  명 〈식물〉 콩, 강낭콩

- **bedtime**   [bédtàim] 베드타임
  명 취침 시간, 잘 시간

- **beer**   [bíər] 비어
  명 맥주, 발포성 음료

- **beginner**   [bigínər] 비기너
  명 초학자, 초보자, 초심자

- **bench** [béntʃ] 벤치
  - 명 벤치, 긴 의자

- **best-seller** [bést-sélər] 베스트셀러
  - 명 베스트셀러, 베스트셀러 작가

- **Bible** [báibl] 바이블
  - 명 (기독교의) 성서, 성경, 성전(聖典)

- **biscuit** [bískit] 비스킷
  - 명 비스킷, 과자모양의 빵

- **blackboard** [blǽkbɔ̀:rd] 블랙보-드
  - 명 칠판, 흑판

- **blanket** [blǽŋkit] 블랭킷
  - 명 모포, 담요 타 담요로 덮다

- **blouse** [bláus] 블라우스
  - 명 (여성·어린이용) 블라우스

- **bookcase** [búkkèis] 북케이스
  - 명 책장, 서가, 책꽂이

- **bookstore** [búkstɔ̀:r] 북스토-
  - 명 서점, 책방 (=bookshop)

- **booth** [bú:θ] 부-쓰
  - 명 (시장 등의) 노점, 매점, (공중) 전화 박스

- **bow** [bóu] 보우
  - 명 활, (악기의) 활, 나비넥타이

● **bowling**	[bóuliŋ] 볼링 명 〈스포츠〉 볼링
● **brake**	[bréik] 브레이크 명 브레이크, 제동기　자 브레이크를 걸다
● **broom**	[brú:m] 브룸- 명 비, 자루 브러시
● **bucket**	[bʌ́kit] 버킷 명 양동이, 물통, 버킷
● **Buddhism**	[bú:dizm] 부-디즘 명 〈종교〉 불교
● **bug**	[bʌ́g] 버그 명 (작은) 곤충, 딱정벌레
● **building**	[bíldiŋ] 빌딩 명 건물, 빌딩, 건축
● **butter**	[bʌ́tər] 버터 명 버터, 〈구어〉 아부, 아첨
● **butterfly**	[bʌ́tərflài] 버터플라이 명 〈곤충〉 나비, (수영의) 버터플라이

ENGLISH WORDS DICTIONARY

- **cab**
  [kǽb] 캐브
  몡 〈미〉 택시, (기관차의) 기관사실

- **cabbage**
  [kǽbidʒ] 캐비지
  몡 양배추, 캐비지

- **cabinet**
  [kǽb(ə)nit] 캐버닛
  몡 장식장, 캐비닛, 내각(the Cabinet)

- **cafe**
  [kæféi] 캐페이
  몡 식당, 레스토랑, 커피점, 카페

- **cake**
  [kéik] 케이크
  몡 케이크, (부드러운) 양과자

- **camp**
  [kǽmp] 캠프
  몡 야영, 캠프장 쟈 야영하다

- **campfire**
  [kǽmpfàiər] 캠프파이어
  몡 야영의 모닥불, 캠프파이어

- **card**
  [káːrd] 카드
  몡 카드, 명함, 카드놀이의 패

- **carnival**
  [káːrnəvəl] 카ㅓ너벌
  몡 카니발, 사육제, 축제

◉ **carpet**	[ká:*r*pit] 카-핏 명 융단, 카펫, 깔개
◉ **cart**	[ká:*r*t] 카-트 명 카트, 손수레, 짐수레
◉ **Catholicism**	[kəθálisìzm] 커살리시즘 명 〈종교〉 가톨릭교, 천주교
◉ **cellar**	[sélə*r*] 셀러 명 지하실, 창고, 포도주 저장
◉ **cereal**	[sí(ə)riəl] 시(어)리얼 명 곡물, 곡식, 곡초
◉ **chess**	[tʃés] 체스 명 체스, 서양의 장기
◉ **chocolate**	[tʃák(ə)lət] 차컬럿 명 초콜릿, 초콜릿 음료
◉ **chopsticks**	[tʃápstìks] 찹스틱스 명 젓가락 (복수 취급)
◉ **Christmas**	[krísməs] 크리스머스 명 크리스마스, 성탄절
◉ **cigaret(te)**	[sìgərét] 시거렛 명 궐련, (종이로 만) 담배
◉ **cinema**	[sínəmə] 시너머 명 영화관, 영화

- **circus** [sə́ːrkəs] 서-커스
  명 곡마단, 서커스, 곡예

- **cleaner** [klíːnər] 클리-너
  명 청소하는 사람, 청소기, 세제

- **climber** [kláimər] 클라이머
  명 등산가 (=mountaineer)

- **clip** [klíp] 클립
  명 클립, 종이집게 타 클립으로 고정시키다

- **clown** [kláun] 클라운
  명 어릿광대, 익살꾼 자 익살부리다

- **club** [klʌ́b] 클러브
  명 클럽, 동호회, 곤봉

- **coat** [kóut] 코우트
  명 상의, 코트, 털가죽, 칠 타 칠하다, 뒤덮다

- **coffee** [kɔ́ːfi] 코-피
  명 커피 형 커피색의

- **coil** [kɔ́il] 코일
  명 고리, 사리, 〈전기〉 코일

- **collar** [kálər] 칼라
  명 칼라, 옷깃 타 깃을 달다

- **combination** [kàmbənéiʃən] 캄버네이션
  명 결합, 배합, 단결, 연합, 단체

● **comment**	[kάment] 카멘트 명 (시사 문제 등의) 논평, 비평, 해설
● **compass**	[kΛmpəs] 컴퍼스 명 나침반, (제도용) 컴퍼스, 한계
● **computer**	[kəmpjú:tər] 컴퓨-터 명 컴퓨터, 계산기
● **concert**	[kάnsə:rt] 칸서-트 명 음악회, 연주회, 콘서트
● **counter**	[káuntər] 카운터 명 (상점 등의) 계산대, 카운터, 계산원
● **coupon**	[k(j)ú:pɑn] 쿠-판 명 쿠폰, (경품) 교환권, 할인권, 전표
● **cupboard**	[kΛbərd] 커버드 명 찬장, 식기장
● **curtain**	[kə́:rtn] 커-튼 명 커튼, (극장의) 막 타 커튼을 치다
● **cushion**	[kúʃən] 쿠션 명 쿠션, 방석 타 쿠션으로 받치다
● **cycling**	[sáikliŋ] 사이클링 명 자전거 타기, 사이클링

- **darling**
  [dáːrliŋ] 다-링
  명 가장 사랑하는 사람, 귀여운 사람

- **daytime**
  [déitàim] 데이타임
  명 낮, 주간 형 낮[주간]의

- **department store**
  [dipáːrtmənt stɔ́ːr] 디파-트먼트 스토-
  명 백화점

- **designer**
  [dizáinər] 디자이너
  명 설계자, 도안가, 디자이너

- **dessert**
  [dizə́ːrt] 디저-트
  명 디저트, 후식 형 디저트용의

- **detective**
  [ditéktiv] 디텍티브
  명 탐정, 형사 형 탐정의

- **diamond**
  [dái(ə)mənd] 다이(어)먼드
  명 다이아몬드, 금강석, 〈야구〉 내야

- **dine**
  [dáin] 다인
  자 (저녁) 식사를 하다, 정찬을 먹다

- **dining room**
  [dáiniŋ rùːm] 다이닝 룸-
  명 (가정·호텔의 정찬용) 식당

⦿ **dinner party**	[dínər pàːrti] 디너 파-티 명 만찬회, 오찬회, 축하연
⦿ **dipper**	[dípər] 디퍼 명 (국을 푸는) 국자, 〈천문〉 북두칠성
⦿ **discount**	[dískaunt] 디스카운트 명 타 할인(하다) 형 염가 판매의
⦿ **disk/disc**	[dísk] 디스크 명 (납작한) 원반, 레코드, 디스크
⦿ **ditch**	[dítʃ] 디취 명 (관계용) 수로, 도랑, 실개천, 배수구
⦿ **dock**	[dák] 닥 명 〈미〉 부두, 선창, 독, 선거(船渠)
⦿ **doorbell**	[dɔ́ːrbèl] 도-벨 명 문간의 벨, 초인종
⦿ **doorway**	[dɔ́ːrwèi] 도-웨이 명 문간, (출)입구, 현관, (…으로의) 문호
⦿ **downtown**	[dáuntáun] 다운타운 명 도심지, 상가 부 도심지에서[로]
⦿ **dressing**	[drésiŋ] 드레싱 명 끝손질, 〈요리〉 드레싱, 붕대
⦿ **dressmaker**	[drésmèikər] 드레스메이커 명 (숙녀복의) 양재사, 양장점

- **drier** [dráiər] 드라이어
  명 건조기, 헤어 드라이어

- **driveway** [dráivwèi] 드라이브웨이
  명 〈미〉 드라이브 길, 차도

- **drugstore** [drʌ́gstɔ̀ːr] 드럭스토-
  명 〈미〉 약국, 드러그스토어

- **dryer** [dráiər] 드라이어
  명 건조기, (헤어) 드라이어

- **dye** [dái] 다이
  명 염색, 염료 타 물들이다, 염색하다

E

ENGLISH WORDS DICTIONARY

- **Easter** [íːstər] 이-스터
  명 부활절, 부활 주일

- **easy chair** [íːzi tʃéər] 이-지 체어
  명 안락의자

- **elevator** [éləvèitər] 엘러베이터
  명 엘리베이터, 승강기

- **employee** [implɔ́iíː] 임플로이이-
  명 고용인, 종업원

◉ **engineer**	[èndʒiníər] 엔지니어
	명 기사, 기술자, 기관사, 엔지니어

◉ **escalator**	[éskəlèitər] 에스컬레이터
	명 에스컬레이터, 자동 계단

◉ **excursion**	[ikskə́:rʒən] 익스커-전
	명 소풍, (수학) 여행, 유람

◉ **Expo**	[ékspou] 엑스포우
	명 (무역) 박람회, 전람회, 엑스포

ENGLISH WORDS DICTIONARY

◉ **facsimile/fax**	[fæksíməli] / [fæks] 팩시멀리/팩스
	명 복사, 복제, 〈통신〉 사진 전송, 팩시밀리

◉ **fare**	[féər] 페어
	명 요금, 운임, 통행료, 승객, 음식물

◉ **farmhouse**	[fá:rmhàus] 팜-하우스
	명 농가, 농장 내의 주택

◉ **faucet**	[fɔ́:sit] 포-싯
	명 수도꼭지, (통의) 마개, 물주둥이

◉ **fencing**	[fénsiŋ] 펜싱
	명 펜싱, 검술, (질문을) 교묘히 받아넘기기

● **ferry**	[féri] 페리 명 페리, 나룻배, 연락선, 나루터
● **film**	[fílm] 필름 명 엷은 막, 〈사진〉 필름, 〈영〉 영화
● **fireplace**	[fáiərplèis] 파이어프레이스 명 벽난로, 난로, 난로 앞
● **fire station**	[fáiər stéiʃən] 파이어 스테이션 명 소방서
● **fire truck**	[fáiər trʌk] 파이어 트럭 명 〈미〉 소방(자동)차
● **fishing**	[fíʃiŋ] 피싱 명 낚시질, 어업, 낚시터
● **flashlight**	[flǽʃlàit] 플래시라이트 명 〈미〉 손전등, 회중 전등, 〈사진〉 플래시
● **flat**	[flǽt] 플랫 명 〈영〉 아파트, 맨션
● **floppy disk**	[flápi dísk] 플라피 디스크 명 〈컴퓨터〉 플로피 디스크
● **footprint**	[fútprìnt] 풋프린트 명 발자국
● **fountain**	[fáunt(ə)n] 파운틴 명 분수, 샘 자 타 분출하다[시키다]

fountain pen	[fáunt(ə)n pèn] 파운턴 펜 명 만년필
freeway	[frí:wèi] 프리-웨이 명 무료 고속[간선]도로
freight	[fréit] 프레이트 명 화물 운송[수송], 운임, (운송) 화물
frying pan	[fráiiŋ pæ̀:n] 프라잉 팬 명 프라이팬
funeral	[fjú:n(ə)rəl] 퓨-너럴 명 장례식, 장의 행렬 형 장례의

ENGLISH WORDS DICTIONARY

gardener	[gá:rdnər] 가-드너 명 정원사, 원예가, 채소 재배자
garlic	[gá:rlik] 가-릭 명 〈식물〉 마늘 형 마늘로 조리한
gas	[gǽs] 개스 명 가스, 기체, 휘발유
glacier	[gléiʃər] 글레이셔 명 빙하

glasses	[glǽsiz] 글래시즈 명 안경 (=eyeglass)
golf	[gálf] 갈프 명 골프 자 골프를 치다
greenhouse	[grí:nhàus] 그린-하우스 명 온실, 건조실 형 온실 효과의
grocery	[gróus(ə)ri] 그로우서리 명 식료 잡화점, 식품점, 식료 잡화류
guidance	[gáidns] 가이든스 명 안내, 지도, 길잡이, (학생) 지도
guidebook	[gáidbùk] 가이드북 명 안내서, 여행 안내서, 편람
guitar	[gitá:r] 기타- 명 기타 자 기타를 치다

ENGLISH WORDS DICTIONARY

Halloween	[hæ̀ləwí:n] 핼러윈- 명 〈미〉 핼로윈 (Hallowmas의 전야)
hamburger	[hǽmbə̀:rgər] 햄버-거 명 햄버거

⊙ **handbag**	[hǽn(d)bæ̀g] 핸(드)배그	명 핸드백, (여성용) 손가방
⊙ **handkerchief**	[hǽŋkərtʃif] 행커치프	명 손수건
⊙ **hanger**	[hǽŋər] 행어	명 옷걸이, 거는 고리, (버스의) 손잡이
⊙ **headache**	[hédèik] 헤드에익	명 두통, 〈구어〉 골칫거리, 걱정거리
⊙ **headlight**	[hédlàit] 헤드라이트	명 (자동차의) 헤드라이트, 전조등
⊙ **headphone**	[hédfòun] 헤드포운	명 머리에 쓰는 수화[수신]기, 헤드폰
⊙ **helicopter**	[hélikàptər] 헬리캅터	명 헬리콥터
⊙ **helmet**	[hélmit] 헬밋	명 헬멧, 철모, 투구, 안전모
⊙ **highway**	[háiwèi] 하이웨이	명 간선 도로, 큰길, 하이웨이
⊙ **hiking**	[háikiŋ] 하이킹	명 도보 여행, 하이킹
⊙ **hockey**	[háki] 하키	명 〈스포츠〉 하키 형 하키용의

Hollywood	[háliwùd] 할리우드 명 〈미〉 할리우드
homemade	[hóummèid] 호움메이드 형 집에서[손수] 만든, 국산의
homer	[hóumər] 호우머 명 〈야구〉 홈런(home run)
horn	[hɔ́ːrn] 혼- 명 뿔, (자동차) 경적, 〈악기〉 호른
hostess	[hóustəs] 호우스터스 명 (연회 등의) 여주인, 호스티스
housekeeping	[háuskìːpiŋ] 하우스키-핑 명 가사, 살림살이, 가정 형 가정의
hurrah	[hurɔ́ː] 후로- 감 만세, 후라 명 만세[환호] 소리

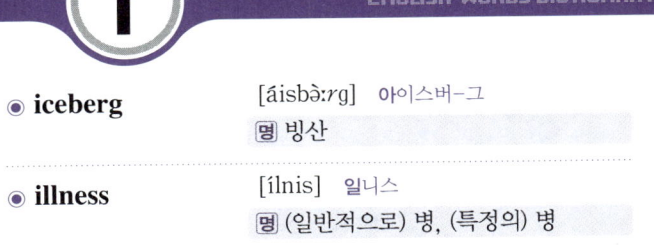

ENGLISH WORDS DICTIONARY

iceberg	[áisbə̀ːrg] 아이스버-그 명 빙산
illness	[ílnis] 일니스 명 (일반적으로) 병, (특정의) 병

- **imitation** [ìmətéiʃən] 이머테이션
  명 모방, 모조(품) 형 모조[인조]의

- **incentive** [inséntiv] 인센티브
  명 장려금, 격려, 자극, 유인, 동기

- **inflation** [infléiʃən] 인프레이션
  명 〈경제〉 인플레이션, 통화 팽창

- **injection** [indʒékʃən] 인젝션
  명 주입, 주사, 관장, 주사액, 관장약

- **invitation** [ìnvətéiʃən] 인버테이션
  명 초대, 초청, 초대장, 안내장

- **Internet** [íntərnèt] 인터넷
  명 〈컴퓨터〉 인터넷

- **interpreter** [intə́ːrpritər] 인터-프리터
  명 통역(자), 해석자, 설명자

- **inventor** [invéntər] 인벤터
  명 발명가, 창출자, 고안자

ENGLISH WORDS DICTIONARY

- **jacket** [dʒǽkit] 재킷
  명 짧은 상의, 재킷, (책·레코드) 재킷

- **jackknife** [dʒǽknàif] 잭(크)나이프
  명 잭나이프 자타 잭나이프로 베다

- **jailer** [dʒéilər] 제일러
  명 〈미〉 (교도소의) 교도관

- **jam** [dʒǽm] 잼
  명 잼 타 잼으로 만들다, 잼을 바르다

- **jar** [dʒáːr] 자-
  명 병, 단지, 항아리

- **jean** [dʒíːn] 진-
  명 진, 진[데님]바지

- **jewelry** [dʒúːəlri] 주-얼리
  명 보석류, 보석 세공, 보석 장식

- **juice** [dʒúːs] 주-스
  명 (과일·고기 등의) 주스, 즙, 액

- **jungle** [dʒʌ́ŋgl] 정글
  명 정글, 밀림(지대)

ENGLISH WORDS DICTIONARY

- **kangaroo** [kæ̀ŋgərúː] 캥거루-
  명 〈동물〉 캥거루

- **keeper** [kíːpər] 키-퍼
  명 지키는 사람, 관리인, 경영자, 〈경기〉 키퍼

- **kettle** [kétl] 케틀
  명 주전자, 냄비, 솥, 탕관

- **keyboard** [kíːbɔ̀ːrd] 키-보-드
  명 (피아노의) 건반, (컴퓨터) 키보드

- **kindergarten** [kíndərgàːrtn] 킨더가-튼
  명 〈미〉 유치원

- **Koreatown** [kəríːətàun] 커리-어타운
  명 (외국 도시의) 한국인 거주지[거리]

ENGLISH WORDS DICTIONARY

- **label** [léibəl] 레이블
  명 라벨, 꼬리표, 딱지 타 라벨을 붙이다

- **lace** [léis] 레이스
  명 레이스, (구두 따위의) 끈

- **laundry** [lɔ́ːndri] 론-드리
  명 세탁소, 세탁물

- **leap year** [líːp jìər] 리-프 이어
  명 윤년 형 윤년의

- **lemon** [lémən] 레먼
  명 레몬, 레몬 나무, 레몬색

- **lettuce** [létəs] 레터스
  명 〈식물〉 상추, 양상추

- **liar** [láiər] 라이어
  명 거짓말쟁이

- **liquor** [líkər] 리커
  명 알코올 음료, 주류, 술

- **lobster** [lábstər] 라브스터
  명 〈동물〉 바닷가재, 대하

- **lodging** [ládʒiŋ] 라징
  명 하숙, (일시적인) 숙박, 하숙집

- **lorry** [lɔ́:ri] 로-리
  명 트럭, 화물 자동차

- **lounge** [láundʒ] 라운지
  명 (호텔 등의) 로비, 휴게실

- **lunchtime** [lʌ́ntʃtàim] 런치타임
  명 점심 시간

ENGLISH WORDS DICTIONARY

- **magician** [mədʒíʃən] 머지션
  몡 마술사, 요술쟁이

- **mailman** [méilmæn] 메일맨
  몡 〈미〉 우편 집배원

- **makeup** [méikʌp] 메이크업
  몡 화장, 분장, 메이크업, 짜임새, 구성

- **mat** [mǽt] 맷
  몡 매트, 돗자리, 깔개

- **meadow** [médou] 메도우
  몡 목초지, 풀밭, 초원

- **medal** [médl] 메들
  몡 메달, 기장, 훈장

- **media** [míːdiə] 미-디어
  몡 (신문·TV·라디오 등) 대중전달매체

- **melon** [mélən] 멜런
  몡 〈식물〉 멜론, 참외

- **menu** [ménjuː] 메뉴-
  몡 메뉴, 식단표

● merchant	[mə́ːrtʃənt] 머-천트
	명 상인 형 무역의, 상인의

● meter	[míːtər] 미-터
	명 (전기·가스의) 계량기 자 계량하다

● microphone	[máikrəfòun] 마이크러포운
	명 마이크로폰, 마이크(mike), 확성기

● mileage	[máilidʒ] 마일리지
	명 총마일 수, 주행거리, 연비, 이익

● millionaire	[mìljənéər] 밀리언에어
	명 백만장자, 큰 부자

● model	[mádl] 마들
	명 모형, 모델, 본보기

● monument	[mánjumənt] 마뉴먼트
	명 기념비, 기념탑, 기념물, 금자탑

● motor	[móutər] 모우터
	명 모터, 발동기, 자동차

● movie theater	[múːvi θìːətə] 무-비 시-어터
	명 〈미〉 영화관

● musical	[mjúːzikəl] 뮤-지컬
	형 음악의, 음악적인 명 뮤지컬

ENGLISH WORDS DICTIONARY

- **napkin**　[nǽpkin] 냅킨
  명 (식탁용) 냅킨

- **necklace**　[néklis] 네클리스
  명 목걸이, 네크리스

- **necktie**　[néktài] 넥타이
  명 〈미〉 넥타이

- **network**　[nétwə:rk] 넷워-크
  명 방송망, 네트워크

- **Nobel Prize**　[noubél práiz] 노우벨 프라이즈
  명 노벨상

- **nonstop**　[nànstáp] 난스탑
  형 직행의[으로], 연속적인

- **noodle**　[nú:dl] 누-들
  명 국수, 누들

- **notebook**　[nóutbùk] 노우트북
  명 노트, 공책, 수첩, 노트북 컴퓨터

- **nursery**　[nə́:rs(ə)ri] 너-서리
  명 아이방, 육아실, 보육원, 탁아소

ENGLISH WORDS DICTIONARY

- **officer** [ɔ́:fisər] 오-피서
  명 장교, 공무원, 경찰관

- **Olympic** [əlímpik] 얼림픽
  형 국제 올림픽 경기의

- **onion** [ʌ́njən] 어니언
  명 〈식물〉 양파

- **opera** [ɑ́p(ə)rə] 아퍼러
  명 오페라, 가극

- **operator** [ɑ́pərèitər] 아퍼레이터
  명 (기계의) 조종자, (전신) 기사, (전화) 교환수

- **orange** [ɔ́:rindʒ] 오-린지
  명 오렌지(나무), 오렌지색

- **orchestra** [ɔ́:rkistrə] 오-키스트러
  명 오케스트라, 관현악단

- **ornament** [ɔ́:rnəmənt] 오-너먼트
  명 장식품, 장신구, 장식

- **ostrich** [ɑ́stritʃ] 아스트리치
  명 〈조류〉 타조

- **outing**　　[áutiŋ]　아우팅
  명 소풍, 피크닉, 산책

- **oven**　　[ʌ́vən]　어번
  명 오븐, 솥, 가마

- **overcoat**　　[óuvərkòut]　오우버코우트
  명 오버코트, 외투

- **oyster**　　[ɔ́istər]　오이스터
  명 〈패류〉 굴, 진주조개　자 굴을 따다

- **painter**　　[péintər]　페인터
  명 화가, 화공, 페인트공, 도장공

- **pajamas**　　[pədʒáːməz]　퍼자-머즈
  명 파자마, 잠옷

- **pamphlet**　　[pǽmflət]　팸플릿
  명 팸플릿, 작은 책자

- **pan**　　[pǽn]　팬
  명 납작한 냄비, (오븐용) 접시

- **pancake**　　[pǽnkèik]　팬케이크
  명 팬케이크

- **panda** [pǽndə] 팬더
  명 〈동물〉 판다

- **paradox** [pǽrədàks] 패러닥스
  명 역설, 패러독스, 모순된 일[말, 사람]

- **parking** [páːrkiŋ] 파-킹
  명 주차, 주차장 형 주차의[에 관한]

- **parrot** [pǽrət] 패럿
  명 〈조류〉 앵무새

- **party** [páːrti] 파-티
  명 파티, 모임, 당, 당파, 짝, 패, 일행

- **pastry** [péistri] 페이스트리
  명 (밀가루반죽으로 만든) 빵과자

- **patent** [pǽtnt] 패튼트
  명 특허(권) 형 특허의, 명백한

- **pea** [píː] 피-
  명 〈식물〉 완두(콩) 형 완두콩 비슷한

- **peanut** [píːnʌ̀t] 피-넛
  명 〈식물〉 땅콩, 호콩

- **penguin** [péŋgwin] 펭귄
  명 〈조류〉 펭귄

- **pennant** [pénənt] 페넌트
  명 (경기 등의) 우승기, 페넌트, 응원기

◉ **pen name**	[pén nèim] 펜 네임	
	명 (작가의) 필명, 아호, 펜네임	
◉ **pen pal**	[pén pæl] 펜 팰	
	명 〈미〉 펜팔, 편지 친구	
◉ **perfume**	[pə́ːrfjùːm] 퍼-퓸-	
	명 향수, 향기	
◉ **personal computer**	[pə́ːrs(ə)nəl kəmpjúːtər] 퍼-서널 컴퓨-터	
	명 퍼스널[개인용] 컴퓨터	
◉ **phone**	[fóun] 포운	
	명 전화(기) 타 전화하다, 전화를 걸다	
◉ **phone number**	[fóun nÀmbər] 포운 넘버	
	명 전화 번호	
◉ **phonograph**	[fóunəgræf] 포우너그래프	
	명 〈미〉 축음기, 레코드 플레이어	
◉ **photographer**	[fətágrəfər] 퍼타그러퍼	
	명 사진사, 카메라맨	
◉ **pianist**	[piǽnist] 피애니스트	
	명 피아니스트, 피아노 연주자	
◉ **piano**	[piǽnou] 피애노우	
	명 피아노	
◉ **pickle**	[píkl] 피클	
	명 소금[식초]에 절인 것, 피클	

- **pigeon** [pídʒin] 피진
  명 〈조류〉 비둘기

- **pill** [píl] 필
  명 환약, 알약

- **pillow** [pílou] 필로우
  명 베개, 〈기계〉 굴대받이

- **pin** [pín] 핀
  명 핀, 안전핀, 장식핀 타 핀으로 꽂다[고정하다]

- **pineapple** [páinæpl] 파인애플
  명 〈식물〉 파인애플 (열매)

- **ping-pong** [píŋpàŋ] 핑팡
  명 탁구, 핑퐁

- **pipe** [páip] 파이프
  명 관, 파이프, (담배) 파이프

- **pizza** [píːtsə] 피-처
  명 피자

- **plastic** [plǽstik] 플래스틱
  명 플라스틱 (제품) 형 플라스틱제의

- **platform** [plǽtfɔːrm] 플랫폼-
  명 단, 교단, 연단, 플랫폼, 승강장

- **player** [pléiər] 플레이어
  명 경기자, 선수, 연주자, 배우

● **plug**	[plʌg] 플러그 명 마개, 〈전기〉 플러그 타 마개를 하다
● **policeman**	[pəlí:smən] 펄리-스먼 명 경찰관, 순경
● **pony**	[póuni] 포우니 명 조랑말, 망아지
● **pool**	[pú:l] 풀- 명 물웅덩이, (인공의) 못, 수영장, 풀
● **pop**	[pάp] 팝 형 대중적인, 대중음악의 명 대중음악
● **pork**	[pɔ́:rk] 포-크 명 돼지고기
● **postage**	[póustidʒ] 포우스티지 명 우편 요금
● **postage stamp**	[póustidʒ stæmp] 포우스티지 스탬프 명 우표
● **postbox**	[póustbὰks] 포우스트박스 명 〈영〉 우체통, 우편함
● **postcard**	[póus(t)kὰ:rd] 포우스(트)카-드 명 〈영〉 우편엽서, 〈미〉 그림엽서
● **poster**	[póustər] 포우스터 명 포스터, 벽보, 광고전단

◉ **postman**	[póus(t)mən] 포우스(트)먼 명 〈영〉 우편 집배원
◉ **post office**	[póust ɔ́:fis] 포우스트 오-피스 명 우체국
◉ **present**	[préznt] 프레즌트 명 선물, 선사, 예물
◉ **privacy**	[práivəsi] 프라이버시 명 사생활, 프라이버시, 비밀, 비공개
◉ **program**	[próugræm] 프로우그램 명 프로그램, 계획, 예정
◉ **propeller**	[prəpélər] 프러펠러 명 (비행기) 프로펠러, 추진기
◉ **pump**	[pʌ́mp] 펌프 명 펌프 자 타 펌프로 퍼 올리다
◉ **pumpkin**	[pʌ́m(p)kin] 펌(프)킨 명 〈식물〉 호박, 호박 줄기[덩굴]
◉ **puzzle**	[pʌ́zl] 퍼즐 명 퍼즐, 수수께끼, 당황 타 당황하게 하다
◉ **pyjamas**	[pədʒɑ́:məs] 퍼자-머스 명 〈영〉 파자마, 잠옷
◉ **pyramid**	[pírəmid] 피러미드 명 (고대 이집트의) 피라미드, 〈수학〉 각뿔

ENGLISH WORDS DICTIONARY

- **quay** [kíː] 키-
  명 방파제, 선창, 부두

- **quill** [kwíl] 퀴일
  명 깃대, 깃대로 만든 것, 침, 바늘

- **quilt** [kwílt] 퀼트
  명 누비이불, 퀼트 제품

- **quiz** [kwíz] 퀴즈
  명 (간단한) 시험, 퀴즈, 질문

ENGLISH WORDS DICTIONARY

- **racer** [réisər] 레이서
  명 경주자, 경주마

- **racket** [rǽkit] 래킷
  명 (테니스·배드민턴 등의) 라켓

- **radar** [réidɑːr] 레이다-
  명 레이더, 전파 탐지기

- **railroad** [réilròud] 레일로우드
  명 〈미〉 철도, 철도 선로 타 철도를 놓다

- **railway** [réilwèi] 레일웨이
  명 〈영〉 철도

- **ray** [réi] 레이
  명 광선, (희망의) 빛, 〈물리〉 방사선

- **reader** [ríːdər] 리-더
  명 독자, 독서가, 교과서

- **receipt** [risíːt] 리시-트
  명 수령, 영수, 영수증

- **recipe** [résəpì] 레서피
  명 (요리의) 조리법, 요리법, 처방(전)

- **refrigerator** [rifrídʒərèitər] 리프리저레이터
  명 냉장고, 냉각[냉동] 장치

- **rehearsal** [rihə́ːrsəl] 리허-설
  명 (연극 등의) 리허설, 시연(회)

- **relay** [ríːlei] 릴-레이
  명 교체, 교대, 릴레이 경주, 계주

- **rhythm** [ríðm] 리듬
  명 율동, 리듬, 운율

- **ribbon** [ríbən] 리번
  명 리본, 띠, 장식 끈

◉ **rider**	[ráidər] 라이더 명 타는 사람, 기수, 차를 모는 사람
◉ **riverside**	[rívərsàid] 리버사이드 명 강가, 강변 형 강변의, 강기슭의
◉ **robot**	[róubɑt] 로우밧 명 인조 인간, 로봇
◉ **rocket**	[rɑ́kit] 라킷 명 로켓, 로켓 무기
◉ **rod**	[rɑ́d] 라드 명 장대, 막대, 회초리, 낚싯대
◉ **rose**	[róuz] 로우즈 명 장미, 장미꽃
◉ **runner**	[rʌ́nər] 러너 명 달리는 사람, 경주자[말]
◉ **rush hour**	[rʌ́ʃ àuər] 러시 아우어 명 (출·퇴근시의) 혼잡한 시간, 러시아워
◉ **rust**	[rʌ́st] 러스트 명 녹 자 녹슬다, 썩다

ENGLISH WORDS DICTIONARY

- **sack**   [sǽk] 새크
  명 부대, 자루, 봉지   타 자루에 넣다

- **salad**   [sǽləd] 샐러드
  명 생채 요리, 샐러드, 샐러드용 야채

- **salesgirl**   [séilzgə̀ːrl] 세일즈걸-
  명 여자 점원

- **salesman**   [séilzmən] 세일즈먼
  명 남자 점원, 판매원, 외판원

- **sandwich**   [sǽn(d)witʃ] 샌(드)위치
  명 샌드위치

- **Santa Claus**   [sǽntəklɔ̀ːz] 산타클로-즈
  명 산타클로스

- **sauce**   [sɔ́ːs] 소-스
  명 소스, 양념

- **saucer**   [sɔ́ːsər] 소-서
  명 받침 접시, 화분의 밑받침

- **sausage**   [sɔ́ːsidʒ] 소-시지
  명 소시지, 순대

● scarf	[ská:rf] 스카-프 명 스카프, 목도리
● schoolboy	[skú:lbɔ̀i] 스쿨-보이 명 남학생
● schoolgirl	[skú:lgə̀:rl] 스쿨-걸- 명 여학생
● schoolteacher	[skú:ltì:tʃər] 스쿨-티-처 명 선생님
● seal	[sí:l] 실- 명 인장, 봉인(封印) 타 날인[봉인]하다
● seaman	[sí:mən] 시-먼 명 선원, 뱃사람, 항해자
● seat belt	[sí:t bèlt] 시-트 벨트 명 (자동차·비행기의) 좌석[안전] 벨트
● secondhand	[sékəndhǽnd] 세컨드핸드 형 중고의, 중고품 매매의, 간접의
● selfservice	[sélfsə́:rvis] 셀프서-비스 명 형 자급식(의), 셀프서비스(의)
● seller	[sélər] 셀러 명 파는 사람, 팔리는 물건[책]
● setting	[sétiŋ] 세팅 명 무대장치, 배경

● shampoo	[ʃæmpúː] 섐푸-	명 샴푸, 머리를 감음
● shark	[ʃáːrk] 샤-크	명 〈어류〉 상어
● shield	[ʃíːld] 쉴-드	명 방패, 보호물
● shirt	[ʃə́ːrt] 셔-트	명 (남자용) 셔츠, 와이셔츠
● shopkeeper	[ʃápkìːpər] 샵키-퍼	명 〈영〉 가게 주인, 소매 상인
● shopping	[ʃápiŋ] 샤핑	명 쇼핑, 물건사기, 장보기
● shopping center	[ʃápiŋ séntər] 샤핑 센터	명 상점가
● shovel	[ʃʌ́vəl] 셔벌	명 삽, 가래, 셔블, 동력삽
● show window	[ʃóu wìndou] 쇼우 윈도우	명 상품 진열창, 쇼윈도, 견본
● shutter	[ʃʌ́tər] 셔터	명 덧문, 셔터 타 문을 달다
● sidewalk	[sáidwɔ̀ːk] 사이드워-크	명 (포장된) 보도, 인도

◉ **sightseeing**	[sáitsì:iŋ] 사이트싱- 명 구경, 관광 형 관광[유람]의
◉ **signature**	[sígnətʃ(u)ər] 시그너처 명 서명, 사인, 〈음악〉 기호
◉ **singer**	[síŋər] 싱어 명 가수, 성악가
◉ **sitting room**	[sítiŋ rù:m] 시팅 룸- 명 〈영〉 거실 (〈미〉 living room)
◉ **skate**	[skéit] 스케이트 명 스케이트 자 스케이트를 타다
◉ **sketch**	[skétʃ] 스케치 명 스케치, 밑그림 타자 스케치하다
◉ **ski**	[skí:] 스키- 명 스키 자 스키를 타다
◉ **skyline**	[skàiláin] 스카이라인 명 지평선, 스카이라인
◉ **skyscraper**	[skáiskrèipər] 스카이스크레이퍼 명 마천루, 초고층 빌딩
◉ **sleeping bag**	[slí:piŋ bǽg] 슬리-핑 배그 명 침낭, 슬리핑 백
◉ **sleeve**	[slí:v] 슬리-브 명 소매, 소맷자락

- **slipper** [slípər] 슬리퍼
  명 슬리퍼, 가벼운 실내화

- **slogan** [slóugən] 슬로우건
  명 표어, 슬로건

- **smog** [smág] 스마―그
  명 스모그, 연무 타 스모그로 덮다

- **snack** [snǽk] 스낵
  명 가벼운 식사, 간식

- **snowman** [snóumæ̀n] 스노우맨
  명 눈사람

- **sofa** [sóufə] 소우퍼
  명 소파, 긴 의자

- **softball** [sɔ́(:)ftbɔ̀:l] 소프트볼―
  명 〈스포츠〉 소프트볼

- **software** [sɔ́(:)ftwèər] 소프트웨어
  명 〈컴퓨터〉 소프트웨어

- **sonata** [sənɑ́:tə] 서나―터
  명 〈음악〉 소나타

- **soninlaw** [sʌ́ninlɔ̀:] 선인로―
  명 사위, 양자

- **soup** [sú:p] 수―프
  명 수프

◉ **souvenir**	[súːvəniər] 수-버니어	명 기념품, 선물
◉ **spaceman**	[spéismæn] 스페이스맨	명 우주 비행사, 우주인
◉ **spaceship**	[spéisʃip] 스페이스쉽	명 우주선
◉ **space station**	[spéis stèiʃən] 스페이스 스테이션	명 우주 정거장
◉ **spacesuit**	[spéissùːt] 스페이스슈-트	명 우주복
◉ **spaghetti**	[spəgéti] 스퍼게티	명 스파게티 (국수)
◉ **spectator**	[spékteitər] 스펙테이터	명 관객, 구경꾼
◉ **sportsmanship**	[spɔ́ːrtsmənʃip] 스포-츠먼쉽	명 운동가[스포츠맨] 정신, 운동 정신
◉ **spray**	[spréi] 스프레이	명 물보라, 분무기 타 (살충제 등을) 뿌리다
◉ **spy**	[spái] 스파이	명 스파이, 간첩, 밀정 타 염탐하다
◉ **stadium**	[stéidiəm] 스테이디엄	명 경기장, 스타디움, 육상 경기장

- **staircase** [stéərkèis] 스테어케이스
  명 (난간을 포함한) 계단, 층계

- **stew** [stjúː] 스튜-
  명 스튜 (요리) 타 약한 불로 끓이다

- **stocking** [stákiŋ] 스타킹
  명 긴 양말, 스타킹

- **stomachache** [stʌ́məkèik] 스터머케이크
  명 배앓이, 복통

- **stool** [stúːl] 스툴-
  명 (등받이가 없는) 의자

- **stopwatch** [stápwàtʃ] 스탑와치
  명 스톱 워치, 초 기록 시계

- **storehouse** [stɔ́ːrhàus] 스토-어하우스
  명 창고, 저장소

- **storekeeper** [stɔ́ːrkìːpər] 스토-키-퍼
  명 〈미〉 가게 주인, (군수품의) 창고 관리인

- **straw** [strɔ́ː] 스트로-
  명 짚, 보리짚, 밀짚, 빨대, 스트로

- **strip** [stríp] 스트립
  명 작은 조각, (신문 등의) 연재 만화

- **submarine** [sʌ́bmərìːn] 서브머린-
  명 잠수함 형 해저의, 해저에서 나는

⊙ suitcase	[súːtkèis] 수-트케이스 명 여행 가방, 슈트케이스
⊙ sunrise	[sʌ́nràiz] 선라이즈 명 해돋이, 일출, (사물의) 시초
⊙ supermarket	[súːpərmàːrkit] 수-퍼마-킷 명 슈퍼마켓, 종합 회사
⊙ sweater	[swétər] 스웨터 명 스웨터, 두꺼운 털 셔츠
⊙ swimming	[swímiŋ] 스위밍 명 수영, 헤엄
⊙ sword	[sɔ́ːrd] 소-드 명 검, 칼, 무력
⊙ symphony	[símfəni] 심퍼니 명 교향곡, 심포니

ENGLISH WORDS DICTIONARY

⊙ tablecloth	[téiblklɔ̀ːθ] 테이블크로-스 명 식탁보
⊙ tack	[tæk] 택 명 납작못, 압정, 방침, 정책

⊙ **tag**	[tǽg] 태그	
	명 꼬리표, 번호표, 늘어진 끝[장식]	
⊙ **tailor**	[téilər] 테일러	
	명 재단사, 재봉사	
⊙ **tank**	[tǽŋk] 탱크	
	명 (물·기름을 담아두는) 탱크, 수조, 전차	
⊙ **tape recorder**	[téip rikɔ́:rdər] 테이프 리코-더	
	명 녹음기, 테이프 리코더	
⊙ **taxi**	[tǽksi] 택시	
	명 택시 자 택시로 가다	
⊙ **team**	[tí:m] 팀-	
	명 〈경기〉 팀, 조, (일하는) 그룹, 반	
⊙ **telegram**	[téləgræ̀m] 텔러그램	
	명 (한 통의) 전보, 전신, 전문	
⊙ **telegraph**	[téləgræ̀f] 텔러그래프	
	명 전신, 전보, 전신기 타 전보로 알리다	
⊙ **telephone number**	[téləfoun nʌ̀mbər] 텔러포운 넘버	
	명 전화번호	
⊙ **tennis**	[ténis] 테니스	
	명 정구, 테니스	
⊙ **Thanksgiving Day**	[θæ̀ŋksgíviŋ dèi] 쌩크스기빙 데이	
	명 〈미〉 추수 감사절	

● **thermometer**	[θərmámətər] 서마머터 명 온도계, 지표
● **timetable**	[táimtèibl] 타임테이블 명 시간[시각]표, 예정표, 계획표
● **tip**	[típ] 팁 명 사례금, 팁 타 …에게 팁을 주다
● **tissue**	[tíʃuː] 티슈- 명 티슈, 휴지, (근육 등의) 조직
● **toast**	[tóust] 토우스트 명 토스트, 구운 빵 타 노르스름하게 굽다
● **token**	[tóukən] 토우컨 명 표, 증거, 표시, 기념품
● **tomato**	[təméitou] 터메이토우 명 〈식물〉 토마토
● **tomb**	[túːm] 툼- 명 무덤, 묘지, 묘비, 묘석
● **toothache**	[túːθèik] 투-스에이크 명 이앓이, 치통
● **toothbrush**	[túːθbrʌ̀ʃ] 투-스브러시 명 칫솔
● **toothpaste**	[túːθpèist] 투-스페이스트 명 치약

● **tortoise**	[tɔ́ːrtəs] 토-터스 명 〈동물〉 거북, 남생이
● **touch out**	[tʌ́tʃ àut] 터치 아웃 명 술래잡기, 터치아웃 타 터치아웃 시키다
● **tourist**	[tú(ə)rist] 투(어)리스트 명 여행자, 관광객 형 관광객의[을 위한]
● **toyshop**	[tɔ́iʃɑ̀p] 토이샵 명 장난감 가게, 완구점
● **tractor**	[træktər] 트랙터 명 견인차, 트랙터
● **traveler**	[trǽvələr] 트래벌러 명 여행자, 여행가
● **tray**	[tréi] 트레이 명 쟁반, 요리 접시
● **trombone**	[trɑmbóun] 트람보운 명 〈악기〉 트롬본
● **trophy**	[tróufi] 트로우피 명 상패, 트로피, (우승) 기념품, 전리품
● **truck**	[trʌ́k] 트럭 명 트럭, 화물 자동차, 손수레
● **trumpet**	[trʌ́mpit] 트럼핏 명 〈악기〉 트럼펫

- **trunk** [tráŋk] 트렁크
  명 줄기, 몸통, 여행용 가방, 트렁크

- **tunnel** [tʌ́nl] 터늘
  명 터널, 굴, 지하도

- **turkey** [tə́:rki] 터-키
  명 〈조류〉 칠면조, 칠면조 고기

- **typewriter** [táipràitər] 타이프라이터
  명 타이프라이터, 타자기

- **typist** [táipist] 타이피스트
  명 타이피스트, 타수

ENGLISH WORDS DICTIONARY

- **undershirt** [ʌ́ndərʃə̀:rt] 언더셔-트
  명 〈미〉 (남성·아동용의) 속셔츠

- **underwear** [ʌ́ndərwèər] 언더웨어
  명 내의, 속옷

- **upstairs** [ʌ́pstéərz] 업스테어즈
  부 위층[2층]에 형 위층[2층]의

ENGLISH WORDS DICTIONARY

- **vase**　　[véis] 베이스
  명 꽃병, (장식용) 항아리, 병

- **veil**　　[véil] 베일
  명 베일, 면사포, 장막　타 베일로 덮다, 숨기다

- **vessel**　　[vésəl] 베설
  명 용기, 그릇, (boat 보다 큰) 배

- **vest**　　[vést] 베스트
  명 (양복의) 조끼, 방탄 조끼

- **video**　　[vídiòu] 비디오우
  명 비디오 리코더, (텔레비전의) 영상

- **viewer**　　[vjúːər] 뷰-어
  명 보는 사람, 구경꾼, 시청자

- **violin**　　[vàiəlín] 바이얼린
  명 〈악기〉 바이올린

- **vitamin**　　[váitəmin] 바이터민
  명 비타민　형 비타민의

- **volleyball**　　[válibɔ̀ːl] 발리볼-
  명 〈체육〉 배구, 발리볼, 배구공

ENGLISH WORDS DICTIONARY

- **wagon**
 [wǽgən] 왜건
 명 사륜차, 짐마차, 무개화차, 이동 식기대

- **waiter**
 [wéitər] 웨이터
 명 (호텔·식당 등의) 남자 종업원

- **waiting room**
 [wéitiŋ rùːm] 웨이팅 룸-
 명 (역·병원의) 대기실, 대합실

- **waitress**
 [wéitrəs] 웨이트러스
 명 (호텔·음식점의) 여종업원

- **wallet**
 [wálit] 왈릿
 명 지갑, 돈지갑

- **wastebasket**
 [wéis(t)bæskit] 웨이스(트)배스킷
 명 〈미〉 휴지통

- **watchman**
 [wátʃmən] 와치먼
 명 (건물 등을) 지키는 사람, 경비원

- **waterskiing**
 [wɔ́ːtərskìːiŋ] 워-터스키-잉
 명 수상 스키

- **wax**
 [wǽks] 왝스
 명 밀랍, 윤내는 약, 왁스

● welldone	[wéldʌ́n] 웰던 형 (고기가) 잘 익은[구워진], 잘 된
● wheat	[(h)wíːt] 휘-트 / 위-트 명 〈식물〉 밀, 소맥
● whisker	[(h)wískər] 휘스커 / 위스커 명 구레나룻, 수염
● whiskey	[(h)wíski] 휘스키 / 위스키 명 위스키 형 위스키의
● windmill	[wín(d)mìl] 윈(드)밀 명 풍차 타 자 (풍차처럼) 회전시키다
● workshop	[wə́ːrkʃɑ̀p] 워-크샵 명 작업장, 일터, 연구회, 강습회
● wrestling	[réslin] 레슬링 명 레슬링, 씨름, 격투
● writer	[ráitər] 라이터 명 필자, 작가, 저자, 작곡가

ENGLISH WORDS DICTIONARY

● xylophone	[záiləfòun] 자일러포운 명 〈음악〉 실로폰, 목금

ENGLISH WORDS DICTIONARY

- **yacht** [ját] 얏
  명 요트, (유람용) 쾌속선

- **yarn** [já:rn] 얀-
  명 뜨개실, 방사(紡絲), 모험담, 이야기

- **yoga** [jóugə] 요우거
  명 (힌두교) 요가, 유가, (건강) 요가

ENGLISH WORDS DICTIONARY

- **zigzag** [zígzæg] 지그재그
  명 지그재그(형), Z자형 형 지그재그의

- **zip code** [zípkòud] 집코우드
  명 〈미〉 우편 번호

- **zipper** [zípər] 지퍼
  명 〈미〉 지퍼

- **zone** [zóun] 조운
  명 지대, 지역, 구역, 〈지리〉 대(帶)

Plus 부록

**핵심만 쏙쏙 뽑은
best 영숙어 200**

Top English Words Dictionary

- **a few**   소수의, 적은 …

  그녀는 중국에 친구가 몇 사람 있어요.
  She has a few friends in China.

- **a kind of**   일종의 … , …의 일종

  그것은 일종의 자유의 표현입니다.
  It's a kind of expression of freedom.

- **a little**   조금, 적은

  나는 돈이 조금 필요합니다.
  I want a little money.

- **a lot**   매우 많은 것, 매우

  도움을 주서서 대단히 감사합니다.
  Thanks a lot for your help.

- **a lot of**   많은…, 다량의

  뉴욕에는 공원이 많이 있어요.
  There are a lot of parks in New York.

- **a pair of**   한 쌍의…, 한 켤레[벌]의…

  여기 깨끗한 양말 한 켤레가 있습니다.
  Here's a pair of clean socks.

- **a piece of**   한 조각의…, 한 개의…

  케이크 한 조각 주시겠어요?
  "Can I have a piece of cake?"

⦿ **according to** …에 따라, …에 의하면

일기예보에 따르면, 내일 눈이 올 거예요.
According to the weather forecast, it will snow tomorrow.

⦿ **after school** 방과 후에

방과 후에 만나자.
Let's meet after school.

⦿ **again and again** 몇 번이고, 되풀이하여

나는 몇 번이고 다시 시도해서 성공했어요.
I tried again and again and succeeded.

⦿ **all day** 하루 종일, 온종일

우리 모두 하루 종일 열심히 일했어요.
All of us have worked hard all day.

⦿ **all of** …은 모두, …은 전부

우리는 모두 하루 종일 열심히 일했어요.
All of us have worked hard all day.

⦿ **all over** 도처에, 어느 곳이나 다

전 세계의 사람들이 그 회의에 참석할 것입니다.
People from all over the world will attend the meeting.

⦿ **all right** 좋아, 알았어, 더할 나위 없는

모든 일이 잘 되어갑니다.
Everything is all right.

⊙ and so on
기타 등등, …등[따위]

나는 영어, 수학, 과학 등등을 공부하기 좋아해요.
I like to study English, math, science and so on

⊙ arrive at
…에 도착하다, …에 이르다

역에 도착했을 때, 그는 기차가 떠나버린 것을 알았어요.
Arriving at the station, he found his train had gone.

⊙ as ~ as one can
할 수 있는 대로

되도록 빨리 오세요.
Please come as early as you can.

⊙ as A as B
B만큼 A하다, B와 같을 정도로 A한

당신은 그 사람만큼 영어를 잘 하나요?
Are you as good at English as him?

⊙ as soon as
…하자마자, …하자 곧

가능한 한 빨리 결과를 알려주세요.
Let me know the results as soon as possible.

⊙ at all costs
무슨 일이 있어도, 기어코

그녀는 어떤 일이 있더라도 우승하겠다고 결심했어요.
She determined to win at all costs"

⊙ at any rate
여하튼, 좌우간에

여하튼 가서 그것을 보고 오너라.
At any rate, go and have a look at it.

at best
기껏해야, 잘해야

그녀는 기껏해야 스무 살입니다.
She is twenty at best

at first
처음에(는), 최초에는

그들은 처음에는 사이가 나빴어요.
They were on bad terms at first

at hand
가까이에, 임박한

바로 근처에 우체국이 있어요.
There is a post office near at hand

at home
집에(서)

대니는 집에 있나요?
Is Danny at home?

at last
마침내, 드디어

마침내 우리는 그것을 찾았어요.
At last we found it.

at length
마침내, 그제야, 상세히

그녀는 마침내 가버렸습니다.
She went away at length

at night
밤에, 해질녘에, 저녁에

밤에는 시끄럽게 하지 마세요.
Don't make a noise at night

at once
곧, 즉시, 당장, 동시에

그녀는 곧[즉시] 돌아왔어요.
She came back at once.

at school
학교에서, 수업 중에

우리는 학교에서 영어를 배우고 있어요.
We are learning English at school.

at stake
위태로워, 관련이 되어, 문제가 되어

나의 명예가 걸려 있습니다.
My honor is at stake.

attend to
…에 주의하다

나는 중요한 용건이 있어요.
I have an important matter to attend to.

be able to
…할 수 있다 (=can)

그녀는 영어를 말할 수 있어요.
She is able to speak English.

be full of
…으로 가득 차다, …이 많다

그는 오늘 활기차 보입니다.
He seems to be full of beans today.

be glad to
…하니 기쁘다

저한테는 반가운 소식이네요.
I'm glad to hear that.

⊙ be going to   …할 작정이다, …하려 하고 있다

나는 편지를 쓸 작정이에요.
I'm going to write a letter.

⊙ be good at   …에 능숙하다, …을 잘하다

그녀는 그림을 잘 그립니다.
She is good at painting.

⊙ be happy[glad] to   …해서 기쁘다

당신을 만나게 되면 매우 기쁘겠습니다.
I shall be very happy to see you.

⊙ be interested in   …에 흥미가 있다

나는 스포츠에 흥미가 있어요.
I'm interested in sports.

⊙ be kind to   …에게 친절하다

그녀는 모든 사람에게 친절합니다.
She is very kind to everyone.

⊙ be late for   …에 늦다[지각하다]

나는 학교에 지각했어요.
I was late for school.

⊙ be made of   …으로 만들어지다

당신은 그것이 무엇으로 만들어졌는지 아세요?
Do you know what it was made of?

be over 끝나다 (=end)

학교는 5시에 끝납니다.
School will be over at five.

be surprised at …에 놀라다

우리는 그 뉴스를 듣고 놀랐습니다.
We were surprised at the news.

because of … 때문에

나는 어제 시험 때문에 열심히 공부했다.
I studied hard yesterday because of my test.

belong to …의 것이다, …에 속하다

이 가방이 누구의 것인지 아세요?
Do you know who these bag belong to?

between A and B A와 B의 사이에

당신은 '네'와 '아마도' 사이에서 선택할 수 있어요.
You have a choice between yes and maybe.

both A and B A도 B도, 양쪽 모두

엘리베이터는 올라가기도 하고 내려가기도 합니다.
The elevator goes both up and down.

by accident 우연히

그는 그 문제를 우연히 발견했어요.
He discovered the problem by accident

- **by all means** 무슨[어떤] 일이 있어도

  반드시 시험을 보십시오.
  Take the examination by all means

- **by bus[car, train]** 버스로[차로, 기차로]

  버스로 가야겠어요.
  I guess we'll have to go by bus

- **by the way** 그런데

  그런데 그 일은 어떻게 되었나요?
  By the way, how does the matter stand?

- **can afford+명사** ···할 여유가 있다

  죄송하지만 제 능력 밖입니다.
  I'm sorry, I don't think I can afford it.

- **catch up with** ···을 따라잡다, 쫓다

  금방 당신을 따라가겠습니다.
  I'll catch up with you in a minute.

- **come back** 돌아오다, 회복하다, 복귀하다

  그는 곧 돌아옵니다.
  He will soon come back

- **come from** ···의 출신이다, ···에서 나오다

  당신은 고향이 어디입니까?
  Where do you come from?

- **come home** 집으로 돌아오다, 귀국하다

  그는 보통 8시에 집으로 돌아옵니다.
  He usually comes home at eight.

- **come up to** …로 다가오다, …에 도달하다

  한 신사가 내게로 다가왔습니다.
  A gentleman came up to me.

- **compare A with B** A와 B를 비교하다

  네 자신을 다른 사람과 비교하지 마라.
  Don't compare yourself with others.

- **consist in** …에 있다, …에 달리다

  행복은 평화와 만족에 있습니다.
  Happiness consists in peace and contentment.

- **consist of** …로 구성되다

  위원회는 7명의 위원으로 구성됩니다.
  The committee shall consist of seven members.

- **count in** …을 셈에 넣다, 한패에 넣다

  그거 재미있겠는데요. 나도 끼워주세요.
  That sounds like fun. Count me in.

- **count on** …을 의지하다, …을 믿다

  나는 당신은 믿을 만한 사람이라고 늘 생각했어요.
  I always know I can count on you.

- **depend on[upon]** …을 믿다, …에 의지하다

  아이들은 부모에게 의지합니다.
  Children depend on their parents.

- **dispense with** …없이 지내다, …을 생략하다

  이런 것은 불필요합니다.
  We can dispense with this.

- **don't have to** …할 필요가 없다

  당신은 그렇게 할 필요가 없어요.
  You don't have to do so.

- **each other** 서로(를), 상호간에

  우리는 서로 사랑했어요.
  We loved each other.

- **enjoy ~ing** …을 즐기다

  그녀는 집에서 독서를 즐겼어요.
  She enjoyed reading at home.

- **every day** 날마다, 매일의, 일상의

  나는 날마다 산책을 해요.
  I take a walk every day.

- **fall down** 넘어지다, (굴러) 떨어지다

  그는 계단에서 넘어졌어요.
  He fell down the stairs.

⦿ far from   …으로부터 먼, …으로부터 멀리

우리 집은 학교에서 멀리 있어요.
My house is far from the school.

⦿ feel after   …을 더듬어 찾다

그녀는 어둠 속에서 스위치를 더듬어 찾았어요.
She felt after the swtch in the darkness.

⦿ feel free to   마음대로 …해도 좋다

언제든지 마음 놓고 제게 전화하세요.
Please feel free to call me anytime.

⦿ feel like ~ing   …을 하고 싶다, …을 바라다

자, 피자를 먹어볼까요?
Well, do you feel like having a pizza?

⦿ for a long time   오랫동안

나는 오랫동안 그 생각을 마음에 품어 왔습니다.
I've had the idea in mind for a long time

⦿ for some time   잠시 동안, 얼마동안

그녀는 거기서 잠시 동안 서 있었다.
She stood there for some time

⦿ for the first time   처음으로

우리는 처음으로 결승전에 진출하게 되었습니다.
We made it to the playoffs for the first time

- **for the purpose of** ···을 위하여, ···의 목적으로

  그것은 석유 탐사를 목적으로 만들어졌어요.
  It was built for the purpose of oil exploration.

- **for the sake of** ···을 위해, ···때문에

  그녀는 건강을 위해 시골에서 살 생각입니다.
  She is going to live in the country for the sake of her health.

- **from A to B** A부터 B까지

  서울에서 대전까지 얼마나 멀어요?
  How far is it from Seoul to Daejeon?

- **from now on** 지금[이제]부터는, 앞으로는

  이제부터는 시간을 잘 지키겠어요.
  I will be prompt from now on

- **furnish A with B** A에게 B를 공급하다

  우리는 도서관에 책들을 공급하기로 했어요.
  We have decided to furnish a library with books.

- **get on** ···에 타다, 승차하다, (일 등이) 진척되다

  사람들이 기차에 타고 있어요.
  People are getting on the train.

- **get out** 꺼내다, (밖으로) 나가다, (차에서) 내리다

  나는 이 곤경에서 벗어나고 싶어요.
  I want to get out of this mess.

- **get to** …에 도착하다

  그는 제시간에 역에 도착했어요.
  He got to the station in time.

- **get up** 일어나다, 기상하다, 일어서다

  나는 아침마다 6시에 일어납니다.
  I get up at six every morning.

- **go ~ing** …하러 가다

  드라이브하러 갑시다.
  Let's go driving.

- **go back (to ~)** (되)돌아가다, 거슬러 올라가다

  그 잘못이 누구에게로 돌아갈까요?
  Who does that mistake go back to?

- **go home** 귀가하다, 귀국하다.

  우리는 열차로 귀가했어요.
  We went home by train.

- **go into** …에 들어가다, …으로 통하다

  그것은 이 상자에는 들어가지 않습니다.
  It won't go into this box.

- **go off** 가버리다, 떠나가다, (빛 등이) 꺼지다

  그녀는 홀로 집에서 떠나갔어요.
  She went off alone from the house.

- **go on** 계속하다, 나아가다

  겨울 세일은 일주일 동안 계속됩니다.
  The winter sale will go on for a week.

- **go out** 외출하다, (불이) 꺼지다, 파괴되다

  그녀는 이제 방금 가족과 함께 외출했어요.
  She is just going out with her family.

- **go to bed** 잠자리에 들다, 잠을 자다

  오늘 밤에는 일찍 잘 거예요.
  I will go to bed early tonight.

- **go to school** 학교에 가다

  너는 몇 시에 학교에 가니?
  What time do you go to school?

- **grow up** 성장하다, 자라다

  그는 뉴욕에서 자랐어요.
  He grew up in New York.

- **had better** …하는 것이 낫다, …하는 편이 좋다

  당신 피곤해 보이네요. 쉬는 편이 낫겠어요.
  You look tired. You had better take a rest.

- **happen on** 우연히 …을 만나다[발견하다]

  길에서 우연히 그녀를 만났어요.
  I happened to see her on the street.

- **have a good time** 즐겁게[유쾌하게] 지내다

  그들은 모두 즐거운 시간을 보내고 있어요.
  They all have a good time.

- **have to** …해야 한다, …하지 않으면 안 된다

  당신은 즉시 가야 해요.
  You have to go at once.

- **help oneself to** 마음대로 집어먹다, 착복하다

  커피를 마음대로 드십시오.
  Please help yourself to the coffee.

- **Here you are** 여기 있습니다

  "물 한 컵 주세요." – "여기 있습니다."
  "Give me a glass of water." – "Here you are."

- **How about ~** …하는 게 어때요?, …은 어떻습니까?

  그 연극 보러 가는 게 어때요?
  How about going to the play?

- **How long ~ ?** 얼마쯤, 얼마만큼

  그것을 끝내는 데 시간이 얼마만큼 걸렸어요?
  How long did it take to finish it?

- **How much ~ ?** 얼마만큼(의), (양·값이) 얼마, 어느 정도

  이 핸드폰은 얼마입니까?
  How much is this cell phone?

- **how to** …하는 방법, 어떻게 …하는가

  그는 이 차를 출발시키는 방법을 알고 있어요.
  He knows how to start this car.

- **I hope (that)~** 나는 …하기를 바란다

  나는 그녀가 곧 오기를 바랍니다.
  I hope that she will come soon.

- **I think (that)~** 나는 …라고 생각한다

  나는 그녀가 정직하다고 생각해요.
  I think that she is honest.

- **in addition to** …에 더하여, …외에 또

  그녀는 월급 외에 부업으로 30달러를 벌었어요.
  In addition to the monthly salary, she earned $30 by side job.

- **in any event** 어쨌든, 아무렇든지

  어쨌든 출발 전에 알려 드리겠습니다.
  In any event, I will let you know before I start.

- **in case of** …의 경우에는, …을 생각해서

  만일의 경우에 당신은 뭐라고 말하겠어요?
  In case of need, what would you say?

- **in charge of** …을 맡고 있는, 담당의

  그는 이 지역의 판매를 담당하고 있어요.
  He's in charge of sales in this district.

- **in fact** 사실상, 실제로, 사실은

  사실 이제 거의 완성됐어요.
  In fact, I'm almost finished with it now.

- **in front of** …의 앞에, …의 정면에

  극장 앞에서 기다릴게요.
  I'll wait for you in front of the theater.

- **in itself** 그 자체로서(는), 본래, 원래는

  그 화학제품은 그 자체로는 해가 없습니다.
  The chemical is not harmless in itself.

- **in reality** 실은, 실제로는, 정말로

  실은 진실한 우정이란 만들어가는 데 시간이 걸립니다.
  In reality, real friendship, takes time to build.

- **in search of** …을 찾아서, …을 추구하여

  그들은 길 잃은 아이를 찾으러 나섰습니다.
  They set off in search of a lost child.

- **in short** 간단히 말하면, 요컨대

  요컨대, 운동은 건강을 위해서 필요합니다.
  In short, exercise is necessary for good health.

- **in spite of** …에도 불구하고

  노력했음에도 불구하고 그는 실패했어요.
  In spite of hard efforts, he failed.

in the course of   …동안에, …하는 과정에

존과 헨리는 그 날로 친구가 되었어요.
John and Henry became friends in the course of the day.

in the end   마침내, 결국은

마침내 나는 참을 수 없었다.
In the end, I could not bear it.

in the event of   (만일) …의 경우에는

사고의 경우에, 경종을 울리세요.
In the event of an accident, ring the alarm bell.

in the long run   긴 안목으로 보면, 결국은

나는 정직한 사람이 결국 승리한다고 생각해요.
I believe that the honest will win in the long run.

in the morning   아침에, 오전 중에

나는 보통 아침 일찍 일어납니다.
I usually get up early in the morning.

in touch with   …와 연락하다, 접촉하다

헨리와 연락이 되었나요?
Were you able to get in touch with Henry?

last night   어젯밤에

어젯밤에 비가 많이 왔어요.
We had a lot of rain last night.

- **last week** 지난주에

  나는 지난주에 그것을 알았어요.
  I knew about it last week.

- **learn to** …할 것을 배우다, …하게 되다

  어떻게 영어를 잘하는 법을 배울 수 있을까요?
  How can I learn to speak English well?

- **leave for** …으로 (향하여) 출발하다

  나는 7시에 학교로 출발한다.
  I'll leave for school at seven.

- **lie in** …에 있다, …에 달리다

  그녀의 장점은 정직함에 있어요.
  Her strength lies in her honesty.

- **listen to** …을 듣다

  나를 보고 내 말을 잘 들으세요.
  Look at me and listen to me carefully.

- **look after** …을 보살피대[돌보다]

  그녀는 아기를 돌봐야 합니다.
  She must look after the baby.

- **look at** …을 보다, 바라보다, 고찰하다

  저 아름다운 무지개를 봐요!
  Look at that beautiful rainbow!

◉ look for   ···을 찾다, 기다리다

나는 두 시간 동안 그녀를 찾았어요.
I looked for his for two hour.

◉ look forward to   ···을 고대하다, 손꼽아 기다리다

우리는 겨울 방학을 손꼽아 기다리고 있어요.
We are looking forward to the winter vacation.

◉ look like   ···인 것 같다, ···처럼 보이다

곧 비가 올 것 같아요.
It looks like it's going to rain soon.

◉ look out of   바깥을 내다보다

나는 가끔 창문으로 밖을 내다보았어요.
I often looked out of the window.

◉ look up   찾아보다, 쳐다보다

그 단어를 사전에서 찾아봐라.
Look up the word in the dictionary.

◉ make a mistake   잘못[실책]을 저지르다

나는 시험에서 한 개를 틀렸어요.
I made a mistake in the test.

◉ manage to   가까스로 ···하다, 이럭저럭 ···하다

그녀는 가까스로 시험에 합격했어요.
She just managed to pass the examination.

◉ many times   자주, 여러 번

나는 그녀의 편지를 몇 번이나 되풀이해서 읽었어요.
I read her letter many times over.

◉ more and more   점점 더, 더욱 더, 더욱 많은

그 이야기는 점점 더 흥미진진해졌습니다.
The story got more and more exciting.

◉ most of   …의 대부분[대다수]

대다수는 내가 알지 못하는 사람들이었어요.
Most of them were strangers to me.

◉ no one   아무도 …않다[아니다]

그런 이름을 가진 사람은 여기에 없어요.
No one by that name lives here.

◉ not ~ any more   더 이상 …아니다

그는 더 이상 참을 수 없습니다.
He can't stand any more.

◉ not ~ yet   아직(도) …않다

나는 아직 그 소식을 듣지 못했습니다.
I did not hear the news yet.

◉ not only A but (also) B   A뿐만 아니라 B도

그 책은 흥미 있을 뿐만 아니라 교훈적이었습니다.
The book was not only interesting but also instructive.

⦿ of course   물론, 당연히

물론입니다. 무엇을 알고 싶으세요?
Yes, of course. What do you want to know?

⦿ of itself   저절로, 자연히

그것이 어떻게 저절로 부러지겠어요?
How can it break of itself?

⦿ on one's way   도중에

나는 집으로 가는 도중에 헨리를 만났어요.
I met Henry on my way to home.

⦿ on the other hand   다른 한편으로는, 그 반면에

한편으로 그는 요리를 즐겨 합니다.
On the other hand he loves to cook.

⦿ one day   어느 날, 언젠가는

어느 날, 밀러 씨는 한 생각이 떠올랐어요.
One day, Mr. Miller had an idea.

⦿ out of   …에서 (밖으로), …의 밖으로

호텔에서 왼쪽으로 가세요.
Go out of the hotel to the left.

⦿ out of order   고장 난, 파손되어

이 전화는 불통입니다.
This phone is out of order.

⊙ over there
저쪽에, 저기에, 저 너머에

저쪽으로 가면 어디입니까?
Where does that road over there lead to?

⊙ pay attention to
···에 유의하다, ···에 주위를 기울이다

제 말에 귀를 기울여 주십시오.
Pay attention to what I'm saying.

⊙ pay for
···의 값을 치르다

책값으로 얼마나 지불했나요?
How much did you pay for the book?

⊙ pick up
집어 들다, 줍다

그녀는 돈을 집으려고 허리를 굽혔어요.
She stooped to pick up the money.

⊙ plenty of
많은

저 가게는 손님이 많습니다.
That store has plenty of customers.

⊙ pride oneself on
···을 자랑하다

그녀는 자신의 재능을 자랑합니다.
She prides herself on her talent.

⊙ put A in[into] B
A를 B에 넣다

그녀는 냉장고에 고기를 넣었어요.
She put meat in the refrigerator.

⊚ put on
…을 입다, 착용하다

그녀는 신발을 신었어요.
She put on her shoes.

⊚ regard A as B
A를 B로 간주하다

당원들은 여전히 그녀를 그들의 대표로 여겼습니다.
The party still regarded her as their leader.

⊚ say hello to
…에게 안부를 전하다

어머님께 안부 전해 주세요.
Say hello to your mother.

⊚ say to oneself
마음속으로 생각하다, 혼잣말을 하다

어머니는 "이런, 맙소사!"하고 혼잣말을 했습니다.
Mother said to herself, "Oh, my God!

⊚ Shall I ~ ?
…할까요?, …일까요?

나중에 전화 걸라고 할까요?
Shall I tell him to call back again?

⊚ Shall we ~ ?
…할까요?

우리 잠깐 쉴까요?
Shall we take a break for a while?

⊚ smile at
…을 보고 미소 짓다

선생님께서 나에게 미소를 지으셨어요.
My teacher smiled at me.

so ~ that
매우 …해서[하므로]

그녀는 너무 화가 나서 말도 할 수 없었어요.
She was so angry that he couldn't speak.

some day
(미래의) 언젠가, 머지않아

나는 언젠가 그것을 볼 수 있기를 바랍니다.
I hope I'll see it some day.

speak to
…에게 말을 걸다

그 사람과 얘기해 봤어요?
Did you get a chance to speak to him?

start for
…을 향해 출발하다

우리는 서울을 향해 출발했어요.
We started for Seoul.

stay home
집에 있다

나는 거의 집에 있었어요.
I stayed home most of the time.

stay with
(…에) 머무르다

이곳에 며칠간 묵으실 건가요?
How many nights will you be staying with us?

stop ~ing
…하는 것을 멈추다

그녀는 이야기를 중단했어요.
She stopped talking.

⊙ take a picture   사진을 찍다

우리는 동물원에서 사진을 찍었어요.
We took a picture in the zoo.

⊙ take care of   …을 돌보다, 소중히 하다

우리는 아이들을 보살펴주어야 합니다.
We must take care of our children.

⊙ take out   …을 꺼내다, …을 데리고 나가다

나는 가방에서 책 한 권을 꺼냈어요.
I took out a book from a bag.

⊙ talk about   …의 이야기를 하다

그녀는 자기 어머니의 이야기를 했어요.
She talked about her mother.

⊙ talk to   …와 이야기하다, …에게 말을 걸다

그는 일본어로 내게 말을 걸었어요.
He talked to me in Japanese.

⊙ talk with   …와 이야기하다, …와 의논하다

우리는 그녀와 한 시간 동안 이야기했어요.
We talked with her for an hour.

⊙ tend to   …의 경향이 있다

사람들은 그들의 첫인상에 집착하는 경향이 있습니다.
People tend to stick to their first impressions.

Thank you for   …에 감사하다

당신의 친절에 감사합니다.
Thank you for your kindness.

the next day   그 다음날, 그 이튿날

그 다음날 와도 될까요?
Can I come the next day?

think about   …에 대해 생각하다, 숙고하다

당신은 그 공연이 어땠어요?
What did you think about the show?

think of   생각하다, 생각나다, 상상하다

당신의 직업에 대해 어떻게 생각하세요?
What do you think of your job?

this morning   오늘 아침(에)

그는 오늘 아침 일찍 일어났어요.
He got up early this morning.

this time   이번에는, 이번만은

이번에 찾아뵙지 못해 죄송합니다.
I'm sorry I cannot pay a visit this time.

too A to B   너무 A해서 B할 수 없다

그는 너무 어려서 그것을 이해할 수 없어요.
He is too young to understand it.

- **wait for** …을 기다리다

  그는 아들을 기다리고 있어요.
  He is waiting for his son.

- **what is more** 더욱이, 게다가, 그 외에

  비가 오는데, 게다가 바람까지 붑니다.
  It is raining and, what is more, the wind is blowing.

- **what to** 무엇을 …해야 좋을지

  나는 무엇을 하면 좋을지 모르겠어요.
  I don't know what to do.

- **Why don't you ~ ?** …하는 게 어때요?, …하지 않겠어요?

  버스 대신에 택시를 타는 게 어때요?
  Why don't you take a taxi instead of a bus?

- **Will you ~ ?** …해 주시겠습니까?

  제게 좋은 것을 찾아주지 않겠습니까?
  Will you find me a good one?

- **with a smile** 미소를 지으며, 웃는 낯으로

  그는 미소를 지으며 나를 맞이했어요.
  He greeted me with a smile.

- **work for** …에서 일하다, 근무하다

  당신은 아직도 그 회사에서 근무하세요?
  Do you still work for that company?

- **write to**   편지를 쓰다

  그곳에 도착하면 저에게 편지를 보내주십시오.
  Please write to me when you get there.

- **yearn for**   동경[갈망]하다, 소원하다

  나는 고향 생각이 간절해요.
  I yearn for my hometown.

- **yell at**   …에게 호통 치다, 소리 지르다

  나는 있는 힘껏 소리를 질렀어요.
  I yelled at the top of my lungs.

- **yield to**   …에 몰두하다[빠지다], …에 따르다

  젊은이는 어떤 유혹에도 빠져서는 안 됩니다.
  Young men should not yield to any temptation.

Plus 부록

불규칙 동사 · 조동사 변화표

불규칙 동사 · 조동사 변화표

현 재	과 거	과거분사
am 이다	was	been
are 이다	were	been
awake 깨우다, 깨닫다	awoke / awaked	awoke / awaked
bear 낳다	bore	born / borne
beat 치다, 때리다	beat	beaten / beat
become …가 되다	became	become
begin 시작하다	began	begun
bend 구부리다	bent	bent
bet 내기하다, (돈 등을) 걸다	bet / betted	bet / betted
bite 물다, 깨물다	bit	bitten
blow (바람이) 불다	blew	blown
break 깨뜨리다	broke	broken
bring 가져오다	brought	brought
broadcast 방영하다	broadcast	broadcast
build 세우다	built	built
burn 불태우다, 불타다	burned / burnt	burned / burnt
burst 폭발하다, 파열하다	burst	burst

현 재	과 거	과거분사
buy 사다	bought	bought
can …할 수 있다	could	—
catch 잡다	caught	caught
choose 선택하다, 고르다	chose	chosen
come 오다	came	come
cost (비용이) 들다	cost	cost
creep (바닥에 붙여) 기다	crept	crept
cut 자르다	cut	cut
deal 분배하다, 취급하다	dealt	dealt
dig 파다	dug	dug
do 하다	did	done
draw 끌다	drew	drawn
dream 꿈꾸다	dreamt / dreamed	dreamt / dreamed
drink 마시다	drank	drunk
drive 운전하다, 몰다	drove	driven
eat 먹다	ate	eaten
fall 떨어지다	fell	fallen
feed 먹을 것을 주다	fed	fed
feel 느끼다	felt	felt
fight 싸우다	fought	fought

현 재	과 거	과거분사
find 찾다, 발견하다	found	found
flee 도망치다	fled	fled
fly 날다	flew	flown
forbid 금지하다	forbade	forbidden
forget 잊다	forgot	forgotten / forgot
forgive 용서하다	forgave	forgiven
freeze 얼다	froze	frozen
get 얻다, …시키다	got	gotten / got
give 주다	gave	given
go 가다	went	gone
grow 자라다, 성장하다	grew	grown
hang 걸다, 매달다	hung	hung
has/have 가지고 있다	had	had
hear 듣다	heard	heard
hide 숨기다, 감추다	hid	hidden / hid
hit 때리다, 부딪히다	hit	hit
hold 손에 들다	held	held
hurt 다치게 하다	hurt	hurt
is 이다	was	been
keep 유지하다, 지키다	kept	kept

현 재	과 거	과거분사
kneel 무릎을 꿇다	knelt	knelt
knit 짜다, 뜨다	knitted / knit	knitted / knit
know 알다	knew	known
lay …을 눕히다, 놓다	laid	laid
lead 이끌다	led	led
learn 배우다	learned / learnt	learned / learnt
leave 떠나다	left	left
lend 빌려주다	lent	lent
let …하게 해주다, 시키다	let	let
lie 눕다, 놓여 있다	lay	lain
lie 거짓말하다	lied	lied
light 점화하다, 비추다	lit / lighted	lit / lighted
lose 잃어버리다	lost	lost
make 만들다	made	made
may …해도 좋다	might	—
mean 의미하다, …할 예정이다	meant	meant
meet 만나다	met	met
mistake 틀리다	mistook	mistaken
must …해야 한다	must	—
pass 지나가다	passed	passed / past

현 재	과 거	과거분사
pay 지불하다	paid	paid
put …에 놓다	put	put
read 읽다	read	read
ride 타다	rode	ridden
ring (종을) 울리다	rang	rung
rise 일어서다, 출세하다	rose	risen
run 달리다	ran	run
say 말하다	said	said
see 보다	saw	seen
seek (이익·명예 등을) 찾다	sought	sought
sell 팔다	sold	sold
send 보내다	sent	sent
set 설치하다, 놓다	set	set
sew 바느질하다, 꿰매다	sewed	sewed / sewn
shake 흔들다	shook	shaken
shall …일 것이다	should	—
shine 빛나다	shone	shone
shine 구두를 닦다	shined	shined
shoot 쏘다	shot	shot
show 보여주다	showed	shown / showed

현 재	과 거	과거분사
shrink 오그라들다	shrank	shrunk
shut 닫다	shut	shut
sing 노래하다	sang / sung	sung
sink 가라앉다	sank / sunk	sunk / sunken
sit 앉다	sat	sat
sleep 자다	slept	slept
slide 미끄러지다	slid	slid
smell (냄새) 맡다	smelt / smelled	smelt / smelled
speak 말하다, 연설하다	spoke	spoken
spell 철자하다	spelt / spelled	spelt / spelled
spend 소비하다, 쓰다	spent	spent
spit (침) 뱉다	spat	spat
split 쪼개다, 분할하다	split	split
spread 펴다, 벌리다	spread	spread
spring 뛰다, 도약하다	sprang / sprung	sprung
stand 일어서다	stood	stood
steal 훔치다	stole	stolen
stick 찌르다, 붙이다	stuck	stuck
sting (벌레) 쏘다	stung	stung
stink 악취	stank	stunk

현 재	과 거	과거분사
strike 치다	struck	struck / stricken
swear 맹세하다, 악담하다	swore	sworn
sweep 쓸다	swept	swept
swim 수영하다	swam	swum
swing 흔들리다	swung	swung
take 손에 쥐다, 받다	took	taken
teach 가르치다	taught	taught
tear 찢다	tore	torn
tell 말하다	told	told
think 생각하다	thought	thought
throw 던지다	threw	thrown
understand 이해하다	understood	understood
wake 깨다, 눈을 뜨다	waked / woke	waked / woken
wear 입다	wore	worn
weep 울다, 한탄하다	wept	wept
will …일 것이다	would	—
win 이기다	won	won
wind 감다	wound	wound
write 쓰다	wrote	written

마음이 크는 명언 한마디

- 하늘은 스스로 돕는 자를 돕는다.
  Heaven helps those who help themselves.

- 독서는 완전한 인간을 만든다.
  Reading makes a full man.

- 하늘이 무너져도 솟아날 구멍은 있다.
  When god closes one door, he opens another.

- 백문이 불여일견이다.
  Hearing times is not like seeing once.

- 엎지른 물은 주워 담을 수가 없다.
  Things done cannot be undone.

- 비 온 뒤에 땅이 더 굳어진다.
  After the storm comes the calm.

- 깃이 같은 새끼리 모인다(유유상종이다).
  Birds of a feather flock together.

- 좋은 기회를 낭비하지 마라.
  Don't waste a good opportunity.

- 어리석고 탐욕스럽지 말아라.
  Don't be stupid and greedy.

마음이 크는 명언 한마디

- 폭풍 뒤에 고요함이 온다.
  After a storm comes a calm.

- 사람은 사귀는 친구를 보면 알 수 있다.
  A man is known by the company he keeps.

- 우리는 모두 경험에 의해 배운다.
  We all learn by experience.

- 하려면 올바르게 하고 아니면 말아라.
  Do it properly or not at all.

- 예술은 길고 인생은 짧다.
  Art is long, and life is short.

- 벌들은 겨울을 위해 꿀을 모은다.
  Bees store up honey for the winter.

- 오늘 할 일을 내일로 미루지 말라.
  Never put off till tomorrow what you can do today.

- 일찍 일어나는 새가 벌레를 잡는다.
  The early bird catches the worm.

- 친구와 포도주는 오래된 것이 좋다.
  Old friends and old wine are best.

지은이 **유정오**

영어 초보자를 위한 단어&어휘 분야, 회화입문서 등 일상회화에서 실제로 많이 쓰이고 있는 생생한 영어표현을 담은 영어교재 저술 및 개발에 힘쓰고 있다. 저서로는 <왕초보 문답식 상황영어 123> <굿모닝! 생활영어 100> <365일 Let's talk! 상황영어 핵심표현> <30일 매일매일 혼자서 끝내는 일상생활 영어스피킹> <우리말처럼 바로바로 써먹는 영한 한영 필수단어왕> <왕초보 New Plue 영한 단어왕> 등이 있다.

빈출 영단어를 콕콕 찍어주는
TOP 단계별 핵심영단어

지　은　이　유정오
기　획　편　집　HD어학교재연구회

펴　낸　날　2016년 6월 3일 초판 1쇄 인쇄
　　　　　　2016년 6월 10일 초판 1쇄 발행
펴　낸　이　천재민
펴　낸　곳　하다북스
출　판　등　록　2003년 11월 4일 제9-124호
주　　　　소　서울시 강북구 오패산로30길 74, 경남상가 201호
전　　　　화　영업부 (02)6221-3020 · 편집부 (02)6221-3021
팩　　　　스　(02)6221-3040
홈　페　이　지　www.hadabook.com

copyright ⓒ 2016 by Hadabooks
ISBN 978-89-92018-84-5 13740

* 가격은 뒤표지에 있습니다.
* 잘못 만들어진 책은 구입하신 서점에서 교환해 드립니다.